全国革命老区县发展史丛书·广东卷

深圳市光明区革命老区发展史

深圳市光明区革命老区发展史编委会 编

SPM 南方出版传媒 广东人民出版社
·广州·

图书在版编目（CIP）数据

深圳市光明区革命老区发展史 / 深圳市光明区革命老区发展史编委会编. —广州：广东人民出版社，2021. 12
（全国革命老区县发展史丛书 · 广东卷）
ISBN 978-7-218-14820-5

Ⅰ. ①深… Ⅱ. ①深… Ⅲ. ①区（城市）—地方史—深圳 Ⅳ. ①K296. 54

中国版本图书馆 CIP 数据核字（2020）第 251975 号

SHENZHEN SHI GUANGMING QU GEMING LAOQU FAZHANSHI
深圳市光明区革命老区发展史
深圳市光明区革命老区发展史编委会 编

出 版 人： 肖风华

责任编辑： 钱 丰 刘飞桐
装帧设计： 张力平等
责任技编： 吴彦斌 周星奎

出版发行： 广东人民出版社
地 址： 广州市海珠区新港西路 204 号 2 号楼（邮政编码：510300）
电 话：（020）85716809（总编室）
传 真：（020）85716872
网 址： http://www.gdpph.com
印 刷： 广州市浩诚印刷有限公司
开 本： 715mm × 995mm 1/16
印 张： 17.875 **插 页：** 14 **字 数：** 236 千
版 次： 2021 年 12 月第 1 版
印 次： 2021 年 12 月第 1 次印刷
定 价： 68.00 元

如发现印装质量问题，影响阅读，请与出版社（020－85716808）联系调换。
售书热线：（020）85716826

广东省编纂《革命老区县发展史》丛书
指导小组

组　长：陈开枝（广东省老区建设促进会会长）

副组长：林华景（广东省老区建设促进会常务副会长）

宋宗约（广东省农业农村厅二级巡视员、广东省老区建设促进会副会长）

刘文炎（广东省老区建设促进会副会长）

郑木胜（广东省老区建设促进会副会长）

姚泽源（广东省老区建设促进会副会长兼秘书长）

谭世勋（广东省老区建设促进会副会长）

廖纪坤（广东省农业农村厅总经济师）

办公室

主　任：姚泽源（兼）

副主任：韦　浩（广东省农业农村厅扶贫协作与老区建设处处长）

柯绍华（广东省老区建设促进会副秘书长）

伍依丽（广东省老区建设促进会副秘书长）

《深圳市革命老区发展史》丛书编纂委员会

《深圳市光明区革命老区发展史》编纂委员会

第一届

编委会

主　任：王宏彬

副主任：刘　胜

委　员：周荣生　李世清　何奕飞　刘德峰　姚文胜
　　　　刘大岭　覃敬腾　绳万青　刘桂林　赵　华
　　　　周金堂　姚高科　张宗平　陈佩群

编纂委员会办公室

主　任：刘桂林

副主任：李永辉　宋　婧

编辑部

主　编：刘桂林

副主编：李永辉　宋　婧

编　辑：郭　焕　麦贵旺　黄凯旋　陈家乐　陈为民

第二届

编委会

主　任：刘　胜

副主任：蔡　颖

委　员：周荣生　李世清　张华伟　刘德峰　常　华
　　　　覃敬腾　姚高科　曾无非　吴志伟　张　锋

在举国欢庆新中国成立 70 周年前夕，中国老区建设促进会王健会长请我为《全国革命老区县发展史》丛书作序，作为一名在老区战斗过并得到老区人民生死相助的老兵，回首往事，心潮澎湃，感慨万千，深感义不容辞，欣然应允。

中国革命老区，是以毛泽东为代表的中国共产党人在领导人民推翻帝国主义、封建主义和官僚资本主义三座大山，争取民族独立和人民解放伟大斗争中建立的革命根据地，在这片红色的土地上，诞生了无数可歌可泣的革命英雄儿女，为后人树起了一座不朽的丰碑，她是新中国的摇篮，是党和军队的根。

在艰苦卓绝的战争年代，老区人民把自己的命运与中华民族的命运紧紧地联系在一起，与中国共产党和人民军队的命运紧紧地联系在一起，他们生死相依，患难与共。我曾亲历过战争年代，并得到过老区红哥红嫂的救助，切身感受到发生在身边的一幕幕撼天动地的革命故事，在那极其艰难的条件下，老区人民倾其所有、破家支前，不怕艰难困苦，不怕流血牺牲。“最后一碗米送去做军粮，最后一尺布送去做军装，最后一件老棉袄盖在担架上，最后一个亲骨肉送去上战场”，这是当时伟大的老区人民为建立新中国做出巨大牺牲的真实写照，它将永远镌刻在中国共产党、中国人民解放军、中华人民共和国的历史丰碑上。他们的光辉业绩永载史册，他们的革命精神必将影响一代又一代的革命新人，造就一代又一代的民族脊梁。

在社会主义革命和建设时期，革命老区和老区人民响应党的号召，面对落后的面貌、脆弱的经济、恶劣的生态环境，他们本色不变，精神不丢，自力更生，艰苦奋斗，干一行爱一行。始终坚持“革命理想高于天”，自觉做共产主义远大理想的坚定信仰者和忠实实践者，勇于向恶劣的自然环境和贫穷落后宣战，他们在各条战线上为国建功立业，用平凡的双手创造了一个又一个不平凡的奇迹，彰显了老区人的崇高精神和人格力量。

在改革开放的伟大进程中，老区人民解放思想，勇于创新，发奋图强，攻坚克难，老区的经济社会建设取得了辉煌成就。特别是在改变中国的面貌、中华民族的面貌、中国人民的面貌、中国共产党的面貌的伟大实践中发挥了至关重要的作用。老区人民既是改革开放的参与者，也是改革开放的推动者。

艰苦练意志，危难见精神。老区人民在近百年的革命战争、社会主义建设和改革开放的伟大实践中，孕育形成了伟大的老区精神：爱党信党、坚定不移的理想信念；舍生忘死、无私奉献的博大胸怀；不屈不挠、敢于胜利的英雄气概；自强不息、艰苦奋斗的顽强斗志；求真务实、开拓创新的科学态度；鱼水情深、生死相依的光荣传统。这是党和人民宝贵的精神财富、丰厚的政治资源，是凝心聚力、振奋民族精神的重要法宝，也是社会主义核心价值观的重要内容。

中国老区建设促进会怀着强烈的政治责任感和历史使命感，组织全国各地老促会人员克服困难，尽心竭力编纂《全国革命老区县发展史》丛书，记录老区的光辉历史和辉煌成就，传承红色基因，弘扬老区精神，是功在当代、利及千秋的一件大事。手捧这部丛书的部分书稿，读着书中的故事，倍感亲切，深感这部丛书具有资政、育人、存史的社会功能，有着重要的时代和历史价值。它是不忘初心、牢记使命的源头活水，是赞颂共产党、讴歌老区人民的一部精品力作，是弘扬老区精神、传承红色记忆的丰厚载体，是一项继承优秀传统文化、弘扬革命文化、发展社会主义先进文化，坚定“四个自信”的宏大文化工程。它必将成为一种文化品牌，为各界人士了解老区宣传老区支持老区提供一部有价值的研究史料。希望读者朋友们能从中了解并牢记这些为党和民族的利益不断奉献的老区人民，从中得到教益，汲取人生奋斗的精神动力。

新时代赋予新使命，新起点开启新征程。让我们更加紧密地团结在以习近平同志为核心的党中央周围，坚持以习近平新时代中国特色社会主义思想为指导，增强“四个意识”，坚定“四个自信”，做到“两个维护”，弘扬老区精神，铭记苦难辉煌。为实现“两个一百年”奋斗目标，实现中华民族伟大复兴的中国梦作出新的更大的贡献！

迟浩田

2019 年 4 月 11 日

编写说明

2017 年 6 月，中国老区建设促进会组织全国各地老促会启动编纂《全国革命老区县发展史》丛书，按照“建立中国共产党、成立中华人民共和国、推进改革开放和中国特色社会主义事业”三大里程碑的历史脉络，系统书写革命老区百年历史，深入挖掘革命老区红色文化资源，这对于充实丰富中国革命史籍宝库、在新时代传承红色基因、弘扬革命精神、强固根本，对于激励人们在新的历史条件下夺取中国特色社会主义伟大胜利，实现中华民族伟大复兴的中国梦具有重要意义。

丛书编纂以习近平新时代中国特色社会主义思想为指导，以《中国共产党历史》《中国共产党的九十年》等重要文献为基本依据，以党的领导为核心，以老区人民为主体，以老区发展为主线，体现历史进程特征，突出时代发展特色，坚持辩证唯物主义和历史唯物主义相统一、历史真实性与内容可读性相统一的原则，书写革命老区从站起来、富起来到强起来的光辉革命史、不懈奋斗史、辉煌成就史，把老区人民的伟大贡献、伟大创造、伟大成就、伟大精神充分展示出来，形成一部具有厚重历史特征和鲜明时代特色的精品力作。这是一部培根铸魂、守正创新，既为历史立言，又为时代服务，字里行间流淌着红色血脉、催生着革命激情的传世之作。丛书的编纂出版将成为讴歌党讴歌人民讴歌时代、传播红色文化、为革命老区和老区人民树碑立传的重要载体。

丛书按照编年体与纪事本末体相结合、以编年体为主的编写体例确定框架结构；运用时经事纬、点面结合的方式记述史实；坚持人事结合、以事带人的原则处理人与事的关系；采取夹叙夹议、叙论结合以叙为主的方法展开内容。做到了史料与史论、历史与现实、政治与学术统一，文献性、学术性、知识性相兼容。

为编纂好《全国革命老区县发展史》丛书，打造红色文化品牌，中国老区建设促进会认真组织积极协调，提出政治立场鲜明、史料真实准确、思想论述深刻、历史维度厚重、时代特色突出、编写体例规范、篇目布局合理、审读把关严格、出版制作精良的编纂出版总要求，力求达到革命史籍精品的精神高度、思想深度、知识广度、语言力度，增强丛书的权威性和社会影响力。各省（区、市）、市（州、盟）、县（市、区、旗）老促会的同志，以强烈的使命感、责任感和紧迫感，勇于担当，积极作为，认真实施，组织由老促会成员、专家学者等参加的十余万人编纂队伍。编纂工作主体责任在县，省、市组织协调、有力指导、审读把关。各方面人员以高度负责的精神和科学严谨的态度，满腔热情地投入工作，为丛书编纂出版做出了重要贡献。丛书编纂工作还得到了党和国家有关部委、地方各级党委政府及有关部门的大力支持和积极参与，社会各界也给予了热情帮助。中共中央政治局原委员、中央军委原副主席、原国务委员兼国防部长迟浩田上将，对老区人民怀有深厚感情，对革命老区建设发展十分关注，欣然为《全国革命老区县发展史》丛书作总序。

丛书由总册和1599部分册（每个革命老区县编纂1部分册）组成，共1600册。鉴于丛书所记述的史实内容多、时间跨度长和编纂时间紧，不妥之处，敬请批评指正。

中国老区建设促进会

红色记忆

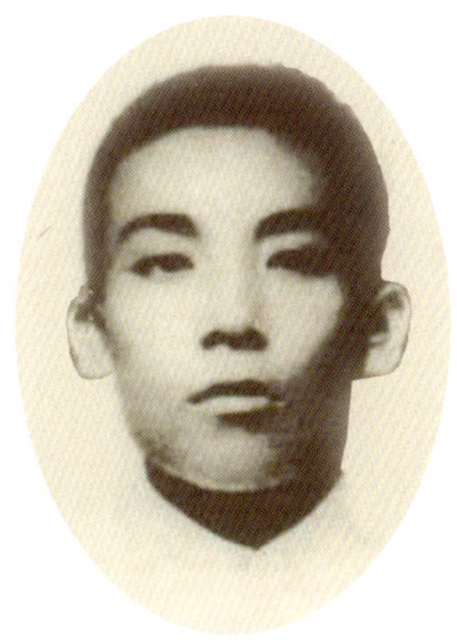

中共宝安县党组织创始人黄学增（《深圳红色史迹寻踪》）

中共宝安县委第一任书记郑奭南（《深圳红色史迹寻踪》）

中共宝安县委第二任书记刘伯刚（《深圳晚报》2014年4月30日《青春烽火慷慨歌 半生飘零几许愁》）

中共宝安县第一、二、三届县委所在地——楼村廷养二公祠（光明区史志办供图）

深圳地区第一个党小组旧址——琬璧公家塾（光明区史志办供图）

深圳地区第一个党小组旧址——琬璧公家塾（光明区史志办供图）

东宝中学旧址——朴园陈公祠（公明街道供图）

东宝中学旧址（选自《定格红色——深圳地区革命历史图集》，毛剑锋摄）

东宝中学旧址——朴园陈公祠（朱坤伟摄）

大马山革命烈士纪念碑
（光明区史志办供图）

大马山革命烈士纪念碑碑志（光明区史志办供图）

中共东莞中心县委扩大会议旧址（白花社区供图）

1938 年 12 月下旬，中共广东省东南特别委员会调整中共东莞中心县委的领导成员，姚永光调离东莞，张广业任东莞中心县委书记。东莞中心县委在观澜白花洞（今属光明区）召开县委扩大会议，张广业、王作尧、袁鉴文等参加会议。张广业在会上传达了上级决定：将中共东莞中心县委改为中共东宝县委，辖东莞、宝安和增城县部分地区党的工作，袁鉴文任县委组织部部长，王作尧任县委宣传部部长兼武装部部长。会议还研究了整顿党组织和重建抗日武装等问题。

白花洞革命烈士纪念碑（朱坤伟摄）

老区建设

光明荔枝品尝会（光明集团供图）

1958 年，广东省国营光明农场成立。图为凤凰牛场（光明集团供图）

晨光乳业办公大楼新貌（摄于 2017 年，光明集团供图）

晨光奶牛养殖场（摄于 2016 年，光明集团供图）

1985年，深圳唯一一家血液制品生产企业——深圳市卫武光明生物制品有限公司正式创立（光明集团供图）

2002年，光明农场撤销建置，成立深圳市光明集团有限公司（光明集团供图）

2007年8月19日，光明新区揭牌（蒋正华摄）

2007 年 9 月 26 日，光明农科大观园开园（蒋正华摄）

2008 年，光明新区成为全国首个国家级绿色建筑示范区。图为光明新区首批绿色建筑——文化馆和图书馆（光明区史志办供图）

2010 年 1 月 16 日，深圳市有史以来最大的单体投资项目——华星光电 8.5 代液晶面板项目开工（光明区史志办供图）

2014 年 5 月 14 日，光明华强创意产业园开工（光明区史志办供图）

2014 年 7 月，光明高新技术产业园区获批为华南地区首批、深圳首个国家级循环化改造示范试点园区（光明区史志办供图）

2014年，深圳市华星光电技术有限公司列入国家“园区循环化改造示范试点园区的重点示范企业”（光明区史志办供图）

2016年4月，以光明凤凰城为试点区域，深圳市成功入选第二批“国家海绵城市建设试点城市”。图为鹅颈水生态湿地公园（光明区史志办供图）

2016年5月28日，光明新区与中山大学签订共建合作协议（光明区史志办供图）

2018 年 5 月 11 日，中山大学附属第七医院开业仪式举行（光明区委宣传部供图）

2018 年 5 月 16 日，粤港澳大湾区中以创新中心在光明新区揭牌（光明区史志办供图）

2018 年 6 月 12 日，中山大学·深圳建设工程启动（光明区委宣传部供图）

2018 年 6 月 29 日，光明区党群服务中心揭牌（光明区委宣传部供图）

2018 年 9 月 19 日，深圳市光明区揭牌成立（光明区史志办供图）

2018 年 9 月 19 日，中国共产党深圳市光明区第一届代表大会第一次会议召开（光明区委宣传部供图）

2018 年 10 月 12 日，中国人民政治协商会议深圳市光明区第一届委员会第一次会议开幕（光明区史志办供图）

2018 年 10 月 13 日，深圳市光明区第一届人民代表大会第一次会议召开（光明区史志办供图）

2018 年 10 月 26 日，光明区光明街道举行揭牌仪式（光明街道供图）

2018 年 10 月 26 日，光明区公明街道举行揭牌仪式（公明街道供图）

2018 年 10 月 25 日，光明区新湖街道举行揭牌仪式（新湖街道供图）

2018 年 10 月 29 日，光明区凤凰街道举行揭牌仪式（凤凰街道供图）

2018 年 10 月 29 日，光明区玉塘街道举行揭牌仪式（玉塘街道供图）

2018 年 10 月 29 日，光明区马田街道举行揭牌仪式（马田街道供图）

2019 年 1 月 25 日，光明科学城开工建设（光明区委宣传部供图）

2019 年 3 月 15 日，光明区机构改革新部门集中揭牌（光明区委宣传部供图）

2019 年 4 月 12 日，光明区举行光明中心区启动建设仪式（光明区委宣传部供图）

2019 年 9 月 23 日，光明区在深圳党史馆举行“不忘初心、牢记使命”主题教育集中学习研讨开班动员会，并开展“践行初心使命，重整行装再出发”专题学习（光明区委宣传部供图）

2019 年 11 月 14 日，深圳湾实验室落户光明区（光明区委宣传部供图）

2020 年 6 月 18 日，深圳湾实验室入驻光明区（光明区委宣传部供图）

2020 年 11 月 20 日，中国科学院深圳理工大学建设启动（光明区委宣传部供图）

2021 年 1 月 22 日，中国共产党深圳市光明区第一届代表大会第三次会议召开（光明区史志办供图）

2021 年 1 月 23 日，中国人民政治协商会议第一届深圳市光明区委员会第四次会议召开（光明区史志办供图）

2021 年 1 月 24 日，深圳市光明区第一届人民代表大会第四次会议召开（光明区史志办供图）

●老区新貌●

低碳生态发展的光明绿色新城（光明区委宣传部供图）

光明城高铁站（光明区委宣传部供图）

地铁 6 号线（光明段）（光明区委宣传部供图）

中山大学附属第七医院（光明区委宣传部供图）

光明区公共服务平台（光明区委宣传部供图）

光明区红花山公园（光明区委宣传部供图）

光明科学城展示中心（光明区委宣传部供图）

光明区文化艺术中心（光明区委宣传部供图）

光明区虹桥公园（光明区委宣传部供图）

光明区马拉松山湖绿道（光明区委宣传部供图）

中山大学深圳校区（光明区委宣传部供图）

光明区左岸科技公园（光明区委宣传部供图）

建设中的赣深铁路（光明段）（林凯摄）

光明科学城展厅（林凯摄）

光明区左岸科技公园（光明区委宣传部供图）

目录 contents

序　言 / 001

第一章　概　　况 / 001

第一节　基本情况 / 004

一、地理位置、自然环境、面积和人口 / 004

二、历史沿革 / 007

三、人文特色 / 008

四、特产 / 009

五、名胜古迹 / 010

第二节　革命老区情况 / 014

一、革命老区认定情况 / 014

二、革命老区村情况 / 014

第三节　经济社会发展情况 / 016

一、光明新区成立前 / 016

二、光明新区（区）成立后 / 020

第二章　党组织的建立和党领导的武装斗争 / 025

第一节　党组织的建立 / 027

一、党组织建立前光明地域的社会状况 / 027
二、深圳地区发展的第一批党员、最早成立的党小组与光明地域党组织的建立 / 028
第二节　农民运动的率先兴起和蓬勃开展 / 031
一、楼村农民运动的率先兴起 / 031
二、光明地域农民运动的蓬勃开展 / 032
第三节　中共宝安县委和东宝工农革命军的成立 / 034
一、中共宝安县委在楼村成立 / 034
二、东宝工农革命军进攻深圳 / 035
三、原定在周家村召开的中共宝安县代表大会 / 037
第四节　“宝安暴动计划”的实施 / 038
一、宝安县农民代表大会在楼村召开 / 038
二、“宝安暴动计划”在光明一带的实施 / 039
三、三次武装暴动的失败及意义 / 040

第三章　抗日战争时期 / 043
第一节　抗日救亡运动的兴起 / 045
一、日军在光明地域的暴行 / 045
二、抗日救亡宣传活动在光明地域的开展 / 045
三、党领导的抗日武装的建立 / 046
第二节　党组织恢复扩大与抗日民主政权建设 / 048
一、党组织的恢复与发展 / 048
二、抗日民主政权的建立 / 050
三、在公明水贝村创办东宝中学 / 051
第三节　光明地域军民的抗日活动 / 055

一、东宝边区人民自卫军在光明地域的抗日活动 / 055
二、广东人民抗日游击队在光明地域的抗日活动 / 056
三、广东人民抗日游击总队在光明地域的抗日活动 / 058
四、光明人民的抗日斗争 / 059

第四章 解放战争时期 / 061

第一节 党组织和人民武装的发展 / 063
一、抗战胜利后光明地域的局势 / 063
二、光明地域党组织的壮大 / 064
三、人民武装的发展 / 066
第二节 光明地域军民反内战斗争 / 069
一、搜捕观澜反动头目陈镜辉 / 069
二、对抗反动武装“围剿”情报站的战斗 / 070
三、反“清剿”伏击战 / 071
第三节 光明解放 / 072
一、光明人民积极迎军支前 / 072
二、观澜乡及公明乡解放 / 073

第五章 新中国成立至改革开放前 / 075

第一节 社会主义改造和过渡 / 077
一、党领导下人民政权的建立 / 077
二、土地改革 / 078
三、农业合作化 / 080
四、社会主义改造的全面完成 / 083
第二节 社会主义的全面建设 / 086

一、社会主义建设的初步探索 / 086
二、人民公社化 / 088
三、抗击三年自然灾害斗争 / 091
四、国民经济的全面调整及完成 / 092
五、社会主义教育运动 / 094
六、光明农场的筹建 / 095
第三节　在徘徊中前进和新的历史转折 / 099
一、光明农场迎来"上山下乡"的知识青年 / 099
二、走向新的历史转折 / 101
第四节　革命老区建设 / 102
一、新中国建设时期社会事业的初步发展 / 102
二、革命老区村的建设 / 104

第六章　改革开放时期 / 107

第一节　从传统农业迈向工业化和城市化 / 109
一、推进农业经济体制改革 / 109
二、引进对外经济与发展工商业 / 113
三、落实农村股份合作制改革 / 119
四、镇、村的规划与建设 / 121
五、实施同富裕工程 / 124
六、创建文明村镇、教卫强镇 / 125
七、人民生活的改善 / 127
八、光明农场的转型与发展 / 130
第二节　光明新区成立后的建设与发展 / 134
一、光明新区的设立和揭牌 / 134

二、规划建设绿色新城 / 135
三、优质的营商环境促进经济发展 / 142
四、党的建设和廉洁新区建设 / 148
五、长足发展的社会事业 / 154
第三节 革命老区村的建设 / 159
一、对口救济和拥军优属 / 159
二、扶贫政策推动产业发展 / 161
三、推动集体经济的发展 / 162
四、同富裕工程的实施 / 163
五、大力推进社区建设 / 164
六、加强社会保障体系建设 / 167

第七章 党的十八大以来发展时期 / 169
第一节 创新驱动经济高质量发展 / 172
一、园区载体推动产业集聚 / 172
二、引进与培育重大项目 / 173
三、持续推进产业转型升级 / 175
四、培育自主创新能力 / 175
五、协调推进新型产业高质量发展 / 176
六、党的十八大以来经济运行情况及特点 / 178
七、新时代经济开新局 / 181
第二节 加强和深化党的建设 / 183
一、全面深化基层党组织建设 / 183
二、持续强化党风廉政建设 / 186
三、选人用人 / 187

四、创建文明城市 / 189
五、学习宣传贯彻习近平新时代中国特色社会主义思想 / 189
六、新时代党建新气象 / 190
第三节　向“四城两区”建设新目标迈进 / 192
一、建设绿色新城 / 192
二、完善城市配套 / 194
三、提升城市品质 / 196
四、加强国有土地管理 / 198
五、推进“四城两区”建设 / 199
第四节　全面推进社会事业大发展 / 204
一、创办人民满意的教育 / 204
二、促进医疗卫生事业再上新台阶 / 205
三、以保障和改善民生为重点推进社区建设 / 206
四、推动社会主义文化发展繁荣 / 209
第五节　全面提升社会保障和民生质量 / 212
一、提升居民劳动就业水平 / 212
二、大力实施社会救助与扶贫济困 / 214
三、全面建成覆盖城乡居民的社会保障体系 / 218
四、稳步上升的居民收入和幸福指数 / 219
第六节　革命老区村的建设与发展 / 220
一、集体经济焕发生机与活力 / 220
二、加大财政资金扶持力度推动社区建设 / 221
三、落实老区村民生实事 / 223
四、健全老区村基本公共服务体系 / 224

五、老区村居民收入和生活水平 / 225

附　录 / 227

附录一　重大革命遗址和主要纪念设施 / 228

附录二　革命人物 / 235

附录三　大事记（1924—1949）/ 247

后　记 / 257

序言

光明革命老区是在中国共产党领导下的长期革命斗争实践中形成的。

光明地域是党在深圳地区最早的活动区域，公明周家村麦福荣、麦金水成为大革命时期深圳地区发展的第一批党员，楼村、周家村党小组是深圳地区最早成立的党小组，中共宝安县委在楼村成立，楼村廷养二公祠成为宝安县第一、二、三届县委所在地……

在党的领导下，光明地域成为深圳地区农民运动策源地：楼村成立了宝安县最早的乡农会并组建农民自卫队，在宝安率先兴起农民运动；宝安县委在楼村召开全县农民代表大会，并以五区为中心发动实施了三次武装暴动，推动了深圳地区农民运动的蓬勃开展。

发轫于土地革命战争时期，兴盛于抗日战争时期，壮大于解放战争时期，光明地域是党在深圳地区开展地方工作的主阵地，也是党领导下深圳人民开展革命运动的主战场。全面抗战爆发后，中共东莞中心县委扩大会议在白花洞召开，中共路西县委设在水贝村（今下村），东宝行政督导处还在水贝村创办了革命学校东宝中学，并召开了路西国事座谈会。在东宝边区工委、东莞中心县委、宝安区地方委员会、宝安县委以及东宝行政督导处、党政军一元化领导的中共路西县委等党组织和抗日民主政权领导下，救亡呼声社国防前线工作队、抗战教育实践社流动工作团、白花洞农民夜校、观澜振能中学积极开展抗日救亡宣传，东宝惠边区人民抗日游击队、广东人民抗日游击队、广东人民抗日游击总队、惠东宝人民护乡团以及光明地域抗敌后援会、农抗会、青抗会、妇抗会、交通站、情报站、自卫队、民运队、武工队等抗日武装，活跃在这一地带抗击日、伪军，取得了白花洞战斗、粉碎日军“万人扫荡”等著名战斗的胜利。转入人民解放战争后，光明地域党组织和人民武装迅速发展壮大，光明军民奋起反击国民党反动武装，在搜捕观澜反动头目陈镜辉行动、反“围剿”情报站战斗、反“清剿”伏击战等战斗中表现出英勇顽强的革命气概，并积极迎军支前，对光明地域赢得反内战斗争胜利和全境解放发挥了重要作用。

中华人民共和国成立后，光明老区人民以满腔热忱投入社会主义建设热潮；改革开放后，光明老区更是抓住社会变革的机遇大力发展社会经济。2007 年 5 月 31 日，光明新区成立，8 月 19 日正式揭牌，是深圳市第一个功能区；2018 年 9 月 19 日，光明区揭牌成立。光明新区，特别是光明区成立以来，老区人民在区委、区政府的领导下，全力推动区域经济高质量发展、社会全方位进步，使全区经历了由内到外的全新嬗变，发展能级稳步提升，成为深圳新的区域增长极。党的十八大以来，老区人民紧密团结在以习近平同志为核心的党中央周围，积极投身中国特色社会主义建设，推动光明区经济高质量发展、社会全方位进步，2019 年经济总量迈过千亿元大关，人民生活水平得到极大提升。在服务国家战略的新征程中换挡提速，坚持高质量高标准，以主阵地的担当作为，加快建设综合性国家科学中心先行启动区，争做深圳参与未来科技竞争的第一艘“冲锋舟”，全力打造一个“不一样出彩”的深圳北部中心，努力建设“科学、城市、产业、生态”四位一体，集中度显示度更趋显著的世界一流科学城。

老区精神永不忘，革命斗志促发展。《深圳市光明区革命老区发展史》既是一部党领导的老区人民为民族独立和解放而勇于牺牲的革命斗争史，也是一部老区人民追求国家富强、生活幸福的团结奋斗史，更是一部老区人民深入贯彻落实习近平新时代中国特色社会主义思想的生动实践史。筚路蓝缕，不忘初心。今天，中国特色社会主义进入新时代，深圳被国家赋予建设中国特色社会主义先行示范区的重任，光明区改革开放之路也开启再出发之新征程。不仅要永远铭记党的历史，更要发扬革命传统，弘扬老区精神，从红色记忆中沉淀情怀，从革命传统中汲取力量，立足新时代，让革命老区精神发扬光大，使之化作全区干部群众艰苦奋斗、砥砺前行的新源泉、新动力。

光明从昔日白手起家创业的农场，蜕变为今天的大湾区综合性国家科学中心先行启动区，其华丽蝶变，正是深圳经济特区翻天覆地变化的重要见证。如今，光明的自然之美、人文之美充分绽放，科技之光、创新之光璀璨夺目，一座独具魅力的科学之城正在深圳北部加速崛起。

新时代，新使命，新征程，光明老区人民将更加紧密地团结在以习近平同志为核心的党中央周围，坚持以习近平新时代中国特色社会主义思想为指导，增强“四个意识”，坚定“四个自信”，做到“两个维护”，奋力打造世界一流科学城和深圳北部中心，在建设中国特色社会主义先行示范区、努力创建社会主义现代化强国的城市范例历史进程中贡献光明力量，以光明老区社会大局更加安定、文明风尚更加彰显、人民生活更加美好，缅怀和告慰在革命斗争中坚强战斗、英勇牺牲的革命先辈和英雄先烈。

编 者

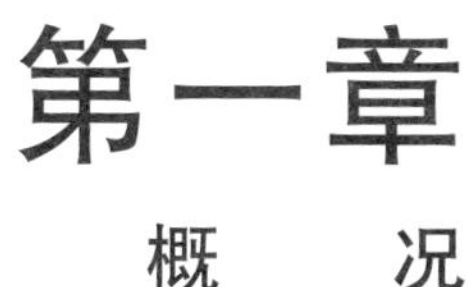

第一章 概况

光明区是深圳市具有光荣革命斗争传统的革命老区之一。

早在大革命和土地革命战争时期，这一红色区域就成为中国共产党在深圳地区的发祥地和农民运动的策源地。1924 年，中共广东地方组织派黄学增、龙乃武、何友逖在周家村发展了深圳地区第一批共产党员，并成立了深圳地区最早的党小组；楼村成立了宝安县最早的乡农会并组建农民自卫队，是宝安农民运动蓬勃开展的主要地区；楼村还是宝安县第一、二、三届县委所在地，宝安县委在这里召开全县农民代表大会，并以五区为中心，发动实施了三次武装暴动。

抗日战争时期，光明地域是深圳敌后抗日游击战争的主战场，东宝惠边人民自卫军、广东人民抗日游击总队等抗日武装活跃在这一地带，取得了白花洞战斗、粉碎日军“万人扫荡”等著名战斗的胜利。这里也是党组织开展地方工作的主要阵地，东莞中心县委扩大会议在白花洞召开，中共路西县委设在水贝村，东宝行政督导处还在水贝村创办了革命学校东宝中学，并在水贝村召开了路西国事座谈会。

解放战争时期，在反击国民党反动军队三次包围白花洞的战斗中，先后有 71 名光明籍的战士英勇牺牲。光明地域人民群众踊跃参加对国民党反动武装的斗争和反“清剿”战斗，积极支前迎军，最终迎来了光明地域全境的解放。

1985 年，宝安县人民政府根据国务院评划革命老区的规定，光明地域公明镇的 3 个自然村（长圳、红星、永福围）被认定为老区村。1989 年，根据广东省人民政府相关文件精神，宝安县对老区村庄开展补划工作，公明镇增加一个老区自然村（玉律），老区村庄为 4 个（长圳、红星、永福围、玉律）。1997 年，根据广东省革命老区建设促进会编发的《广东省革命老区村庄名册》，深圳老区自然村中，光明地域共有 11 个，其中公明镇有 4 个（长圳、红星、永福围、玉律），光明街道有 7 个（白花洞、迳口、新陂头牛场、新陂头果场、圳美牛场、圳美果场、北山牛场）。2010 年，根据深圳市史志办公布的《深圳市革命遗址普查统计表》，光明地域革命遗址有 2 个，其中重要历史事件和重要机构旧址 1 个（东宝中学旧址），纪念设施 1 个（白花洞革命烈士纪念碑）。

2007 年 8 月 19 日，光明新区挂牌成立；2018 年 9 月 19 日，光明区正式揭牌成立。光明新区（区）始终把发展老区建设、改善老区人民生活作为重点保障事项，对革命老区的支持与投入也不断加大，如改造城中村，兴建示范小区，加大市政建设力度改善居住环境，创建文明社区提高居民素养，更新基础设施保障民生等。

光明革命老区是红色革命的摇篮。光明地域光荣的革命斗争史和军民团结的奋斗史，是宝贵的精神财富和丰富的红色文化资源。光明老区和老区人民的光荣传统和革命精神代代相传，为光明地域改革开放、经济发展和社会进步提供了不竭的精神动力。

第一节 基本情况

一、地理位置、自然环境、面积和人口

光明区位于深圳市西北部，东至龙华区，西南与宝安区相连，北与东莞市接壤。光明新区是深圳市第一个功能区，成立于2007年5月31日，下辖光明、公明2个办事处。2016年8月31日，原2个办事处分为光明、公明、新湖、凤凰、玉塘、马田6个办事处。2018年2月，国务院批复成立深圳市光明区，2018年9月19日，光明区揭牌成立。总面积156.1平方千米，下辖光明、公明、新湖、凤凰、玉塘、马田6个街道，共31个社区，常住人口65.8万人，管理人口约140万人。地理位置优越，位于粤港澳大湾区和广深港澳科技创新走廊重要节点，广深港客专、赣深客专、深莞增城际、地铁6号线和13号线等在此交汇，深圳宝安国际机场、广州高铁南站、香港西九龙高铁站均处于“半小时交通圈”内。生态环境优美。是国家首批绿色生态示范城区、新型城镇化综合试点地区，拥有光明小镇、马拉松山湖绿道、光明湖等生态旅游资源。是深圳重要的先进制造业基地。拥有华星光电、迈瑞等一批龙头企业，新型显示产业已经跻身世界一流行列。作为深圳综合性国家科学中心的核心承载区，光明区集中布局脑模拟与脑解析等一批大科学装置，引进深圳湾实验室等一批前沿交叉研究平台，拥有中山大学深圳校区、中国科学院深圳理工大学等研

究型大学，将为粤港澳大湾区国际科技创新中心建设提供强有力的战略支撑。2019 年，光明区经济总量迈上千亿级台阶，地区生产总值达 1020. 9 亿元，比上年增长 8% 。面向未来，光明区坚持以建设综合性国家科学中心为总牵引，最大限度释放光明科学城“核聚变”效应，以科学促进创新裂变，引领产业聚变，实现城市质变，加快打造世界一流科学城和深圳北部中心。

光明区地形地貌属于低山丘陵，冈峦起伏，区内水域星罗棋布，青山环绕。地势东北高西南低，地形较为复杂，主要地貌为低山、丘陵、台地和平原，东北部主要为低山，中部及北部主要为丘陵台地，西部主要是冲积平原，并散布一些低丘。

光明区土地资源相对丰富，拥有深圳市最大的可连片开发区域，绿地覆盖率 53% 。全区耕地面积约 1202. 4 公顷，其中基本农田保护用地约 633. 6 公顷，占深圳全市的 35% ；生态控制区面积 83. 45 平方千米，占全区面积的 53. 72% 。

茅洲河（光明段）景观（林凯摄）

光明区水资源充沛，茅洲河穿过全境，将辖区一分为二，水网密布，18 座水库总库容达 2075 万立方米。位于域内的光明湖是深圳市战略性储备水库，水库水面面积和杭州西湖相当。

光明区生态环境优美，自然资源丰富。其中植被资源有鹧鸪草、蜈蚣草、马尾松、桃金娘等。林木有古树名木 34 株，平均树龄 140 年，其中二级保护古树 2 株、三级保护古树 32 株。主要树种有榕树、桉树、马占相思树、荔枝树，并有成片树林。盛产多样水果，包括荔枝、龙眼、芒果、黄皮。光明区拥有万亩荔枝林、千亩花卉基地。辖区在 20 世纪 90 年代有“深圳菜园子”之称。畜牧家禽养殖业发达，主要种类有黄牛、水牛、生猪、石岐鸡；水产资源有生鱼、桂花鱼、加州鲈鱼、淡水白鲳、鳗鱼、青鱼、罗非鱼、泰国野鲮、鲫鱼、鳙鱼、鲢鱼、鲤鱼等。拥有深圳市发现的唯一一处温泉——玉律温泉，水温 66℃ ~68℃，地下热水发育位置与断裂带密切相关，属低温地热资源。

光明区属亚热带季风气候，夏热冬温，光热充足，日照时间长，雨量充沛。年平均气温 22℃，1 月份均温 12.9℃，7 月份均温 28.7℃。气温和降水随冬夏季风的变换而变化，四季分明。雨热同期，降水和热量的有效利用率高。近年来全年降雨量在 1519.2 ~2206.5 毫米之间，多年平均降雨日数约为 140 天。降水分布不均匀，干湿分明。4—10 月降水丰富，其降雨量占全年总量的 90%。其中 4—6 月雨型主要为锋面雨，降雨量占全年的 38% ~40%；7—10 月以台风雨为主，降雨量占全年的 50% ~52%。11 月至次年 3 月，降雨甚少，一般在 150 ~200 毫米之间，约为全年降雨总量的 10%。多年平均相对湿度 79%。常年盛行东南偏东风或东北偏东风（频率分别 17% 和 14%），其次为东北风或东风（频率同是 12%）。冬季最多风为东北偏北风或北风（频率分别为 24% 和 20%）；夏季 7 月风向多为西南风、东南偏东风或东风，其频率都在 10% 左右，静风频率为 27%。年平均风速为 2.6 米/秒。年平均日照 2133 小时，年均太阳辐射量 5404.9 焦耳/

平方米。无霜期335天。气象灾害主要有台风、寒潮、龙舟水、寒露风等。

二、历史沿革

光明地域早在五六千年前的新石器时代就有人在此繁衍生息。明洪武年，麦氏十六祖必荣公从广东韶关南雄迁居公明山寮村，至今已有600多年。光明建制于明清。1929年在合水口与上村交界处建公平圩，1931年正式命名为公明圩，取“公道”“光明”之意。光明地域在历史上先后隶属番禺、博罗、东莞、新安、宝安等，其行政名称也多次变更。1944年，在区、乡抗日民主政权基本建立的基础上，根据广东人民抗日游击队东江纵队的决定，建立县一级抗日民主政权机构——东宝行政督导处，隶属广东人民抗日游击队东江纵队领导。督导处所在地先后设在楼村、水贝村、燕川村。督导处下辖的宝安区第二区政府设在公明圩，辖沙井、松岗、燕川村、楼村、水贝村、周家村、公明一带。1949年10月，中华人民共和国成立，宝安县政府成立南头、西乡、公明等10个乡政府和1个镇政府。公明乡政府驻地设在公明圩。1950年4月，宝安县撤乡设4区1镇，公明归属四区。1952年10月，宝安县增设五区、六区、七区3个区和1个镇（深圳），公明划归七区。1958年1月，广东省国营光明农场成立。1958年3月，宝安县撤区，设立深圳等17个乡（镇），公明恢复乡的建制。1958年10月，实行“政社合一”人民公社建制，松岗乡、公明乡和广东省国营光明农场组成光明人民公社。1959年4月，光明农场改属国有企业，由广东省农场管理局管理。公明并入松岗人民公社，1960年分出。1979年年底，广东省国营光明农场更名为广东省光明华侨畜牧场（简称光明农场）。1983年7月，公明人民公社改为公明区。1986年10月，公明区改称公明镇。1988年，广

公明圩（麦建辉摄）

东省光明华侨畜牧场下放深圳市管理。1993 年 1 月 1 日，宝安撤县设宝安、龙岗两区，公明镇归宝安区管辖。1999 年 3 月，光明农场政企分设，划归深圳市商贸控股公司管理，为市属国有一类企业。同年 10 月，光明办事处挂牌成立。2002 年 6 月，光明农场建制撤销，深圳光明集团有限公司成立。2004 年 7 月，深圳市实现城市化，公明镇改称公明街道。2007 年 8 月 19 日，光明新区挂牌运作，管辖光明、公明 2 个办事处。2016 年 8 月 31 日，光明新区办事处二分为六，下辖光明、公明、新湖、凤凰、玉塘、马田 6 个办事处。2018 年 2 月，国务院批复成立深圳市光明区，9 月 19 日光明区揭牌成立，下辖光明、公明、新湖、凤凰、玉塘、马田 6 个街道。

三、人文特色

光明区户籍居民主要为广府人和客家人，还有越南归侨，原住居民使用粤方言和客家方言。

光明区原住居民保持着各自的生活民俗和特色文化。“客家舞麒麟，白话舞狮子”，说的就是客家人和广府人两种不同的风俗习惯。广府人舞狮以南狮为主，跟北方的北狮相对，主要是走七星步、踩梅花桩等。客家人年初二就开始舞麒麟，一直走街串巷直到元宵节，这种习俗一直沿袭至今。

四、特产

光明区自然条件较好，物产丰富，盛产荔枝、龙眼、芒果、黄皮和甜玉米等。有万亩荔枝林、千亩花卉基地、奶牛示范场、滑草场、回归亭、天鹅湖、光明小镇、大顶岭公园、红花山公园、虹桥公园等风景区。光明集团是中国最大鲜奶出口基地、第一家年出栏达 10 万头的工厂式生猪养殖基地、亚洲最大养鸽企业、广东省最大西式肉制品生产企业，所产的红烧乳鸽、晨光牛奶、甜玉米、光侨肉制品和烧鹅、烧猪、腊肠等驰名海内外。

红烧乳鸽

光明红烧乳鸽制作工艺考究，有独家秘方，以出壳 25 天左右、体态丰满、肉质细嫩的乳鸽为主料，用配有十余种中药材的卤水先卤后炸，并配以十余种佐料精制而成，即用即宰，四季咸宜，滋味浓鲜。其润、滑、甜、嫩的特点博得海内外食客交口称赞。

晨光牛奶

晨光牛奶生产基地位于光明农业高科技产业园区内。20 多年来光明集团在生产、加工、出口、科研、品质控制等方面严格管理，晨光牛奶品牌享誉海内外，深受广大消费者喜爱。

甜玉米

甜玉米又称蔬菜玉米，籽粒呈淡黄色或乳白色，柔嫩、味美，富含水溶性多糖、维生素 A、维生素 C、脂肪和蛋白质等多种营养成分，深受消费者青睐。

烧鹅

公明烧鹅是公明上村特色传统手工艺产品，选用本地草鹅，鹅肥肉细，以白糖、盐、酒、南乳、蒜头、豆豉、八角、生抽王作配料，以蜜糖擦皮，用陶土烧烤炉烤约40 分钟。其外表金黄鲜亮，皮脆嫩可口，肉肥而不腻，香味浓郁扑鼻。据史料载，公明烧鹅早在民国二十八年（1939 年）就名扬海外，并曾在 1952 年全国经济物资交流会上吸引众多客商，被誉为名牌特色产品。

烧猪

公明烧猪挑50 千克左右整头中猪，用各种调味料腌制后风干再放入砖炉中，用荔枝木慢慢烧烤。烧好的整猪通体金黄，皮脆、骨酥，肉中带荔枝木以及调配料的香味，口齿留香，回味无穷。当地人称之为“金猪”，为拜祭及喜庆场合之用，寓意“鸿运当头”“金玉满堂”“招财进宝”等，是百姓寿宴、喜宴、企业新张、春茗的重要菜肴。

腊肠

公明腊肠精心选取优质猪肉，严格按照肥瘦 3 ∶ 7 的比例灌装，调味、晾晒、烘烤是制作腊肠的重要步骤。蒸好的腊肠肥而不腻，尽显广味腊肠的鲜甜美味。

五、名胜古迹

光明区较知名的名胜古迹有白花洞革命烈士纪念碑、炮楼群、陈仙姑祠、各村宗祠与古井、德淳书室、麦氏古墓群、天后宫和公明老街等。

白花洞革命烈士纪念碑

白花洞村是革命老区村，抗日战争时期是羊台山革命根据地重要军需基地。东江纵队、广东抗日游击队、护乡团等人民武装都曾在这里进行过多次战斗。周来友、徐马连、谢马春、刘新友、周全和等一批英雄儿女在此为国捐躯。为弘扬烈士革命精神，缅怀先烈、教育后人，1992 年 12 月，白花洞村民倡议捐资，在烈士牺牲之地修建“白花洞革命烈士纪念碑”。纪念碑为四方形水泥结构，碑高 6 米，背面刻有烈士的姓名，四面有矮墙相护。

炮楼群

迳口炮楼建于民国时期，为未定级文物保护单位；白花炮楼、马池田炮楼、围仔炮楼、2 座开围（围肚）炮楼依山环村而建，构成可相互照应的炮楼群。白花洞村炮楼属于中西合璧式建筑，外观呈四方立柱形，西式雕花屋檐，中式庭院、门楣，高约 20 米，占地面积约 100 平方米。

白花炮楼（蒋正华摄）

陈仙姑祠

位于公明街道上村社区，有 100 多年历史，2004 年通过募捐得以重建。该祠坐西南向东北，建筑用地约 1000 平方米，四周绿树成荫，香火旺盛。陈仙姑的民间传说蕴含着勇敢、坚毅、奉献的精神，被列入深圳市第一批“非物质文化遗产”名录，成为传统文化的“活化石”。

陈仙姑庙（冯辉豪摄）

宗祠

迳口村黄氏大宗祠是深圳最古老的宗祠之一，始建于元末明初，重修于清朝，再修于 2014 年，占地面积 200 平方米。

白花洞村绍岐祖祠为未定级不可移动文物，占地面积约 120 平方米，于 1983 年重修。

木墩翠崖黄公祠位于木墩旧村 253 号，始建于明朝，1988 年重修。

圳美村遗爱陈公祠始建于清初，为未定级不可移动文物，硬山顶式建筑，二进三开间中天井，四合院式格局。

古井

迳口古井，始建于元朝后期，位于黄氏大宗祠右前方，为迳口村黄姓始祖开基时所建。

木墩古井始建于明朝，重修于 1983 年，井沿用石条围砌成八边形，每边长 0. 37 米，口径为 1. 02 米。

圳美古井，位于遗爱陈公祠前，与宗祠同时修建。

围肚古井，为未定级不可移动文物。

德淳书室

德淳书室始建于清乾隆初年，为未定级不可移动文物。三进三开间中天井，青砖灰瓦，雕梁画栋。

麦氏古墓群

原址位于光明街道碧眼村，建于明朝，占地面积约 2500 平方米。现迁至公明街道鹰山墓园。

天后宫（原为天后堂）

始建于清朝末期，重修于 2011 年。供奉妈祖神像。每年农历三月二十三妈祖诞辰日、九月初九妈祖升天日，家家户户备办供品，进香祭拜，以祈风调雨顺、平安兴旺。

公明老街

位于合水口与上村交界处，是一条近 200 米的老式街道。两侧临街店铺约有 150 间，为清朝和民国初期建筑，多为二层木阁楼瓦房，古色古香，岭南民居特色“三雕”——砖雕、木雕、石雕和“洋式”建筑的精致窗户、阁楼、骑楼并存。在长达几百年时间里，公明老街是附近有名的商贸文化中心。中华人民共和国成立后，该处仍是公明、光明及附近老百姓赶集购物的场所。

光明区也是深圳的著名侨乡之一，有海外华侨 1 万多人，分布在世界 20 多个国家和地区。

第二节 革命老区情况

一、革命老区认定情况

1957年，根据国务院有关评划革命根据地（以下简称老区）的规定，宝安县划定老区自然村有330个，1959年调整为321个。深圳经济特区成立后，部分老区自然村在深圳经济特区内。1985年，宝安县老区自然村有284个，分布在16个区镇。其中光明地域的公明镇，划有老区自然村3个。到1986年，宝安县老区自然村有11个迁移或分散安置。这时，全县老区自然村有273个，其中光明地域的公明镇继续划有老区自然村3个：长圳、红星、永福围。

1988年，广东省革命老区根据地建设委员会《关于补划老区村庄的意见》指出，有些老区因国家建设需要，如修水利等工程而移民的老区村庄，属整个村庄迁移的，可继续给予老区的待遇；如属分散安置的，由于实际上原村庄已不存在，故这部分群众不再享受老区的待遇。1989年，按照省府办［1988］129号文精神，广东省补划老区村庄。宝安县补划33个老区村庄，补划后宝安县老区自然村有306个，其中光明地域的公明镇老区自然村增加玉律1个，老区村庄为4个：长圳、红星、永福围、玉律。

二、革命老区村情况

1991年10月，广东省民政厅印发《关于开展评划解放战争游击根据地和确定老区乡镇、老区县工作方案》，广东省参照国家政策，补充评划了解放战争时期的游击根据地，所以广东的革命老区包括土地革命战争、抗日战争、解放战争三个时期的革命根据地。根据广东省革命老区建设促进会1997年编发的《广东省革命老区村庄名册》，深圳老区自然村有740个，其中光明地域的老区自然村有11个，包括宝安县公明镇4个，长圳、红星、永福围、玉律；光明街道7个，白花洞、迳口、新陂头牛场、新陂头果场、圳美牛场、圳美果场、北山牛场。光明地域的革命老区村庄名册详见下表。

光明地域革命老区村

所在乡镇	所在管理区	老区村	人口（人）	土地（公顷）		类型	备注
				耕地	山林		
光明街道	凤凰	白花洞	493	34	1067	抗战	
	碧眼	迳口	672	43	147	抗战	
	新羌	新陂头牛场	431	78	9	抗战	原新陂头村
		新陂头果场	750	37	10	抗战	原圳口村
	圳美	圳美牛场	771	58	123	抗战	原圳美村
		圳美果场	392	34	48	抗战	原白厄嶂村
		北山牛场	755	43	74	抗战	原姜吓村
公明镇		长圳	263	59	220	抗战	
		红星	110		27	抗战	从石岩麻布村迁来
		玉律	777	42	609	抗战	
		永福围	565	53	33	抗战	

注：摘自《广东省革命老区村庄名册》（1997）

第三节 经济社会发展情况

一、光明新区成立前

光明地域长期以来是自给自足的自然经济，单纯依靠农业生产。解放初期，由于人口较少，粮食丰收，人民生活较为宽裕。改革开放以后，以公明为主体区划的光明地域在坚持家庭联产承包责任制发展农业生产的同时，及时抓住深圳经济特区的地缘优势和发展机遇，以市场为导向，改变“以粮为纲”的农业生产方针，从单一粮食的农业生产转向以发展创汇农业为主的多种经营，粮食、养殖、水果、蔬菜四大农业基地建设成果显著，发展为深圳市和宝安区重要农业基地、深圳市重要“菜篮子”基地。在坚持以农业为基础的同时，适应发展形势，大力招商引资建设厂房和配套设施，引进“三来一补”企业，实行农工并举，加快产业转型，先后引进香港创维集团、深圳华发电子等大型企业集团，以及溢兴顺时装、新兴纺织工业集团和维珍妮国际有限公司等知名企业，光明地域发展为彩电生产基地和时装生产基地。1999 年 4 月，公明镇确立建设工业、农业、科教、生态环境“四强镇”的发展思路，工业在稳步发展“三来一补”企业、壮大集体经济的同时，大力推进科教强镇战略，积极调整产业结构；农业以保护良好的生态环境为前提，重点发展生态农业、旅游观光农业和高科技产业，促进经济社会与自然环境协调发展，发展为广东省现代化农业示范区以及百个“三高”农业示范点。2002 年 3 月，公明镇着眼于可持续发展，提出“一带三区五组团”的发展规划，不断优化产业结构，大力实施园区带动发展战略，规划发展特色产业基地，兴办了“楼村万亩荔枝园林”“两千亩花卉产销基地”“两千亩无公害蔬菜基地”等观光休闲农业园区，建设了内衣、模具、钟表三大产业基地，集中传统优势产业，做大、做强、做优特色产业，形成集聚效应和品牌效应，有效提升了经济规模和经济质量，促进了区域经济持续快速健康发展。2004 年，公明镇引进资金 12.9 亿港元，固定资产投资 6.6 亿元，实现工农业总产值 104.88 亿元，工业结汇 5.22 亿港元，财政收入 3.55 亿元，两税收入 5.89 亿元，银行存款 45.52 亿元，社会消费品零售总额 14.13 亿元，农民人均可支配收入 2.34 万元。公明镇先后被评为“中国经济百强镇”“全国农业科普示范镇”。

光明区钟表产业集聚基地（《光明年鉴 2018》）

光明区内衣产业集聚基地（刘政传摄）

光明区模具产业集聚基地（甘永康摄）

在社会经济快速发展过程中，以公明镇为主体区划的光明区域高度重视经济建设与精神文明建设的协调发展。1996 年，公明镇加大文明镇创建力度，还把发展文化体育事业列入创建规划，并确定先进文化镇创建目标，不断加大投入，推动“文明村”“文明镇”创建活动有声有色地开展，同年被评为“广东省文明村镇”。1997 年 6 月 6 日，宝安区委、区政府在公明镇召开创建文明示范点现场会，会议要求认真学习、推广公明经验，促进创建工作上新水平。同时，公明镇着重推进村镇建设和社会事业发展。1991 年起，全镇先后进行了 5 次镇村大规划，完成了中心区生态环境保护区、工业区、商业功能区、农业保护区以及村镇道路、水电、通信等网络工程的整体规划建设。投入 2 亿元建设环保设施，投资近 10 亿元修通 26 条主要道路，以及公明老街汽车站、新长途汽车站等对外交通设施，形成内外贯通、四通八达的交通网络。2000 年以后，投资近 3 亿元实施镇中心区的绿化美化建设，各村投入大量资金落实“一村一公园、一村一文化场所、一街一树木一景点”工程，全镇建成区及主要交通道路绿化总面积达 150. 78 平方千米，建成区和主要道路绿化覆盖率分别达 41. 1% 和 98% ，公明镇被评为“广东省绿化达标先进单位”“广东省生态示范镇”。1999 年至 2002 年，公明镇确立“优先发展教育，创建教育强镇”的发展目标，投入教育经费 2. 06 亿元，以推进教育现代化和信息化为中心，以创建等级学校为手段，实行多元化办学，大力整合教育资源，全面构建社区教育网络，促进全镇办学水平不断提高，公明镇被评为“广东省教育强镇”。同时，公明镇将卫生工作作为为民办实事好事来抓，全镇 18 个行政村、1 个居委会都建有健康医疗保健中心，实现“人人享有卫生保健”的目标，先后被评为“深圳市卫生镇”“广东省卫生镇”“国家卫生镇”；2000 年 11 月 23 日，卫生部和广东省卫生厅在公明召开南方社区健康教育暨社区健康规划会议，总结和推广公明卫生工作经验。计划生育、社会保障、扶贫助残、拥军优属等各项社会事业齐头并进，成效显著，人民生活保障有力，向好发展。

二、光明新区（区）成立后

光明新区、光明区成立后，新区党工委、管委会（区委、区政府）坚决贯彻中央、省、市决策部署，勇担市委赋予打造深圳市重要区域发展极和城市副中心历史使命，改革创新，攻坚克难，砥砺奋进，推动经济社会长足发展。

光明突出产业兴区、制造强区，把战略性新兴产业作为立区之本，把先进制造业作为强区基石，推动华星光电 8.5 代线建成投产、G11 项目一期投产，投资超过 1300 亿元；光明云谷、光明小镇等一批投资过百亿元的重大项目动工，普联、欧菲光等一批产值过百亿元、十亿元企业快速崛起，重大产业项目对经济增长的拉动作用持续增强；新一代信息技术、新材料、绿色低碳、生物医药等战略性新兴产业加快集聚，优势产业主导格局初步形成，全区有规模以上工业企业 1500 家、上市企业 18 家、产值百亿元企业 5 家、国家高新技术企业 1285 家。大项目带动大发展，全区经济发展规模迅速增长。2017 年，地区生产总值从 2007 年的 158.6 亿元增长到 850.12 亿元；全口径税收从 20 亿元提高到 126.67 亿元。2018 年，全区实现地区生产总值（GDP）920.59 亿元，比上年增长 7.3%。人均地区生产总值 15.07 万元。年末专利申请总量 7350 件，增长 17.1%。2019 年，光明区经济总量迈上千亿级台阶，地区生产总值达 1020.9 亿元，增长 8%。

在区域经济综合实力不断迈上新台阶的过程中，光明突出创新驱动、人才支撑的发展策略，把创新作为引领发展的第一动力，不断完善综合创新生态体系，创新基础逐步夯实。随着光明科学城正式落户，脑模拟与脑解析、合成生物学等首批大科学装置即将动工；出台国家可持续发展议程创新示范区光明新区实施意见、科技创新发展十二项行动计划。2018 年，华星光电 T6、T7 项目建设取得关键性进展，日东光学二期投产，欧菲科技等重点项目加快建设，华强二期、三期、奥特迅等项目主体结构封顶。引进中集低轨、艾维普思等优质项目127个。国家高新技术企业数量预计净增373家，增长67%。规模以上工业企业数量增加324家，增长37.8%。战略性新兴产业产值占工业总产值的比重达到61%。不断巩固的创新发展优势，增强了全区经济发展后劲。2019年，开展光明科学城综合交通规划研究，加强与太空港等重要节点的联系；加快科学城智慧公园建设；推动塘尾水厂片区开发；举办重大招商推介活动4场以上，组织参加国内外展会12场次以上；依托华强文化创意产业园，引进文化创意企业100家以上；启动实体经济提质增效3年行动，建立“小升规”企业重点培育库，全年新增“小升规”企业约300家，推动规模以上企业达1500家等。

深圳市华星光电技术有限公司（光明区委宣传部供图）

突出改革引领、机制创新，光明把改革作为功能区体制下超常规推进工作的最大动力，在各个领域先行先试，形成了一批在全市乃至全国有较大影响的改革亮点：全国首创“楼长制”“旅业式”和“网络式”出租屋管理，受到公安部关注和肯定；在全国率先试点设立社区基金会，荣获“中国社区治理十大创新成果”提名奖；入选全国首批“国家绿色生态示范城区”，并于2018年第一个通过国家验收；入围全国第二批“海绵城市”建设试点，全市首个“海绵城市”PPP项目动工建设；出台优化营商环境“20条”，实施政府投资项目代建制改革，深入推进供给侧结构性改革；在全省首创“教育券”改革，推进教育公平；建成首家医养结合社区护理院，率先探索建设家庭病床；率先实现集体股与合作股的表决权同股同权，微改革、微创新亮点纷呈。

光明突出基础先行、品质提升，高标准实施新城规划建设，高质量推进特区一体化，建成了一批重大基础设施，城市功能显著提升。加快重点区域开发，光明凤凰城完成固定资产投资753亿元，在全市17个重点区域中排名第一；打响交通大会战，广深港高铁光明城站投入运营并实现捷运化，赣深高铁在光明区设站，地铁6号线、6号线支线和大外环高速加快建设，龙大、南光高速取消收费，“八纵八横”主干路网骨架基本形成，全市首条地下综合管廊建成投入使用；全面攻坚治水提质，建成污水管网1300多千米，茅洲河干流及4条支流稳定消除黑臭；大力建设“公园之区”，全区人均公园绿地面积从8平方米提升至16.92平方米；强力拓展发展空间，整备土地3228公顷，拆除消化违法建筑750万平方米，实施城市更新项目34个，红坳村整村搬迁、中山大学深圳校区土地整备以及麒麟山、麦仕达片区违建清拆等行动成为全市标杆。特别是近两年来，光明坚持比原特区内更高的标准在全市率先实施“强基惠民”工程，建成1205个社区民生项目，大手笔实施城市品质提升，打造3条标志性花卉景观大道，一次性启动64个城中村综合治理，一次性对222座公厕进行升级改造，加快15家农贸市场升级改造；推进50个城中村专业物业管理全覆盖；继续深化困难群体帮扶，定期走访377户帮扶对象，巩固帮扶成效；推动周家大道等17条道路景观建设提升，加强道路和建筑亮化工程管养；每个街道建设一个“大美村落”示范村等。有效增进民生福祉，城区面貌发生翻天覆地的变化。

在公共服务领域，以民生作为政府工作的中心任务，补齐短板，以空前力度在民生领域持续投入，建成了一批重大公共服务设施，解决了一大批老百姓关心的热点难点问题。加快发展教育事业，中山大学深圳校区、深圳实验学校光明部开学招生，新改扩建中小学29所、新增幼儿园51所，增加学位5.6万个；卫生事业长足进步，中山大学附属第七医院投入运营，市中医院光明院区加快建设，完成新区医疗集团组建并与中国科学院大学合作共建国科大深圳医院，新增病床1980张，增幅达3.2倍；文化事业方兴未艾，“两馆两中心”建成启用，光明文化艺术中心、光明区党史馆（方志馆）建成开馆，中国国际新媒体短片节等文化品牌国际影响力不断扩大；社会保障不断增强，全面开展困难群体帮扶攻坚战，低保人数从新区成立时的1415户4498人下降到158户460人；多渠道筹集建设保障性住房10459套，分配9540套；光明社会福利院建成运营，每千名户籍老人床位数增至46张，增幅达6.9倍；平安建设持续加强，扎实推进依法治区、“平安光明”等工作，有效化解了一批重大风险，刑事警情从2008年的12253宗下降到2017年的2877宗，“两抢”警情从月均255宗下降到6宗。2018年，光明区八类暴力案件同比下降3.4%，110刑事治安总警情下降16.2%，群众安全感明显提升。2019年，教育事业发展再上新台阶。新建公办幼儿园4所，新增普惠性幼儿园4所，公办园和普惠园占比达87.7%。新改扩建中小学5所，新增公办中小学学位9540个，公办小一、初一学位供给率分别达到78%和100%。大力引进基础教育名校资源，深圳实验学校到光明办学，提供从幼儿园到高中全链条教育服务；深圳市教育科学研究院设立光明分院；教科院附属小学、华南师范大学附属光明星河小学正在加快建设。面向全国引进知名校长4名，面向一流高校应届毕业生招聘教师195名，硕士以上学历占比达77%。全区高考本科上线率首次突破80%，高考工作绩效考核排名全市第二。光明中学钟杰老师成为光明首位“全国优秀教师”。卫生医疗体系更加健全。中山大学附属第七医院成为全国航空医疗急救试点医院，医疗救援人员30分钟可抵达深圳各区。深圳市中医院光明院区主体工程加快建设。中国科学院大学深圳医院三甲创建工作持续推进。光明区妇幼保健院正式营业。成立中医药传承发展研究院，筹建“光明国际中医药港”，顺利完成全国基层中医药工作先进单位复审。公明社康中心成为广东省首批社区医院建设试点单位。新增社康中心2家，总数达到44家，家庭医生签约超过18万人。文化体育事业繁荣发展。光明文化艺术中心主体工程完工并顺利开馆，深圳国际青少年足球交流中心开工建设，深圳市皮划艇运动基地签约落户。上村文体中心等文体设施加快建设，全年新增文化设施面积2.79万平方米，排名全市第一。中国国际新媒体短片节永久落户光明。顺利举办光明小镇国际半程马拉松赛。ITF国际元老网球巡回赛升级为一级赛事。编纂出版6部《光明年鉴》，启动首部《光明区志》修编工作，开展寻找光明记忆系列活动，《新城旧事》《农场往事》被国家图书馆馆藏。举办光明梦想秀、小草音乐节等大众文化活动4100场，举办全民健身活动3300场。

第二章

党组织的建立和党领导的武装斗争

从鸦片战争开始，光明地域人民为反抗外来侵略、推翻封建统治，与中外反动势力进行了英勇的斗争。早在1898年，白花洞人民就奋起投身于归国华侨钟水养领导的乌石岗起义，在白花洞庙仔与从虎门赶来增援的清军开战大获全胜。乌石岗起义军有力地打击了地方封建统治者，为1900年孙中山领导的三洲田起义培养与锻炼了一批骨干。辛亥革命期间，著名革命党人廖仲恺到公明楼村从事革命活动，秘密召开革命会议，楼村人民给予了大力支持和帮助。

五四运动爆发后，惠阳等地学校开展的反帝爱国运动，加速了包括光明在内的深圳人民的觉醒。中共一大后，在广东党组织领导下，海陆丰等地率先开展的农民运动，更是为光明人民指明了新的革命方向。

1924年起，公明周家村麦福荣、麦金水成为深圳地区发展的第一批党员，楼村、周家村党小组是深圳最早成立的党小组，中共宝安县委在楼村成立，并在楼村召开全县农民代表大会……公明楼村、周家村成为深圳党组织最早活动的区域、深圳地区农民运动的腹地。今属光明区光明街道、原属观澜的白花洞村也是深圳早期开展农民运动的红色村落之一。

第一节　党组织的建立

一、党组织建立前光明地域的社会状况

五四运动前后，在各地军阀连年混战下，深圳地区人民生活十分痛苦，苛捐杂税名目繁多，无时不捐，无物不税。光明地域农村政权掌握在土豪劣绅手中，公明及福永、沙井、新桥、松岗一带地区被地方三大害陈炳南、文倡臣和曾亦樵所把持，他们对老百姓敲诈勒索、为所欲为，在云霖设联乡局，成立联团武装作为压迫剥削农民的工具，其经费和器械由各乡农民负担。土豪劣绅横行霸道，鱼肉乡民。光明人民在各种苛捐杂税压迫剥削下，过着牛马不如的生活：欠缴联乡局或联团的费用者，就被抓去毒打；欠田租钱债者，有些被迫出卖儿女抵债；有些受不起这种残酷迫害的农民被迫迁移上山；无数农民倾家荡产；老弱流离死亡，青壮年被征当兵或沦为流寇或被卖到南洋做“猪仔”……光明人民生活在水深火热之中。

工农群众在反动势力的残酷压迫之下，必然产生革命的要求，力求团结起来通过自己的力量来求得解放，[①] 这为深圳地区党组织的建立和革命的发展提供了土壤，创造了条件。

---

① 深圳市史志办公室著：《中国共产党深圳历史（第一卷）》，中共党史出版社 2012 年版，第 14 页。

二、深圳地区发展的第一批党员、最早成立的党小组与光明地域党组织的建立

1924年1月，以国共合作为基础的国民革命统一战线正式建立。7月3日，以国民党名义开办、由共产党人主持的农民运动讲习所在广州开办。1924年下半年，中共广州地委派遣广州农民运动讲习所第一、二期学员共产党员黄学增、龙乃武和何友逖，以国民党中央农民部特派员的身份来到宝安县，培养农民运动骨干，发展党组织。黄学增、龙乃武以建立国民党基层组织的名义进行活动。他们起初与各村士绅搞好关系，在农村开展工作，并介绍其中的优秀分子加入国民党，成立国民党乡区分部，建立与土豪劣绅作斗争的基础。以此作为掩护，再从中吸收先进分子加入中国共产党，建立各乡党小组。

1924年8月，黄学增、龙乃武和何友逖到宝安县，首先在第四区（沙井）、五区（松岗、公明）一带农村开展农民运动，并积极从事建党工作。其中，黄学增驻五区，龙乃武驻四区，何友逖驻三区。是年年底，黄学增、龙乃武在四、五区发展了宝安第一批共产党员麦福荣、麦金水、陈细珍、麦牛、潘寿延、潘国华、潘满容等。[①] 其中，麦福荣、麦金水为公明周家村人。

随着党员人数的增加，各区在党员较为集中的乡村建立起党小组。公明楼村、周家村均成为宝安最早建立党小组的乡村，其中，楼村党小组在楼村琬璧公家塾成立，组长陈义妹为楼村人；周家村党小组组长为麦福荣。至1925年底，宝安县先后在全县5个区建立了11个党小组，分别是：第五区的楼村党小组、周家村

---

① 深圳市史志办公室著：《中国共产党深圳历史（第一卷）》，中共党史出版社2012年版，第19—20页。

楼村琬璧公家塾新貌（新湖街道供图）

党小组、燕川村党小组；第四区的福永党小组、新桥党小组；第三区的黄贝岭党小组、蔡屋围党小组、上步党小组、皇岗党小组；第二区的固戍党小组；第一区的陈屋（南山村）党小组。[①] 其中，新桥党小组含玉律村（今属光明区）党员。楼村、周家村等各乡村党小组以国民党乡区分部为活动中心，先号召群众加入国民党，然后从中再吸收中共党员，最后发展成立乡农民协会，掌握乡村基层政权。党小组每月至少进行一次学习，由党组织领导人龙乃武、郑爽南巡回主持，组织党员讨论时事，帮助党员认清形势，掌握斗争方向与政策，对提高党员素质起到了一定成效。[②]

---

① 深圳市史志办公室著：《中国共产党深圳历史（第一卷）》，中共党史出版社 2012 年版，第 21 页。

② 深圳市史志办公室著：《中国共产党深圳历史（第一卷）》，中共党史出版社 2012 年版，第 21 页。

琬璧公家塾展览馆（光明区史志办供图）

琬璧公家塾原貌（光明区史志办供图）

第二节　农民运动的率先兴起和蓬勃开展

一、楼村农民运动的率先兴起

1922 年 10 月，中国农民运动先驱、共产党员彭湃建立海丰赤山约农会，次年又成立海丰总农会，广大农民团结在农会周围，向封建反动势力展开激烈的斗争，获得胜利。全省农民运动迅速发展，规模日益壮大，在这个基础上成立了惠州农民联合会，后又扩大为广东省农民联合会。1924 年，共产党员黄星南、杨国辉等人在惠阳高潭区领导的农民运动，向反动军阀官僚、土豪劣绅展开斗争，实行减租减息。[①] 光明地域农民在周边地区农民运动直接影响和鼓舞下，也积极投身于党组织领导的农民运动热潮之中。

1924 年 8 月，共产党员蔡如平在东莞县霄边乡发起组织东莞农民协会，邻乡农民踊跃参加，光明楼村、水贝以及宝安罗田、燕川、塘严涌、沙浦等乡农民纷纷入会，9 月划归为东莞特别区农会。[②]

楼村农民除积极参加东莞农民协会外，随着入会农民数量的

---

① 深圳市史志办公室著：《中国共产党深圳历史（第一卷）》，中共党史出版社 2012 年版，第 17 页。

② 深圳市史志办公室著：《中国共产党深圳历史大事记》（1924—1978），中共党史出版社 2003 年版，第 9 页。

激增，于1925年3月22日正式成立楼村乡农民协会，入会农民约500人，国民党中央农民部代表黄学增、东莞一区农会代表蔡日新出席成立大会。①

楼村乡农民协会成立后，楼村党小组组长陈义妹在琬璧公家塾整训农民起义队伍，改编农民自卫队，组织武装暴动，成为宝安县农民运动蓬勃开展的主要地区。

二、光明地域农民运动的蓬勃开展

1925年4月，宝安县农民协会成立，郑奭南、陈芬联、潘寿延任县农会常务委员。此时，全县已有含光明在内的第五区等4个区农民协会，楼村等乡农民协会发展到34个。县农会成立后，各区乡农会更普遍地建立起来，会员人数迅速增加。②

8月，全县除第六、七区两个区外，其余5个区先后成立了区农民协会。其中农民运动工作开展得较好的是第三、四、五区，有80%以上的乡村建立了农民协会。当时，光明地域所在的第五区设在黄松岗墟，楼村陈义妹、周家村麦金水任第五区农民协会常务委员（另一名常委为陈细珍）。③ 观澜地区人民也积极参加农民运动，白花洞等村成立了农民协会，并涌现出不少农运骨干分子。④

---

① 深圳市史志办公室著：《中国共产党深圳历史（第一卷）》，中共党史出版社2012年版，第24—25页。

② 深圳市史志办公室著：《中国共产党深圳历史（第一卷）》，中共党史出版社2012年版，第24—25页。

③ 深圳市史志办公室著：《中国共产党深圳历史大事记》（1924—1978），中共党史出版社2003年版，第19页。

④ 《百年观澜文化丛书》编委会编：《烽火观澜》，深圳报业集团出版社2014年版，第6—7页。

宝安县农民协会成立后，明确了各级农民协会的任务是把农民组织起来，向土豪劣绅和贪官污吏作斗争。为了打击反动势力，保卫农会，县农会还组织农民自卫军模范队。[①] 光明地域所在的宝安县第五区农民协会，根据县农会确立的任务，成立了数十人的农民自卫军，主要是打击土豪，保卫农会。[②] 第五区农民协会还先后派20名自卫军队员参加县农民协会组织举办的两期农民自卫军训练班，在3名黄埔军校学员帮助训练下，第五区农民自卫军的思想和战斗力有了显著提高。

4月27日，东莞、宝安两县农民联欢大会在东莞霄边乡召开，包括光明地域区乡农会在内的70余乡代表1000余人到会，武装农民自卫军数百人。当时，四、五区的土豪劣绅勾结官僚，操纵民团，欺压农民，破坏农会，无恶不作，有“三大害”“四大臭”“八大魔王”之称。农民自卫军建立后，首先攻打最反动的沙井民团，豪绅陈炳南、陈翼朝连夜潜逃，二、四、五区的民团组织也随之土崩瓦解。[③]

---

① 深圳市史志办公室著：《中国共产党深圳历史（第一卷）》，中共党史出版社2012年版，第24—25页。

② 《公明镇志》编纂委员会编：《公明镇志》，广东省非营利性出版物准印证〔2005〕粤印准字第0317号，2005年版，第199页。

③ 深圳市史志办公室著：《中国共产党深圳历史（第一卷）》，中共党史出版社2012年版，第25—26页。

第三节 中共宝安县委和东宝工农革命军的成立

一、中共宝安县委在楼村成立

1927年，四一二反革命政变开始后，国民党反动派在宝安以“清党”的名义迫害共产党，并“围剿”农民自卫军的最后据点乌石岩和楼村等地，农民自卫军被迫分散撤退。之前外逃的土豪劣绅卷土重来，反动民团死灰复燃。宝安县的共产党员和农会骨干有的被杀害，有的避走香港、越南，县党部被破坏，农会也被解散，中共宝安县党部书记龙乃武转移至香港，农会也自行解散，形势急转直下。中共宝安县党部临时决定，将党的所有文件迅速销毁，然后从南头整体搬迁到农民运动基础较好的五区楼村一带。自此，楼村陈氏廷养二公祠成为宝安县第一、二、三届县委所在地。①

1927年6月，中共宝安县党部召集四、五区农会领导人联席会议，要求各区农军采取武装戒严，并派陈绍芬与上级组织取得联系。一周后，陈绍芬回到楼村，带来了在香港的党的领导人陈郁的指示：成立中共宝安县委员会，并指定郑奭南为县委书记；同时要求宝安县委部署潜伏活动，鼓励农民起来进行有计划的暴动；组织农民开展秘密工作，活动情况直接与特委负责人李源、

---

① 深圳市史志办公室著：《中国共产党深圳历史（第一卷）》，中共党史出版社2012年版，第39页；《楼村志》，方志出版社，第211—212页，第66页。

沈宝同联系；县委在深圳河附近设立交通站，以利交通联络。根据陈郁指示，郑奭南和县委一到楼村就立即开会改组县党部，产生中共宝安县第一届委员会，委员郑奭南、麦福荣、陈义妹、张丽川、陈细珍。县委设在五区楼村陈氏宗祠，隶属中共广东特委领导。县委研究决定分派党员潜驻各区：张丽川潜驻五区，潘寿延驻四区，张国勋驻三区，陈忠侠驻二区，陈绍芬驻一区，郑奭南为巡回总督导。同时重新整顿农民自卫军，准备武装斗争。派陈细珍到五区周家村、燕川村重新改编农民自卫军，继续进行公开活动；派麦福荣到一、二、四区与农军联系，进行秘密活动；并派张国勋在楼村和燕川村开办 2 所私塾式学校，作为活动据点。[①]

二、东宝工农革命军进攻深圳

1927 年 11 月，为了贯彻中共中央八七会议精神，实行革命的武装反对反革命的武装，中共广东省委派候补委员赵自选到东莞常平周屋厦村召集东莞、宝安两县领导人联席会议。宝安县委书记郑奭南参加。会议要求东宝两县共同组织工农革命军，并当即成立东宝工农革命军总指挥部，指挥部顾问赵自选，总指挥蔡如平，副总指挥郑奭南。下设 4 个大队，第一、二大队属东莞，第三、四大队属宝安，第三、四大队长分别由麦福荣、陈义妹担任。会后，郑奭南回到宝安，在楼村召集会议，研究决定改编农民自卫军，作为工农革命军的基本队伍，并原地整训，随时准备起义。[②] 12 月，为配合广州起义，中共广东省委派傅大庆到楼村，

---

① 深圳市史志办公室著：《中国共产党深圳历史（第一卷）》，中共党史出版社 2007 年版，第 39—40 页。

② 深圳市史志办公室著：《中国共产党深圳历史大事记》（1924—1978），中共党史出版社 2003 年版，第 40—41 页。

向宝安县委传达指示，限13日前进军深圳，会同铁路工人夺取火车直趋广州接应起义。宝安县委立即从两个大队的工农革命军中抽调200多人，于12月12日集中到楼村，将原来的三、四两个大队整合编为第一、第二两个大队。第一大队由郑奭南、麦福荣、陈义妹带领，第二大队由潘国华、潘寿延、陈绍芬带领。当天晚上，第一大队经观澜、龙华，向深圳进军。13日抵梅林时，得知广州起义已于11日提前举行。郑奭南召集各领导同志磋商，将接应广州起义的计划临时改为攻打深圳和宝安县城南头，与广州起义相呼应。14日，工农革命军分四路突破深圳东西南北墟门，包围国民党军政机关，郑奭南带队冲进反动警局，击毙警局巡官江秀词，俘虏区长兼警察局长陈杰彬和2名局员，缴获长枪10余支。整个战斗不足1小时，当日下午部队从深圳转移到乌石岩集中。第二大队未攻下宝安县城，亦退到乌石岩集中。国民党宝安县长邓杰督率3倍于革命武装的县兵及沙井、新桥的民团包围乌

廷养二公祠（光明区史志办供图）

石岩，以图报复。因敌强我弱，工农革命军且战且退，转移到东莞梅塘东山庙屯扎。随后，反动派又攻打楼村，烧毁县委驻址陈氏宗祠。深圳理发工人何连、商人何梅、黄贝岭教师张沛、医生张炳寿亦因平时参加农运而被反动军警抓去杀害。①

三、原定在周家村召开的中共宝安县代表大会

1928 年 2 月 23 日，根据中共广东省委指示，宝安县委在周家村召开全县党代表大会，后因该村豪绅地主势力猖獗，临时改在燕川村召开。会期 1 天，到会代表 19 人，大会主席团麦福荣、吴学、麦志兴 3 人。郑奭南宣布开会并作党务报告。省委巡视员阮峙恒作政治报告。大会总结了四一二反革命政变后宝安党组织在领导农民暴动、为配合广州起义而攻打深圳、南头等方面的经验教训，决定重新整顿各级党组织，进一步发展党员，加强宣传工作，进行土地革命，开展抗租、抗捐、抗税斗争。大会选举产生了中共宝安县第三届委员会，郑大就、麦福荣、麦德明、陈昌盛、庄玉堂、谭少华、蔡励卿、陈义妹等 9 人为县委委员，陈细珍、麦齐亮、麦志兴为县委候补委员，决定郑大就、麦德明、蔡励卿、陈义妹等 4 人为县委常委，县委书记由省委指派，指派前由郑奭南代理。宝安党组织经过整顿，重新焕发了活力，党员队伍进一步壮大。至 3 月底，全县共有党员 197 名。其中，光明地区所在的第五区有党员 110 名。②

---

① 深圳市史志办公室著：《中国共产党深圳历史大事记》（1924—1978），中共党史出版社 2003 年版，第 41—43 页。

② 深圳市史志办公室著：《中国共产党深圳历史（第一卷）》，中共党史出版社 2012 年版，第 45—47 页。

第四节 “宝安暴动计划”的实施

一、宝安县农民代表大会在楼村召开

随着革命力量的恢复和革命队伍的逐步壮大，中共宝安县委根据省委关于“东江总暴动”策略要求，决定再次发动暴动。1928 年4 月上旬，宝安县委制订“宝安暴动计划”，指出暴动的任务是响应东江各县暴动，造成东江割据局面；实施宝安土地革命，建立苏维埃的宝安。4 月12 日，宝安县委在楼村召开全县农民代表大会宣布暴动，暴动时以五区为中心首先暴动，向附近几个区发展，然后进攻县城，形成全县总暴动局面。

13 日，中共广东省委来信同意宝安的暴动计划，指示宝安暴动不一定马上夺取县城，而要在乡村深入进行土地革命，采取较长期的计划，使暴动更深入地发展；暴动前应以苏维埃名义去号召，以达到土地革命和夺取政权的目的；要以宝安与惠州为暴动的中心，完成两县的割据，帮助东江割据的完成；苏维埃应颁布政纲，对小商人利益亦在保护之列；暴动胜利后广泛发展赤卫队，成立工农革命军，由苏维埃统一指挥，同时各区乡都要建立苏维埃；暴动中要积极发展党员，每乡都要建立党支部。[①]

---

① 深圳市史志办公室著：《中国共产党深圳历史大事记》（1924—1978），中共党史出版社 2003 年版，第 46—47 页。

二、"宝安暴动计划"在光明一带的实施

1928年4月19日，中共广东省委派黄学增到宝安指挥暴动，集合百余农民武装包围六区迳背反动派，震动了豪绅地主，四区长圳、唐家村（今属光明区），五区周家村、塘尾围（今属光明区）的豪绅恶霸逃走。下旬，省委给宝安县委来信，强调"由斗争到暴动"的意义和方法，要求宝安组织党员和农民武装进行各种斗争，逐渐成为公开的游击战争，以至暴动"万不可再迁延等待"。并指示宝安要立即做出"改变械斗为攻反动乡村"的具体行动计划，提出阶级斗争的口号。①

遗憾的是，由于这次暴动得不到省委及时指示而后延，致使敌人有了充裕的时间进行反扑。4月26日，六区迳背、四区长圳、玉律（今属光明区）、新桥反动派勾结县兵包围迳背，抢走农民财物，六区区委负责人钟永恩被捕，临刑前大骂反动派，震惊全城。27日，四区沙井豪绅地主又抓捕共产党员陈榜、陈耀。28日至30日，四、五区豪绅地主连日在黄松岗、云霖、新桥开会，组织联团联乡，以恐吓农民，维护其统治。

面对敌人的恐怖威胁和血腥屠杀，宝安县委、县农会根据省委指示，将田寮与玉律两村之间的械斗转变为农民和豪绅地主之间的针锋相对的阶级斗争。在丰和墟召开农民大会，震动了豪绅地主。全县最大豪绅首领曾亦樵秘密逃走，黄松岗、云霖的反动武装不敢就地驻扎，四区新桥、沙井宣布戒严，福永反动豪绅潘乃昌被吓走，正在新桥开会的数名豪绅地主惊慌而散，乌石岩、福永、云霖区长和巡官相继逃走。29日晨，农会集中百余农民武

① 深圳市史志办公室著：《中国共产党深圳历史大事记》（1924—1978），中共党史出版社2003年版，第48页。

装包围六区迳背反动派，毙伤6人，焚烧豪绅地主屋宇4间，极大地震动了反动统治阶级。宝安县长及沙井、新桥各乡豪绅地主纷纷告急，到广州、虎门、深圳搬兵。

暴动发生后，宝安县委决定把各区乡农民武装完全集中起来，连续攻击福永及（光明地域）长圳、唐家村、塘尾围等地，趁豪绅地主惊恐之际，一举攻占县城南头。但由于各乡党员，尤其是负责人因害怕敌人烧屋和与豪绅地主存在封建依附关系而多数动摇，以致影响群众，四、五两区农会武装2000余人，仅有不足200人参加暴动。这次暴动未能按省委对“东江总暴动”的统一部署进行，也没有得到惠阳、东莞等县的及时配合和声援，致使暴动未能坚持下去。但是，广大群众的思想觉悟在暴动中得到提高，党在农村中的影响力进一步扩大。[①] 4月，宝安县委负责人郑奭南调离宝安，县委工作交由麦福荣、陈义妹、张丽川3人负责。至月底，全县党员发展到280名，比三月份增加83名，三、四、五区均重新建立区委，一、六区均成立独立支部。

三、三次武装暴动的失败及意义

1928年5月上旬，根据省委指示，宝安县委再次集中武装，在黄学增领导指挥下，计划在五区发动暴动，然后向三区发展，但国民党反动军队联合豪绅地主民团，事先包围了该区的新围，焚烧周家村、楼村等地的民房（新围、周家村、楼村均属今光明区）。县委为了保存力量，被迫撤出新围，暴动遂告流产。第三次暴动失败后，周家村、楼村遭反动军队洗劫，宝安四区的党组

① 深圳市史志办公室著：《中国共产党深圳历史（第一卷）》，中共党史出版社2012年版，第49—50页。

织被破坏。

5 月 22 日，宝安县委决定集中力量，继续进行武装斗争。当时可集中的武装有周家村、楼村、燕川、罗田、圳美等乡村的常备力量约 100 人，东莞五区有 180 人，准备进攻东坑、木墩、塘尾、长圳、玉律等反动乡村。县委请求省委指示东莞城、石龙、虎门、太平、增城加紧做暴动工作，以免宝安孤立；同时请求省委给予武器援助。24 日，中共广东省委复信宝安县委，指示目前应该先在楼村把群众发动起来，杀他们最痛恨之豪绅地主，或集中武装攻打塘尾或青坑，如能在楼村、周家村一带鼓动群众起来斗争，宝安暴动局面是可创造的；宝安目前的工作是斗争的工作，而不是暴动的工作，不要过于依靠武装，而要普遍地进行土地革命宣传和各种小的斗争。

广东省委决定将宝安与东莞的一部分武装联合起来，“实行宝安游击战争，于最短期间反攻第五区，做成第五区的割据”。两县武装队伍近 300 人，于 5 月下旬进入东宝交界的东山庙召开联席会，按红军制度进行整编，决定扩大工农革命军和赤卫队，深入开展土地革命，以东山为中心，向东莞、宝安乡村发展，进行游击战争。但因国民党反动派调遣大批军队，连日包围工农武装，实行残酷的“围剿”，加上暴动队伍粮草、武器缺乏，武装斗争被迫停止，人员暂时疏散到香港“新界”等地候命。深圳地区党组织活动基本陷于停顿，各级农会也大部分被解散，极少部分农会则以协耕会、银会、谷会、牛会等形式继续活动。

从 1927 年 12 月至 1928 年 5 月半年之间，以光明地域为中心的宝安工农先后发动了三次武装暴动，但都失败了，宝安的革命被迫转入低潮时期。三次武装暴动虽然失败了，但它是在党独立领导下进行的武装斗争，具有深远的意义。它揭开了深圳地区武装斗争的序幕，教育和锻炼了广大工农群众，培养了一批革命骨干，为后来的抗日战争和解放战争播下了革命的种子。[1]

---

[1] 深圳市史志办公室著：《中国共产党深圳历史大事记》（1924—1978），中共党史出版社2003年版，第49—53页。

第三章

抗日战争时期

1937 年 7 月 7 日，日军发动卢沟桥事变，标志着日本全面侵华战争的开始。7 月 8 日，中共中央发布通电号召全国人民团结起来，抵抗日本帝国主义的侵略，“共产党员和抗日的革命者随时到抗日的最前线去”。9 月 23 日，国共第二次合作正式建立，抗日民族统一战线正式形成。

在中共南方工委的发动和影响下，“抗战教育实践社流动工作团”等进驻光明地域，通过开办夜校等形式积极开展抗日救亡宣传，组织农抗会、青抗会、抗敌后援会等抗日团体进行抗日救亡运动，同时建立抗日自卫队等民众抗日武装，发动民众开展抗日武装斗争，抗日救亡运动蓬勃兴起。由于地处宝安、东莞两县交界，光明地域成为东宝两县党组织的活动中心：东莞中心县委在白花洞召开扩大会议，中共路西县委设在水贝村。在上级党组织领导下，光明地域各级党组织不断得到恢复和加强，白花洞革命先驱周来友成立观澜乡第一个党小组；中共路西县委基于公明圩、楼村、水贝村等乡镇成立宝二区委，公明成为东宝行政督导处宝安县 4 个区政府所在地之一；东宝行政督导处还在水贝村创办了第一所新型战时中学——东宝中学，并在水贝村召开了路西国事座谈会。

随着抗日斗争的深入推进，光明地域的抗日武装在党组织的领导下，积极参与羊台山抗日根据地建设和发展，与侵华日军进行了针锋相对的武装斗争。曾生领导的惠宝人民抗日游击总队、王作尧领导的东宝惠边人民抗日游击大队及其整编后的广东人民抗日游击队东江纵队、惠东宝人民护乡团等人民武装，也曾在这片热土上同日军进行过白花洞战斗、粉碎日军“万人扫荡”等多次著名战斗并取得胜利，有力地打击了日军的嚣张气焰，保护了人民生命财产安全，极大地鼓舞了光明人民坚持抗战、夺取最后胜利的勇气和决心。

第一节 抗日救亡运动的兴起

一、日军在光明地域的暴行

日本侵略者对光明人民的暴行，罄竹难书：从1937年8月开始，日军接连不断地对广东城乡实行疯狂轰炸；1939年，日军攻占光明地域白花洞等地，群众的房屋被烧，财物、牲畜被抢，许多群众被杀害。1941年，日军第二次奔袭光明地域，日军飞机首先对白花洞等村进行狂轰滥炸，一时间，遍地瓦砾，屋毁人亡；白花洞一名不满周岁的婴儿被日军抛向空中，用日本军刀刺破胸部而死；藏在屋内的部分村民被日军发现，被一把火全部烧死……[①]日军在光明地域对人民财产进行肆意破坏，对百姓进行残酷镇压，严重阻滞了光明地域经济社会的发展和进步，人民生活在水深火热之中，许多百姓家破人亡。[②]

二、抗日救亡宣传活动在光明地域的开展

为了动员民众参加抗日斗争，在中共南方工作委员会（南委）的领导下，1937年11月，中共广州市工作委员会派共产党

---

① 《百年观澜文化丛书》编委会编：《烽火观澜》，深圳报业集团出版社2014年版，第17—19页。

② 深圳市史志办公室著：《中国共产党深圳历史（第一卷）》，中共党史出版社2012年版，第82页。

员王启光以救亡呼声社国防前线工作队的名义，带领10多人到宝安县开展统战工作和抗日宣传活动，后转战白花洞一带。12月，中共广州外县工作委员会派共产党员刘向东、黄木芬分别担任正、副团长，以抗战教育实践社流动工作团的名义，带领10多人到东莞、宝安交界的天堂围、观澜等地开展抗日救亡宣传活动。工作团团员欧运联等人先后在白花洞及其他乡村举办民众夜校，开展抗日救亡文化教育活动，发动群众开展抗日宣传。在民众夜校的宣传教育和影响下，白花洞等地人民积极张贴和散发宣传抗日标语和传单，爱国民主人士陈其艳在观澜墟内开设时新书店，公开出售《十年来中国的红军》《铁流》等书籍，以及茅盾、郑振铎、郁达夫等进步作家的著作，使光明及其周边地区人民从中受到进步观念的启发。1938年初，中共东莞中心支部委员张广业带领民众抗日自卫团统率委员会的一个政治工作队到宝安观澜、章阁一带，开展抗日救亡宣传。①

三、党领导的抗日武装的建立

1937年底，抗战教育实践社流动工作团转移到中山，副团长黄木芬则继续留在白花洞及观澜、龙华一带开展工作，发动组建党的抗日武装，在观澜墟成立了以开明绅士吴盛唐为副主任的抗敌后援会、青年抗日同志会等民众抗日团体。1938年初，黄木芬争取到吴盛唐和曾红文等人支持，在广泛开展抗日救亡运动的基础上，在观澜、龙华地区征集民间枪支，组织抗日自卫队等形式的民众抗日武装，为中共在宝安建立抗日武装、开展抗日游击战

---

① 深圳市史志办公室著：《中国共产党深圳历史（第一卷）》，中共党史出版社2012年版，第67—69页；《百年观澜文化丛书》编委会编：《烽火观澜》，深圳报业集团出版社2014年版，第16页。

争打下了一定的基础。12 月下旬，在中共东宝边区工作委员会（东宝边区工委）的直接领导下，东宝惠边区人民抗日游击队第一大队、第二大队在与白花洞相邻的章阁村成立，共约 200 人，由黄木芬、蔡子培分别担任大队长。部队从民间收集了国民党军队溃逃时丢下的一挺机枪和长短枪五六十支装备部队。黄木芬带领第一大队在白花洞及观澜、龙华一带进行抗日斗争，带动一批青年投身抗日，同时促进周边各地抗日自卫队、民兵、群众性抗日武装不断发展壮大。1941 年初，王作尧领导的广东人民抗日游击队第五大队派出了一批民运工作队员到白花洞及观澜各村发动群众，建立各种抗日群众团体。1938 年至 1945 年期间，白花洞及观澜地区相继成立了乡村两级的青抗会、妇抗会、农抗会、教师会、自卫队、民运队、基干民兵小分队等群众组织，以及交通站、游击策源地、广源号情报点等抗日救援组织，光明地域人民抗日斗争蓬勃兴起。①

---

① 深圳市史志办公室著：《中国共产党深圳历史（第一卷）》，中共党史出版社 2012 年版，第 67—69 页；《百年观澜文化丛书》编委会编：《烽火观澜》，深圳报业集团出版社 2014 年版，第 16 页。

第二节 党组织恢复扩大与抗日民主政权建设

一、党组织的恢复与发展

为了适应抗战形势的需要，中共中央于1937年8月1日发出《关于南方各游击区域工作的指示》，各游击区域“为着实现党的新政策，开展统一战线工作，保存与扩大革命的支持点的目的”，必须“普遍建立党的秘密组织”。1938年5月，根据中共广东省委指示，成立中共东莞中心县委，领导东莞、宝安、增城等县党组织。7月，东莞中心县委委员张广业带领一个工作组，到宝安南头与王启光的工作队会合，恢复和发展宝安党组织，筹建中共宝安县工作委员会。10月下旬，为了加强对广九铁路沿线东宝地区人民抗日斗争的领导，中共东莞中心县委在观澜章阁村成立县一级领导机构中共东宝边区工作委员会，张广业任书记，黄高阳和黄木芬任委员，负责宝安县及铁路沿线地区的对敌斗争。东宝边区工委的建立，加强了光明地域党的领导，为贯彻党的全面抗战路线和发展人民抗日力量，开展敌后抗日游击战争提供了重要的组织保证。[①] 在抗战教育实践社流动工作团影响下，白花洞青年周来友接受黄木芬教育，积极参加中共组织开展的抗日救亡文

---

① 深圳市史志办公室著：《中国共产党深圳历史（第一卷）》，中共党史出版社2012年版，第65、69—71页。

化教育和农民运动，并成为当地农民夜校和群众组织的主要领导人。1938 年 12 月下旬，中共广东省东南特别委员会调整中共东莞中心县委的领导成员，姚永光调离东莞，张广业任东莞中心县委书记。东莞中心县委在观澜白花洞（今属光明区）召开县委扩大会议，张广业、王作尧、袁鉴文等参加会议。张广业在会上传达了上级决定：将中共东莞中心县委改组为中共东宝联合县委，辖东莞、宝安和增城县部分地区党的工作，袁鉴文任县委组织部长，王作尧任县委宣传部长兼武装部长。会议还研究了整顿党组织和重建抗日武装等问题。①

1941 年 5、6 月间，广东人民抗日游击队第五大队派民运队员曾文、赖子行、杨彩萍，到观澜白花洞、大水坑、库坑等地活动，先后发展了周来友、曾安、黄瑞粦等人入党。周来友与一起入党的曾安、黄瑞粦组织成立观澜乡首个党小组，周来友任组长，并先后吸收谢林海、徐马连、周明安等观澜人加入党组织，至 1945 年春，观澜乡党员达 15 人。周来友领导观澜地方党组织同日军、伪军展开了坚决的斗争。②

1944 年 11 月，根据中共广东省临时委员会指示，建立中共路西县委，辖广九铁路以西的宝安、东莞等县地方党组织，书记黄树楷（黄佳），县委所在地先后设在松岗燕川村和光明地区公明水贝村，隶属中共东江前线临时工作委员会领导。1945 年 5 月，中共路西县委实行党政军一元化领导，原路西县委撤销，公明圩、楼村、水贝村为党政军一元化领导的中共路西县委宝

① 深圳市史志办著：《中国共产党深圳历史大事记》（1924—1978），中共党史出版社 2003 年版，第 19 页；深圳市宝安区档案局（馆）、深圳市宝安区史志办公室编：《宝安人民抗日战争纪事》，第 261 页。

② 《百年观澜文化丛书》编委会编：《烽火观澜》，深圳报业集团出版社 2014 年版，第 45—46 页。

二区委所辖。①

二、抗日民主政权的建立

1943 年底，日军打通广九铁路，抗日游击队活动范围被分割为铁路以东和以西两个地区。随着人民抗日武装的壮大，解放区的扩大和逐步巩固，需要有自己的政权开展地方工作，需要有巩固的根据地为依靠，在解放区普遍建立抗日民主政权的条件也已成熟。

1944 年 1 月，宝安县第四区抗日民主政府在观澜成立。3 月 14 日，观澜乡抗日民主政府成立，乡长周少明，副乡长曾安。3 月，宝安县第一、二区抗日民主政府成立，区长黄达三，区员刘宣、何竺、李少霖、司徒英、麦尧；区政府机关设党支部，书记叶芬，管理机关党务工作。在区政府统一领导下，分为两个区：宝一区由刘宣负责，辖黄田、固成、沙河、西乡、基围等 5 个乡；宝二区由黄达三负责，辖福永、岭下、塘朗、沙井、新桥、周家村、布尾、楼村、水贝、合水口、燕川、坣田等 12 个乡和黄松岗、公明、福永 3 个墟镇。.

在区、乡抗日民主政权基本建立起来的基础上，根据广东人民抗日游击队东江纵队的决定，首先在路西解放区建立县一级的抗日民主政权机构。1944 年 7 月 1 日，路西区解放区第一个县级抗日民主政权——东宝行政督导处在燕川村泽培陈公祠成立，督导处所在地先后设在楼村、水贝村、燕川村。东江纵队任命谭天度为主任，何鼎华、王士钊（后增）为副主任，同时颁布施政纲领，公布 43 个抗日民主政权的成立，下辖 10 个行政区，先后成

① 《公明镇志》编纂委员会编：《公明镇志》，广东省非营利性出版物准印证〔2005〕粤印准字第 0317 号，2005 年版，第 199 页。

立了9个区政府，其中东莞县5个区，宝安县4个区，第二区政府所在地设在公明圩，辖沙井、松岗、燕川村、楼村、水贝村、周家村、公明一带。①

1945年4月10日至13日，东宝行政督导处在宝安公明水贝村召开路西国事座谈会。到会代表既有各阶层的知名人士，也有农工兵学商，既有政府各级领导干部，又有各人民团体代表，还有宗教界代表和国际友好人士，共248人。会议决定：（一）动员全区人民团结起来，一致抗日，争取最后胜利，并发表告全区人民书；（二）确定路西的建政纲要；（三）继续开展减租减息运动，并在这个基础上，农民保证交租交息，做到主佃两利，团结开展；（四）发展生产，改善人民生活，支援东江纵队的给养；（五）成立东宝路西地区生产建设委员会，聘请各阶层人士参加，并发行1亿元的生产建设公债，作为发展本地区农工业生产之用。路东、路西国事座谈会的相继召开，使抗日根据地进一步掀起了民主建政、减租减息、拥军优属、建立农民抗敌会、动员广大农民参军参战、扩大武装力量的热情，对抗日根据地的巩固和发展、夺取深圳地区抗日游击战争的胜利，发挥了积极的作用。②

三、在公明水贝村创办东宝中学

根据中共中央在各抗日根据地推动文化运动的指示，路西解放区大力推进文化教育建设，创办了东宝中学。1945年2月，按

---

① 深圳市史志办公室著：《中国共产党深圳历史（第一卷）》，中共党史出版社2012年版，第168—170页。

② 深圳市史志办公室著：《中国共产党深圳历史（第一卷）》，中共党史出版社2012年版，第178页。

水贝村（今下村）风貌（叶东舒摄）

照东江纵队政治部的决定，路西解放区东宝行政督导处在光明地区公明圩水贝村朴园陈公祠创办的第一所新型战时中学东宝中学正式开学。何思明、曾劲夫分别为正副校长，全校教职员工 19 人。这是一所旨在培养抗日干部并被誉为“陕北公学”的革命学校。学校建立了党支部，初属东宝行政督导处，后属中共宝二区区委直接领导。教师黄研任党支部书记，教育长周大洲任组织委员，教导主任梁克寒任宣传委员，陈燕、凌琅、林振如、胡剑华是党组织在师生中最早秘密发展的一批学生党员。学校还建立了青年团组织（先称共产主义青年团，后改称抗日民主青年同盟），团支部书记由梁克寒兼任，在学生中发展的团员有冼杏娟、陈琴、陈海、周洁莹、文慧庄、黄俊如、曾集明、邓俊良、孙帼英、蔡志坚等人。

学校开办时先招收 1 个简易师范班和 1 个初中班，秋季又招了 1 个初中班和 1 个升中班，学生人数最多时达 100 多人。学校面向工农，办学宗旨是：“发展革命根据地文化、教育事业，培养一批革命知识分子，为抗日民主政权输送干部，为东宝地区的教育事业培养师资。”办学方针是：“实施新民主主义教育，着重培养人的政治思想、道德品质，树立革命人生观；同时使学生掌握科学文化知识，学用结合，使之成为为人民服务的干部，为党和政府输送新生力量。”在教学方面，学校始终贯彻“因材施教，教学相长”的原则；在校风方面，以延安抗大的“团结、紧张、严肃、活泼”的优良传统为榜样。

东宝中学旧址（林凯摄）

根据抗日战争的实际需要，学校的学制有所改革，学习期限规定师范班为 1 年，初中班为 2 年。课程设置与国统区、沦陷区的旧式中学有着本质上的区别，作了较大的改革和精简，除了正课设置语文、数学外，增设政治常识、社会发展史、哲学讲话等课。当时购买这些课本是很困难的，多是由老师选印的，有的教材还是自行编写的。为了适应农村生产和战争需要，学校特别设置了动植物、生理卫生和军事知识等课程，收到很好的效果。学校还经常举办演讲、书法、球类、戏剧、歌咏、体育等比赛，活跃师生课余文化生活。时事讲座、形势报告、各种专题讨论会、座谈会、文艺晚会等也有计划地进行。学校成立五四剧社，足迹遍及东（莞）、宝（安）地区城镇山乡，以文艺形式进行抗日宣传活动，深受群众的欢迎。东宝行政督导处领导谭天度、王士钊还经常到学校向师生作形势报告和讲解党在东宝地区各项方针、政策，使师生受到深刻的教育。

10 月，因广东国民党当局挑起局部内战，东宝中学被迫停办。东宝中学虽然存在的时间不长，但为有志青年提供了接受革命教育的机会，为革命培养了一批骨干，在校师生或参加革命队伍，或转入地下进行革命斗争。全国解放以后，大多数师生都成为革命领导干部和科学教育工作者。[①]

东宝中学旧址（林凯摄）

① 深圳市史志办公室著：《中国共产党深圳历史（第一卷）》，中共党史出版社 2012 年版，第 189—190 页；深圳市史志办公室编：《广东省革命遗址通览 · 深圳市》，广东人民出版社 2014 年版，第 230 页。

第三节　光明地域军民的抗日活动

一、东宝边区人民自卫军在光明地域的抗日活动

1938 年 10 月 12 日，日军在大亚湾登陆，开始对华南地区的全面入侵。距离大亚湾不远的宝安形势十分严峻，中共东宝边区工作委员会书记张广业、救亡呼声社国防前线工作队队长兼支部书记王启光等撤到观澜章阁、白花洞一带，东宝边区工委委员黄高阳带领东莞清塘地区自卫军到白花洞与张广业会合。

11 月 23 日，占领广州的日军为巩固其占领区，向广九铁路沿线进行疯狂“扫荡”。在日军进攻下，国民党军队一触即溃。曾生等领导的惠宝人民抗日游击队在碧岭抗击敌人后，撤到盐田。当日军回师“扫荡”时，东宝边区工委通知武装队伍集中在章阁以对付日军。国民党军一五三师九一三团被日军击败，有 200 多人退到白花洞，与师部失去联系，处境困难，军心动摇。东宝边区工委立即派王启光对该团团长做工作，使他们留下来坚持抗战，并同意在该团设立临时政治部，由工委派 20 多人到该团做政治工作。政治部主任由王启光担任，副主任为蔡子培。[①]

① 深圳市史志办公室著：《中国共产党深圳历史（第一卷）》，中共党史出版社 2012 年版，第 88—89 页。

二、广东人民抗日游击队在光明地域的抗日活动

公明圩茶楼除匪。1940 年 5 月下旬的一天，抗战沦陷区公明土匪、汉奸吴东权手下的一个土匪头带着 10 余名匪徒到公明圩的一家茶楼“饮茶”。广东人民抗日游击队第五大队短枪队队长陈前闻讯，立即带领 3 名队员，在茶楼的二楼找到了这伙匪徒。陈前枪法如神且勇敢机智，想以少胜多，一举擒获这伙匪徒。但不知这是敌人设下的陷阱。正当陈前指挥 3 名队员包围正在“饮茶”的匪徒时，楼下埋伏的 10 余名匪徒持枪一拥而上。陈前抬手举枪撂倒了冲在最前面的两名匪徒，机警地指挥几名战友边打边撤。危急之际，陈前毅然把敌人火力引向自己，命令战友迅速撤退。3 名战友安然脱险，陈前终因寡不敌众，壮烈牺牲。①

阻击国民党顽固派军队。1941 年初春，国民党顽固派军队千余众，向羊台山抗日根据地的中心观澜、龙华镇等地扑来。王作尧指挥广东人民抗日游击队第五大队，发动群众，利用当地有利地形，采取机动灵活战术，把顽固派军队驱逐出去。但顽固派军队不甘心失败，不到半月，再次向游击队进攻。王作尧指挥部队绕到顽固派军队的背后，在大坪、白花洞一带狠狠地打击顽固派军队后续部队，并袭击顽固派军队在清溪苦草洞的武器库，迫使顽固派军队不得不从根据地撤出来。②

白花洞战斗。1941 年春夏之交，日军从公明经过迳口村，沿

---

① 深圳市宝安区史志办公室编著：《中共宝安人物传》（上），中国文联出版社 2004 年版，第 123—125 页。

② 深圳市宝安区史志办公室编著：《中共宝安人物传》，中国文联出版社 2004 年版，第 90 页。

着马迹径山路向观澜方向进犯。广东人民抗日游击队第三大队排哨在章阁村与白花洞之间的山上发现敌情，第三大队大队长彭沃立即组织战斗。敌人还未进入村中，就遭到第三大队的打击。在战斗过程中，广东人民抗日游击队短枪队队长林文虎在冲杀中与敌人展开肉搏战，连续击毙三个日本兵。自此，部队战士和当地群众都称他为“老虎仔”。①

截击日军乌石岩“扫荡”。1941 年 8 月 15 日晨，驻南头日军 300 人分两路向乌石岩地区“扫荡”，一路从正面经白芒北进，一路从西北面经玉律、长圳实施迂回。两路日军在乌石岩会合后沿乌龙公路推进。广东人民抗日游击队第五大队副队长周伯明率领第二中队在小黄田进行截击，进犯乌石岩之敌中佐指挥官中弹毙命。在迳背，双方激战一天，日军伤亡 20 多人，退回乌石岩。②

抗击顽固派军队包围战。1942 年夏，国民党东莞虎门部队与宝安观澜驻军黄文光、周义心部约 1000 人，由东莞霄边村路经白花洞村，到达白花洞附近的章阁村 600 米高的栋旗山后山，将章阁村包围，企图摧毁曾生的游击队指挥部。当时形势极为险恶，广东人民抗日游击队王作尧率部 600 多人，向栋旗山挺进。顽固派军队占据有利地势，两军展开惨烈阵地战，从上午 12 点开始，打了一天一夜，双方伤亡惨重。第二天游击部队撤出战斗，13 人壮烈牺牲。③

---

① 周肇仁著：《宝安华侨往事》，第 98—99 页。

② 深圳市宝安区档案局（馆）、深圳市宝安区史志办公室编：《宝安人民抗日战争纪事》，第 48 页。

③ 《百年观澜文化丛书》编委会编：《烽火观澜》，深圳报业集团出版社 2014 年版，第 45—46 页。

三、广东人民抗日游击总队在光明地域的抗日活动

粉碎日军“万人扫荡”。1943年，世界反法西斯战争形势发生根本变化，日本帝国主义在太平洋战场也面临败局。11月10日，日军第二十三军第一〇四师团开始向广九铁路沿线发动进攻，国民党军独九旅徐东来支队望风而逃。11日，日军占领广九铁路沿线东莞常平、樟木头、塘厦、天堂围、和平湖等地。11月18日，日军第二十三军第一〇四师团两个联队，驻莞城、石龙、太平的日军以及伪军第三十师等部共9000余人，分路出动，采取所谓“铁壁合围”战术，向广九铁路以西的东莞大岭山根据地发动“万人扫荡”，妄图一举消灭抗日游击总队东莞地区的主力，遭到广东人民抗日游击总队珠江队、第三大队的沉重打击。不到10天时间，各路“扫荡”日、伪军纷纷撤兵。12月4日，日军再次调集兵力500余人，从南头、布吉、深圳、天堂围、塘厦等几路出动，对羊台山根据地进行围攻。上午8时许，日军100多人由天堂围经观澜圩、白花洞、大水坑向乌石岩挺进，珠江队和宝安大队在大水坑进行伏击。经一天激战，日军被大量杀伤后，向白花洞溃逃。广东人民抗日游击总队珠江队、第三大队、宝安大队取得反“扫荡”作战的胜利，迫使日、伪军主力撤出东莞、宝安抗日根据地，退守广九铁路线。日军的所谓“万人扫荡”被彻底粉碎。

解放公明圩。1943年6月20日，广东人民抗日游击总队宝安大队袭击公明圩伪军，全歼。7月19日，宝安大队1个小队配合珠江纵队夜袭公明圩伪军吴东权大队部和1个中队，毙伤敌人6名，缴获长短枪6支，子弹2000发，迫使吴东权部撤走，并光

复了公明圩。[①]

反击日、伪军。1944 年3 月13 日，广东人民抗日游击总队东江纵队独立第三中队在观澜白花洞迎击敌伪，毙伤伪三十师副团长以下数十人。[②] 1944 年6 月，日军调集1 个师团到惠东宝沿海、沿江布防，其中仅宝太线中段（沙井至黄田）就驻守1 个联队，并不断向沿线抗日军民进攻。珠江纵队解放大队在纵队参谋长周伯明率领下，与东江纵队第一支队并肩战斗，在公明圩至黄松岗一线反击日军，歼灭日军1 个小分队，缴获轻机枪1 挺，把日军赶回沙井一线。[③] 1945 年7 月，东江纵队一支队和二支队在公明圩至黄松岗一线反击宝太线移动布防的日军，消灭其一个大队，并全歼沙井伪军。[④]

四、光明人民的抗日斗争

在抗日战争中，光明人民始终不屈不挠，积极参加抗日自卫队等抗日武装，奋起反抗日寇侵略。在东宝边区工委主要活动的抗日游击区白花洞，在路西县委驻地、抗日文化教育主场地之一的公明水贝村，在深圳党组织、革命发祥地的楼村、周家村，在东江纵队抗日根据地之一的红星村，在1941—1945 年东江纵队第一支队驻地的长圳村，光明地域几乎每个村庄都是抗日斗争的堡

---

① 《公明镇志》编纂委员会编：《公明镇志》，广东省非营利性出版物准印证〔2005〕粤印准字第0317 号，2005 年版，第201 页。

② 深圳市史志办公室著：《中国共产党深圳历史大事记》（1924—1978），中共党史出版社2003 年版，第116 页。

③ 深圳市史志办公室著：《中国共产党深圳历史大事记》（1924—1978），中共党史出版社2003 年版，第137 页。

④ 《公明镇志》编纂委员会编：《公明镇志》，广东省非营利性出版物准印证〔2005〕粤印准字第0317 号，2005 年版，第201 页。

垒和战地。1942 年，日、伪军合击东莞、宝安游击区，并派出特务四处活动，收集情报，进行反复“扫荡”，妄图消灭抗日游击队。面对险恶形势，观澜党组织于当年 7 月从白花洞青抗会中挑选出徐马连、谢松龄、周伟华、周明安、周进洪、周马青等人，组成锄奸团，侦察敌情动态，于 1943 年 10 月配合部队破获一个国民党特务组织，将其一网打尽。该特务组织有 11 人，为首者杨森仔、杨界眉因罪行严重，经上级批准，游击队将两人处决。①

光明各地群众全力掩护游击队抗击日军侵扰，为部队传送情报，为抗日斗争储存、转运大量武器装备和物资，保障了游击队抗日战斗的进行。1943 年 7 月 19 日，广东人民抗日游击总队宝安大队配合珠江纵队一部攻克公明圩，水贝村妇女陈瑞琼为保护东江纵队战士，多次冒着生命危险，掩护我方战士脱离险境，这段可歌可泣的故事流传至今。② 1945 年 6 月，驻扎在宝安南头的日、伪军头子预谋去路西各地抢粮。观澜地区地下党领导人周来友根据上级指示，指挥观澜地下党员发动各村群众 2000 多人，连夜奔走公明、燕川等地，抢收粮食 2000 多担，运往白花洞等村隐蔽，粉碎了敌人的抢粮阴谋，取得了反抢粮斗争的胜利。周来友担任教师会会长后，积极发动群众开展战时文化复兴运动，向爱国人士、开明绅士筹款办起了中心小学，同时还在观澜各村组织征粮队，向全乡爱国人士、开明绅士征集爱国粮 1000 多担，支援东江纵队开展抗日斗争。③

---

① 《百年观澜文化丛书》编委会编：《烽火观澜》，深圳报业集团出版社 2014 年版，第 36 页。

② 《公明镇志》编纂委员会编：《公明镇志》，广东省非营利性出版物准印证〔2005〕粤印准字第 0317 号，2005 年版，第 201 页。

③ 《百年观澜文化丛书》编委会编：《烽火观澜》，深圳报业集团出版社 2014 年版，第 27—28 页。

4

第四章

解放战争时期

抗日战争胜利后，国民党反动派加紧策划和发动内战。国民党广东当局调集重兵围攻东江地区，对包括光明在内的深圳地区进行残酷的“清乡”运动，一大批中共武装复员人员和革命群众被捕入狱，甚至惨遭杀害。同时，国民党广东当局在全省农业遭受特大自然灾害的情况下，置民生于不顾，在深圳地区高压推行“大三征”，强征暴敛，欺压群众，光明地域人民处在白色恐怖中，生活再度陷入极其艰难的境地。

面对国民党反动势力疯狂残暴的“清剿”“三征”等运动，光明地域党组织在人民群众的支持下，积极组建情报站、交通站、搜索队和武工队，恢复和壮大人民武装，积极开展“反内战、反饥饿、反迫害”运动。与国民党军队进行了英勇的斗争。光明地域军民团结一心，不怕牺牲，寻找战机，主动出击，粉碎了国民党军队的两次“清剿”，在公明以及白花洞所在的观澜等乡建立了乡人民政权。

随着人民解放战争的胜利推进，深圳地域的党组织得到巩固和发展，光明地域的基层党组织也逐步建立，党员队伍不断壮大。在各级党组织领导下，光明人民大力支持县乡政权建设，积极开展迎军支前工作，以满腔的热情和必胜的斗志争取人民解放战争的最后胜利。1949 年 10 月 16 日，白花洞人民热烈参加所在的观澜乡迎军入城解放集会，10 月 19 日，公明宣告解放。至此，光明地区终于迎来了新民主主义革命的最后胜利，光明人民也彻底迎来了翻身和解放，从此迈上了当家做主、和平幸福的光明大道。

第一节　党组织和人民武装的发展

一、抗战胜利后光明地域的局势

深圳地区在抗战期间是广东党组织领导机关所在地，又是东江纵队开展敌后游击战争的主要根据地之一。抗日战争胜利后，蒋介石集团将包括惠东宝在内的东江解放区列为军事进攻的重点，调集重兵进驻，妄图利用军事上的绝对优势，以两三个月的时间，一举摧毁广东党组织的领导机关，彻底消灭人民武装，以建立起独裁统治，实现其完全控制整个广东的战略目标。[①]

1945年10月，国民党保八团团长徐东来派周义心大队重返观澜，配合国民党新一军“扫荡”观澜路西根据地，三次包围白花洞村，杀害了观澜乡党组织负责人周来友和部队东流剧团副团长肖英。1946年春，周义心大队配合国民党观澜联防大队陆续包围白花洞等多个村庄，先后杀害白花洞地下党员徐马连等12位革命同志、14名武装队员、38名香港爱国青年学生以及5名进步群众，还抓走12人。此外，敌人贴出告示：悬赏5000大洋收买观澜地下武工队领导人“三条黄”（黄瑞彝、黄生、黄彪）的人头。

① 深圳市史志办公室著：《中国共产党深圳历史（第一卷）》，中共党史出版社2012年版，第221页。

1946年7月，东江纵队北撤后，国民党反动派在东宝路西地区摧毁民主政权，解散农会，恢复反动政权。国民党乡公所与国民党东宝“剿共”联防副主任兼观澜联防大队长陈镜辉互相配合，实行五家联保的保甲制度，组织乡村联防，大搞“清乡、自新”运动，捕杀光明地域共产党员、战士家属、复员人员和进步群众。是年夏，广东全省由于水稻成熟时遭遇特大台风，早稻歉收，国民党广东当局只顾打内战，不管人民死活，竟成立税警团，用高压政策推行“大三征”（征粮、征兵、征税）。国民党反动军队、民团所到之处，强迫农民交粮交税，肆意抢掠财物，恶意烧毁房屋，无端殴打百姓，白色恐怖笼罩着光明地域，光明人民生活在惶恐不安、暗无天日的处境中。①

二、光明地域党组织的壮大

蒋介石集团加紧策划内战。1945年11月，中共路西县委在江南地委直接领导下，为了适应国民党打内战的形势，保障党组织的安全，召开紧急会议。会上分析了当时内战与反内战的斗争形势，并根据中共中央对东江纵队的“分散坚持，保存干部”的指示，决定采取三项紧急措施：（一）老弱病残及非战斗人员立即撤离路西地区，如有关系可打入国民党内开展工作，布置邹远山通过观澜会长吴盛唐在香港元朗开设的广益隆米店，作为路西人员撤退的联络站；（二）立即将多余的枪支弹药、文件及其他物资掩藏好，同时动员群众掩藏好粮食，实行坚壁清野；（三）分片活动，把路西分为三片，一片以梅塘、大宝山为中心，一片以大岭山为中心，另一片以龙华、布吉、观澜为中心，由何鼎华

① 《百年观澜文化丛书》编委会编：《烽火观澜》，深圳报业集团出版社2014年版，第17—19页。

带领该区干部坚持斗争。①

随着人民解放战争形势的发展，加强党的组织建设和思想政治工作成了深圳地区党组织的迫切任务。1949 年 1 月，中共宝安区地方委员会成立，其任务是领导宝安全县党的工作，建立和发展区乡党组织，筹建区乡人民政权，动员青年参军参政，组建区乡武工队，恢复和健全乡村农会、妇女会、青年会、民兵等组织，做好支前和迎接南下解放军的准备工作。2 月至 8 月，宝安观澜、平湖、沙头、沙河、沙湾、西乡、乌石岩、龙华、布吉等各地先后成立党组织工作队（简称组工队），其中光明地域白花洞所在的观澜组工队队长为周展伦。各地组工队由中共宝安区地方委员会直接领导，主要任务是：代表区党委领导地方党的工作；配合武工队巩固乡村政权；在人民群众中培养和发展党员，扩大党的影响。②

1949 年 9 月底至 10 月初，解放战争胜利在望。在中共江南地委的领导下，深圳地区党员队伍不断壮大，各乡党的基层组织也逐步建立起来，沙头、民治、龙华、乌石岩、布吉、沙河、西乡、观澜、平湖等 9 个乡建立了总支，9 个党总支均配备了书记、组织委员、宣传委员，下辖 70 个支部，共有党员 582 名。其中，观澜乡总支书记为周展伦（白花洞人），组织委员为周肇仁（白花洞人），宣传委员为万启源，下辖 9 个支部，共有党员 83 名；白花洞支部书记为周展，组织干事为周伟华，宣传干事为周立明，

---

① 深圳市史志办公室著：《中国共产党深圳历史（第一卷）》，中共党史出版社 2012 年版，第 222—223 页。

② 深圳市史志办公室著：《中国共产党深圳历史（第一卷）》，中共党史出版社 2012 年版，第 261 页。

有党员20人。[①]

三、人民武装的发展

1945年10月，光明地域白花洞所在的宝四区区委在龙华窑下召开区委和区政府领导干部会议，传达上级关于认真做好准备，对付国民党军队“大扫荡”的指示，结合本区的具体情况，周密部署反“扫荡”斗争、认真研究疏散人员及组织武工队事宜，决定将观澜乡政治工作人员和已暴露的人员组成武工队，人员有黄瑞彝、黄炳森、徐马连（白花洞人），队长黄瑞彝，属宝四区政府领导。10月底至11月上旬，东宝行政督导处副主任何鼎华先后两次到宝四区检查指导工作，同区委同志开会研究敌情和对策，并派出短枪队打击敌人。[②]

1946年6月，蓄谋已久的国民党政府悍然发动了全面内战。由于东江纵队主力北撤，留下的武装力量大部分复员，使广东革命力量骤然减弱，深圳地区人民武装斗争转入地下，革命进入艰难的隐蔽时期。为了适应斗争形势，1947年2月，中共江南地区特派员蓝造在坪山召开干部会议。根据广东区党委的指示，会议决定，以维护治安的名义，在江南地区成立群众自卫组织惠东宝人民护乡团。惠东宝人民护乡团成立后，根据广东区党委关于“除了建立一般精干主力之外，仍须保持有各种形式的武工队、地方性的不脱离生产的队伍活动，以致配合”的指示，主要在各区、乡开展以建立武工队为中心任务的斗争活动。

---

① 深圳市史志办公室著：《中国共产党深圳历史（第一卷）》，中共党史出版社2012年版，第284—285页。

② 深圳市史志办公室著：《中国共产党深圳历史（第一卷）》，中共党史出版社2012年版，第222页。

从1946年6月底东江纵队北撤，到1947年2月恢复武装斗争，隐蔽在各处的共产党员和武装小分队及复员人员，在极其困难的情况下，英勇顽强地坚持自卫斗争，给国民党地方反动派势力以有力打击，保存了革命力量，保护了人民群众，粉碎了国民党统治集团企图彻底扑灭人民革命力量的阴谋。[①]

1947年8月，惠东宝人民护乡团第三大队在观澜地区建立情报站、交通站后，经过宣传发动，有不少青年参加观澜武工队，逐步扩大了当地的武装力量。此外，在观澜振能中学当教师的白花洞村地下党员周伟华、周肇仁等，也以组织业余歌咏队和读书会等形式，配合武工队发动青年学生参军，与国民党反动势力展开斗争。至1949年10月，观澜有100多名社会青年及优秀学生参加了中国人民解放军粤赣湘边纵队东江第一支队三团。[②]

在党的领导下，深圳地区人民武装在粉碎国民党反动军队两次“清剿”的斗争中得到锻炼，并不断发展壮大。至1948年八九月，宝安各地民兵组织已发展到600人，枪300余支，并建立起沙河、龙华、布吉、平湖、观澜、公明、新桥、民治、横岗、大鹏、沙湾、坪山田心、龙岗等武工队，后又建立了石岩、沙头武工队。其中，光明地域白花洞所属的观澜武工队队长为万启源，公明武工队队长为陈琴。[③]

一批海外华侨也积极投身解放战争，白花洞村的周展南从南洋马来西亚返回家乡参加解放战争，入编观澜武工队并加入了党

---

① 深圳市史志办公室著：《中国共产党深圳历史（第一卷）》，中共党史出版社2012年版，第237—239页。

② 《百年观澜文化丛书》编委会编：《烽火观澜》，深圳报业集团出版社2014年版，第41—42页。

③ 深圳市史志办公室著：《中国共产党深圳历史（第一卷）》，中共党史出版社2012年版，第222页。

组织。[1] 其间，经过地方党组织和武工队的努力，深圳地区先后在沙河、龙华、平湖、观澜、布吉、公明、民治、新桥、石岩、沙头等乡建立了乡人民政权。其中，观澜乡人民政府于1946年6月成立，由中共观澜乡总支委员会宣传委员万启源兼任乡长。[2]

---

① 《百年观澜文化丛书》编委会编：《烽火观澜》，深圳报业集团出版社2014年版，第57页。

② 深圳市史志办公室著：《中国共产党深圳历史（第一卷）》，中共党史出版社2012年版，第222页。

第二节　光明地域军民反内战斗争

一、搜捕观澜反动头目陈镜辉

1947 年 8 月，惠东宝人民护乡团第三大队在白花洞所在的观澜地区建立了宝安路西情报总站观澜分站和宝安路西交通总站观澜分站（设在白花洞村新围），重点活动在观澜地区。

自 1947 年起，观澜情报站和搜索队对国民党观澜地区分部书记、国民党观澜联防大队长陈镜辉进行了一年多的侦查，曾到他的老家去抓捕，到国民党观澜地区分部所在地东莞塘厦去袭击，到观澜李济桥、谷罗山等地伏击，但均未成功。在一次追击中，游击队用炸药炸开其老家的大门，冲进去发现陈镜辉已逃往他处。受惊吓的陈镜辉十分警惕，从联防队员中挑选出十几名亲信，在观澜墟周边进行夜间巡逻，并伺机报复，将黄瑞彝、黄炳森、黄生 3 名情报员的房子烧毁。

1948 年，情报站派 4 名情报员设法打进陈镜辉联防大队内部，以当兵为掩护进行策反工作，伺机在条件成熟时里应外合，持枪起义。至当年 10 月，策反工作已基本完成。但因起义计划泄露，4 名情报员及从联防大队中发展的 1 名情报人员被捕，被关进观澜墟内成昌楼，被捕的 5 名情报人员坚贞不屈，痛骂敌人，高呼“共产党万岁”，并把楼梯烧毁，阻止敌人上楼。由于敌人看守严密，武工队两次救援均未成功，他们在楼顶坚持数日，无从逃脱，后一人跳楼牺牲，其他四人因体力不支被害。[①]

二、对抗反动武装“围剿”情报站的战斗

1947 年 12 月，观澜情报站获悉陈镜辉联防大队及徐东来保安团的反动武装要对游击队进行“扫荡”，立即派出交通人员通知各部做好应对工作。交通站派出的通信员曾秀、黄仔到白花洞村的途中被反动乡长邱官灵的卫兵发现，两名交通员未能逃脱被捕，14 岁的交通员黄仔经不住严刑拷打，说出了交通站、情报站的相关情况。凌晨 3 点，国民党联防大队及保安团抽调 100 多人，分两路袭击布吉两处情报站。敌人押着 30 岁的女交通员曾秀带路前往布吉雪竹径交通站，曾秀趁着夜色掩护，途中逃跑，被敌人开枪击中而牺牲。敌人另一路人马由黄仔带路直奔布吉岗头村金竹园交通站，凌晨 5 点，情报员郑木、李仔在放哨时听到附近传来的越叫越凶的狗吠声，他俩以为是国民党反动派来“扫荡”，前去查看，却发现国民党军士兵已在山头占据制高点。两名情报员立即开枪射击，并高声呼叫熟睡的战友赶紧撤退。武工队和情报站人员一边向国民党军士兵还击，一边分批撤退。

敌人的火力很猛，向雪竹径村进犯的另一路敌军也随后赶来，形成严密的包围圈。几个小时激战后，武工队和情报站负责掩护的几位战友被逼到一座小山上，国民党军士兵放火烧山，他们用簕篷隐蔽。烧山过后，国民党军士兵进山搜索，被武工队员逐一击毙。敌人再度集中火力向武工队员反复扫射，白花洞徐马能以及黄辉、曾贵娇、陈光、邱国英等 9 名武工队员壮烈牺牲，国民党军士兵还残忍地砍下他们的头颅挂在观澜墟城门示众。女情报

---

① 《百年观澜文化丛书》编委会编：《烽火观澜》，深圳报业集团出版社 2014 年版，第 40—41 页。

员邹文娇因无法撤离，躲在一个树缝里，当天被敌军发现后，竟被活生生地压在被击毙的国民党军排长棺材底下陪葬。邹文娇视死如归，面无惧色，大声呼喊口号：“打倒国民党反动派!”“革命一定胜利!”①

三、反“清剿”伏击战

1948 年初，国民党广东当局发动的第一次“清剿”失败后，同年 6 月，又部署旨在“肃清平原，围困山区”的第二次“清剿”。7 月，国民党观澜税警团先后派出两个连约 100 人的兵力围困白花洞和大水坑村。为牵制敌人对主力部队的进攻，宝安路西情报总站观澜分站获知情报后当机立断，派搜索队和武工队在大坑龙伏击敌人。

战斗当日，税警团经过观澜墟国民党联防大队时，了解到游击队已经销声匿迹，以为“太平无事”，便大摇大摆地经过大坑龙。当敌人的尖兵和领队来到一棵高达十多米的大黄橄榄树前，随着一声令下，埋伏在大坑龙三面山头的武工队和搜索队居高临下，长短枪齐发，密集的排头火力铺天盖地，扑向敌人，杀伤巨大。经过激烈的战斗，税警团营级书记官被击毙，4 名税警士兵被击伤，其余敌兵丢下被击毙的领队和枪支弹药惊惶逃窜。这场战斗取得了重大胜利，武工队缴获步枪 6 支、子弹 600 多发，箱装公文一担，是惠东宝人民护乡团第三大队在反“清剿”斗争中充分利用有利地形、以少胜多的战例。②

---

① 《百年观澜文化丛书》编委会编：《烽火观澜》，深圳报业集团出版社 2014 年版，第 48 页。

② 《百年观澜文化丛书》编委会编：《烽火观澜》，深圳报业集团出版社 2014 年版，第 51—52 页。

第三节 光明解放

一、光明人民积极迎军支前

截至1949年初，辽沈、淮海、平津三大战役胜利结束，国民党军队的主力已基本被消灭。在广东，宋子文组织的两期“清剿”相继失败后，再也无力组织稍具规模的“清剿”。虽然国民党广东当局试图作最后的挣扎，但大势已去，残局无法扭转。[①]

随着形势的迅速发展和敌我力量对比的根本变化，人民解放战争在全国的胜利和国民党反动统治的覆灭已成定局。4月21日，毛泽东和朱德向中国人民解放军发布《向全国进军的命令》，人民解放军百万大军强渡长江，彻底摧毁了国民党军队的长江防线。紧接着，人民解放军又以秋风扫落叶之势向南推进，组建野战部队解放华南。[②]

为在思想上、组织上做好迎接人民解放军野战军入粤作战、解放全广东的准备工作，8月下旬，根据中共中央华南分局的指示和江南地委的决定，中共宝安县委和县人民政府正式成立。9月上旬，中共宝安县委和县人民政府成立后，为积极做好支前、

---

① 深圳市史志办公室著：《中国共产党深圳历史（第一卷）》，中共党史出版社2012年版，第273页。

② 深圳市史志办公室著：《中国共产党深圳历史（第一卷）》，中共党史出版社2012年版，第280页。

迎接南下大军以及接管城市的准备工作，成立了支前委员会。光明地区所在的第一区和第二区也设立了支前委员会，公明乡、白花洞村所在的观澜乡设立了支前指挥所，各村设立支前指挥员。随着南下野战军的到来，光明地域各界群众在各级党组织的发动组织下，掀起了迎军支前的高潮。①

二、观澜乡及公明乡解放

1949 年10 月1 日，中华人民共和国宣告成立。与此同时，南下的人民解放军野战部队抵达集合地点，开始向广东进军。10 月中旬，中国人民解放军胜利南进，驻守在宝安的国民党军从深圳逃往香港，从南头逃往大铲岛、伶仃岛。10 月16 日，中共宝安县委书记兼县长黄永光率县人民武装部攻进南头城，歼灭国民党军残部百余人，接管了国民党县政府和军警部队，接着在南头村召开庆祝解放大会。②

与宝安县城南头解放同日上午，中国人民解放军粤赣湘边纵队东江第一支队第三团新二营，从根据地白花洞向观澜墟进发，盘踞在观澜地区的国民党宝安十五团团长黄文光和国民党观澜联防大队长陈镜辉闻风弃城而逃。人民解放军部队胜利进入观澜墟，宣布观澜乡解放。

人民解放军部队入城当日，一路红旗飘扬，群众夹道欢迎。在观澜中心小学，教学大楼正中悬挂着一条“翻身得解放，人民坐天下”大红标语，大批民众挤满整个操场，部队首长麦团长大

---

① 深圳市史志办公室著：《中国共产党深圳历史（第一卷）》，中共党史出版社 2012 年版，第 282—283 页。

② 深圳市史志办公室著：《中国共产党深圳历史（第一卷）》，中共党史出版社 2012 年版，第 287—289 页。

声宣布观澜解放，在场群众顿时欢呼雀跃。麦团长又宣布观澜解放游行庆祝开始，解放军和游击队观澜籍战士于华领头指挥唱起了战歌，观澜中心小学等学校仪仗队敲响锣鼓，村民们跳起秧歌舞，舞起麒麟和狮子，《解放区的天》的歌声响彻墟镇。次日上午，在观澜中心小学，观澜数千群众又参加庆祝解放的大集会。

1949 年 10 月 19 日，公明乡宣告解放，结束了民国时期的保甲制度，成立新生的人民政权，公明乡党小组和公明乡人民政府同时成立，陈琴任乡党小组组长兼乡长。至此，光明全境解放。[①]

---

① 《百年观澜文化丛书》编委会编：《烽火观澜》，深圳报业集团出版社 2014 年版，第 59、61 页；《公明镇志》编纂委员会编：《公明镇志》，广东省非营利性出版物准印证〔2005〕粤印准字第 0317 号，2005 年版，第 11 页。

第五章

新中国成立至改革开放前

光明地域的经济长期以来是自给自足的自然经济，单纯依靠农业生产。同时，光明地域又是一个自然灾害频发的地区，“靠天吃饭”一直是人民生活的真实写照。民国年间，连年战乱不断，加上军阀和日、伪军等反动势力残酷盘剥，优良的田地大部分集中在少数地主和富农手里，只有一小部分其他土地（包括水田、旱地、山岭和山坡地）分散于中农和贫农手中，人民生活十分贫困。

中华人民共和国成立后，在党的领导下，光明人民以空前高涨的热情投入社会主义建设热潮，开展了轰轰烈烈的土地改革运动，消灭了延续两千多年的封建土地所有制，极大地解放了农村生产力。翻身的贫苦农民分得了土地等基本生产资料，以农业为主的区域经济迅速得到恢复和发展，农村面貌发生了根本变化。在社会主义建设中，光明人民在生产生活中始终保持坚定的信念和昂扬的斗志，实现了区域经济社会的持续发展和人民生活水平的不断提高。这一历史时期光明地域总体发展的特点是：域内人口较少，粮食产量提高，人民生活较为宽裕。

第一节 社会主义改造和过渡

一、党领导下人民政权的建立

1949 年 10 月宝安解放后，宝安县设置 1 个镇、3 个联乡和公明、观澜（含白花洞村）等 10 个乡。中共宝安县委在各乡镇的基层党组织为乡党小组或乡党支部。公明乡党组织即始于此时成立的公明乡党小组（1950 年 2 月，公明乡党小组改为公明乡党支部）。白花洞村党小组属于观澜乡党总支。在中共宝安县委和县人民政府的领导下，全县各乡镇迅速组织和建立了新生的人民政权。10 月 30 日，全县各乡镇人民政府正式宣告成立，公明乡人民政府驻地设在公明圩，白花洞村所在的观澜乡人民政府驻地在观澜墟。

1950 年 4 月，宝安县编为 4 区 1 镇，公明乡、观澜乡党组织和人民政府分属四区、三区党委和人民政府领导。1951 年 8 月，宝安撤大乡划小乡，全县划分为 4 区 1 镇 19 乡，原公明乡分为公明、东周、碧楼、水荫、玉塘 5 个乡，从观澜乡中分出白花洞设立白花乡，分别成立乡人民政府。1952 年 10 月，全县增设五、六、七区，原公明乡分出的公明、东周、碧楼、水荫、玉塘 5 个乡及石岩、水田、水围 3 个乡划归七区（公明区）所辖，白花乡属二区（观澜区）所辖，1955 年 8

白花洞村村貌（摄于2019年8月，白花社区供图）

月白花乡并入库坑乡。[①]

二、土地改革

旧中国的封建土地制度极不合理：占乡村人口不到10%的地主、富农，却占有70%～80%的土地，他们借此残酷地剥削农民；而占乡村人口90%的贫农、雇农和中农，只占有20%～30%的土地，他们终年劳动，受尽剥削，不得温饱。这是旧中国贫穷落后的根源，也是新中国实现国家富强的基本障碍。[②] 在光明地

---

① 《公明镇志》编纂委员会编：《公明镇志》，广东省非营利性出版物准印证〔2005〕粤印准字第0317号，2005年版，第39、138、177—178页；深圳市龙华区福城街道办事处编：《福城人文》，第11页。

② 深圳市史志办公室著：《中国共产党深圳历史（第二卷）》，中共党史出版社2012年版，第19页。

域，少数地主和富农私人拥有的土地多达十几亩、数十亩，占全村整个耕地面积高达60%～70%，各主要姓氏宗族的公偿田，所占农田比例大多数在30%～50%，有些村超过50%，实际支配权也在地主手里，仅有少量的其他土地（包括水田、旱地、山岭和山坡地）分散在中农和贫农手里。

中华人民共和国成立后，党在整顿乡镇基层党组织和建立人民政权的同时，着手领导开展了土地改革运动，旨在废除地主阶级封建剥削的土地所有制，实行农民的土地所有制，解放农村生产力，发展农业生产。

1950年6月，中央人民政府颁布《中华人民共和国土地改革法》。1950年12月20日，宝安县人民政府颁布关于土地改革的布告，发动全县人民实行土地改革。土改的方针政策是：依靠贫农、雇农，团结中农，孤立富农，有步骤、有区分地消灭封建剥削制度，发展农业生产。1951年初，由地方干部、解放军和大学生组成的土改工作队进驻宝安县包括公明乡、观澜乡白花洞在内的全县各村，没收地主所占的土地、鱼塘、农具和多余的粮食、房屋，公偿田也被没收，连同地主的田地分给无地或少地的农民，并且采取各种措施，发放政府贷款，给农民贷种子、贷粮食、贷农具，帮助农民发展生产，引导农民互帮互助，土改使农民“耕者有其田”的愿望得以实现。

光明人民翻了身，全力发展生产，积极上交公粮（即实物形式的农业税），出售公购粮（即国家收购粮），向国家多作贡献，支援抗美援朝爱国运动。根据土改时的查田定产，按田地的肥瘦和水利条件定为三等九级，以此为准计算公益粮，并制定公购粮计划。一般公益粮的比例约为20%，公购粮的比例约为30%。当时，光明各村最低单产在150斤左右，平均单产在180斤左右，最高的被称为“门口田”（肥水较足）能达到单产300斤以上。

最好的家庭是半年粮、半年杂，大部分家庭是番薯、木薯、芋头当主粮。土改后，光明人民生活大为改善，每年一斤不少地积极上缴公益粮，并不折不扣地按计划出售公购粮。[①]

通过土地改革，光明地域的农民无偿分得了土地和生产资料，解放了农村生产力，有力地促进了农业经济的恢复和发展，同时也调动了农民的政治热情和生产积极性，为光明农业的社会主义改造创造了有利条件。[②]

三、农业合作化

1952 年夏，中共宝安县委、县政府引导全县农民向合作化方向发展，以自愿参加为原则，采取由低级到高级的形式，开展农业互助合作，使之改造成为社会主义的集体经济。光明地域农业合作化运动，分为组织互助组、组织初级农业合作社、建立高级农业生产合作社三个阶段。

互助组的建立和发展，在一定程度上对劳动力和劳动资料进行了合理配置，农民的生产积极性进一步得到发挥，农业生产效率得到提高，从而促进了农村经济的发展。互助组使刚分得土地而又缺少农具的农民拿起调剂来的农具生产，不致延误农时，避免了田地的荒芜；使缺乏耕作经验的农户获得有经验农户的帮助，农业得以增产增收；使原本“有田无力耕种”的农户得到了互助，调动了生产劳动的积极性，增加了农业收入，当年的粮食、塘鱼、农副产品产量都有了较大幅度的增加；使一部分农户有余

---

① 《公明镇志》编纂委员会编：《公明镇志》，广东省非营利性出版物准印证〔2005〕粤印准字第 0317 号，2005 年版，第 39、138、177、178 页。

② 深圳市史志办公室著：《中国共产党深圳历史（第二卷）》，中共党史出版社 2012 年版，第 28 页。

力去开垦政府允许开垦的新土地，扩大了耕地面积，增加了作物品种，粮食的亩产普遍提高了一成多，总产量提高了近两成；并有余力开发副业和多种经营，增加了蔬菜、果木和经济作物的种植，促进了光明地域农村经济由单一走向多样化。

通过开展土地改革和农业生产互助合作运动，宝安县农村经济得到了恢复和发展，光明人民的生活也得到较大的改善。没有住房的农民有了住房，原来破旧的住房也有条件得到修缮。每户有三四十平方米的砖瓦房，无人再住茅寮。解放初期，因国家未控制粮食流通，粮价一度不稳定，开展农业生产互助合作运动后，国家实行粮食统购统销，对种粮农民的粮食和农副产品，按实际收获，在留足种子、口粮、饲料以及交纳公粮后，多余部分按照“余多购多，余少购少，无余不购”的原则，以稳定公平的价格进行统一收购，除少数地方有大米、稻谷自由上市外，绝大部分地区均实行国营统一的粮食市场。1953 年 12 月起实行粮食统销零售牌价，以县城深圳为中心价，三号大米 100 市斤为 11.48 万元（旧人民币，折合新人民币 11.48 元），农民获得了较为稳定的收益。广大农民的生活虽然仍不富裕，但解决了温饱问题，外出的人纷纷返乡，再也没有人去逃荒要饭，也没有人冒险出洋。在政府的鼓励和多子多福的传统观念影响下，农村新出生人口也有较快增长，对增加农村劳动力起到了促进作用。

1953 年底，中共中央作出“发展农业生产合作社”的决议，宝安开始推行初级社，光明地域相继组织成立了初级社。各初级社的组成方式基本是以自然村为基础，农民入社后，以土地入股有分红，农具和耕牛入股可折价，社员劳动实行评工记分，收益按劳力、土地平均分配，每年分配一次，农民收入较为合理平衡，农户之间的矛盾较少。公益粮和公购粮由初级社统一上缴，农民口粮由初级社按人口统一分配。以初级社为主要形式的多种互助合作调动了社员劳动积极性，劳动生产率普遍提高，耕作日益精细，抗灾能力增强，使光明地域继续保持农业生产增长的势头，同时发展了副业，获得增收增产。

随着经济作物供应量的增加，1954 年起，光明地域实行国家“随征代购”政策，即以公粮负担为基础，采取评定粮食产量，规定农民留粮标准，确定起购点，然后按累进带购率计算农户余粮量，结合民主评议，核定农户售粮数量；按照农产实种水稻面积，在应负担的农业税中，每 50 斤公粮任务代购粮2～3 斤，每年在夏秋两季征粮入库的同时，将购粮按级定价进行收购并支付粮价款。1955 年 6 月，光明地域贯彻执行粮食“定产、定购、定销”国家政策。定产，即定农户的粮食产量，按粮田的单位面积常年产量归户计算，根据田地质量等级及自然条件结合经营条件评定。在正常年景下，征购任务保持三年不变，增产不增购。定购，即国家向余粮户从定产量中，扣除种子、口粮、饲料以及实缴公粮后剩余的粮食统购 80% ～90%，按单一比例规定购粮率，不累进，但对缺粮户实行一年一定的粮食定销。1954 年 7 月，宝安县对粮食统销零售牌价进行了第一次调整，大米销售分为七级（特 1、2 号，普通 1～5 号）定价，全县分为 18 个地区差价，三号大米 100 市斤平均价格为 11.41 万元（旧人民币），最高价为 13.82 万元，公明为最低价 10.4 万元。1955 年，根据国家粮食、食油统购统销政策，广东省发布《关于粮食供应制度实施办法》，开始对粮油实行计划供应。7 月，光明地域全民使用新粮票，按供应指标，逐日分发到户，粮票分“固定”和“流动”两种，固定粮票为常年人口购票使用，流动粮票供外出使用。实行凭票供应粮食制度后，采取“四定”供应方法，即定人、定点、定时、定量。同年，执行粮食部关于全国通用粮票的管理办法，全国通用粮票和广东省通用粮票同时在光明地域使用。8 月 25 日，国务院正式发布《市镇粮食定量供应暂行办法》，公明圩城镇居民口粮定量供应逐步走上制度化。1956 年，粮油购销业务统一归口粮食部门经营。

1956 年 9 月，广东省委发出关于农业生产合作社升级、并社、整社工作指示，宝安县办起高级农业合作社试点，随即在光明地域内全面铺开，初级社纷纷升级为高级社，土地无偿归社，耕地、农具折价入社，山林果树评价入社，收益扣留一定的公积金、公益金后，全部按工分进行分配；对丧失劳动能力、无依靠的老人和小孩，实行保吃、保穿、保烧、保教、保葬的“五保”制度；对缺乏劳动力或因天灾人祸造成的困难户，用公益金给予补助等。光明地域内高级社发挥土地及耕畜、农具等生产资料集体所有形成的优势，以及按劳分配调动起来的生产积极性，对地区生产发展和人民生活改善起到持续推动的作用。①

四、社会主义改造的全面完成

在农业合作化运动的同时，光明地域工商业、手工业的社会主义改造也全面推开。

中华人民共和国成立以前，光明地域公明镇的工业以民间的粮食加工业和制糖业为主。原始的粮食加工业以家庭作坊形式存在，加工办法是以碓舂米。1952 年 5 月，宝安县政府对公明怡丰、合丰米机采用接管、公私合营方式，为县属全民工业，改称公明粮食加工厂，归县粮食局管理，加工厂厂房面积 1440 平方米，固定资产 12 万元，逐渐使用从上海、无锡、韶关引进的柴油机作动力；主要产品为大米、花生油，总产值 84. 1 万元，净产值

---

① 《公明镇志》编纂委员会编：《公明镇志》，广东省非营利性出版物准印证〔2005〕粤印准字第 0317 号，2005 年版，第 56、57，112—114 页。

5.7万元，利润总额1.1万元，职工24人，年均工资1750元。制糖业至1955年仍是土作坊，日榨糖1吨。

光明糖厂（光明街道供图）

中华人民共和国成立后，人民政府对公明圩在原有的基础上进行拆建，新辟街道5条，新增店铺上百间，新建农贸市场1个，合计6000平方米，此前一度冷落的公明圩重新焕发生机。1951年，公明成立供销合作社，为独立核算的基层社，并以集体名义参加县供销联社。当时的公明供销社仓库大多是简易仓棚，还有的是租用民房和利用旧祠堂堆放货物，分散杂乱，存取不便。公明乡政府将土改时没收地主和工商业主的房屋，以及由国家统租的私人出租房屋，除部分留作机关办公场所外，其余均由供销社经营，大多用作门店、仓库等。供销社成立以后，在国营商业的协助下，一直把支援农业生产放在首位，根据农业生产需要采购供应肥料、农药、农具、耕牛和各种农用生产资料，为农村供应农业生产资料、生产工具，并开展水果、红薯、花生、芋头、红糖等农副产品购销，进行副食品加工销售，开办饮食业和修理业等，供销社的经济业务不断增大，不断发展，先后兴办了公明饭店、理发站、百货店和糕饼厂、粉厂，集市明显热闹，农村市场日趋活跃。1955 年至 1957 年间，实行“统一计划，分级管理”的商品流通体制，日用工艺品主要通过省专业公司二级批发站流配批发到县公司，再由县三级站批发到商店，另外通过外地采购计划外商品以补充资源。1956 年，光明地域个体商业分别过渡为公私合营商业、合作商店、合作小组、代销经营店，只有少数个体商户独自经营针线、纽扣等小杂货和小饮食。①

至 1956 年底，光明地域全面完成了对农业、手工业、资本主义工商业的社会主义改造，农民和大多数其他个体劳动者已成为社会主义的集体劳动者，资本家所有的资本主义私有制基本上转变成为国家所有制即全民所有的公有制，社会经济结构发生根本变化，社会主义公有制经济已占主导统治地位。社会主义三大改造的完成，标志着光明地域从新民主主义社会进入社会主义社会，从而为进一步发展生产力创造了条件，也为社会的发展和进步奠定了可靠的基础。②

---

① 《公明镇志》编纂委员会编：《公明镇志》，广东省非营利性出版物准印证〔2005〕粤印准字第 0317 号，2005 年版，第 105—109 页。

② 深圳市史志办公室著：《中国共产党深圳历史（第二卷）》，中共党史出版社 2012 年版，第 71 页。

第二节 社会主义的全面建设

一、社会主义建设的初步探索

1956年9月，中共第八次全国代表大会在北京召开，大会作出了党和国家的工作重点必须转移到社会主义建设上来的重大战略决策，标志着我国开始了全面建设社会主义的新时期。中共宝安县委、县人民委员会认真学习并全面贯彻党的八大精神，在社会主义三大改造基本完成的基础上，开始了社会主义建设道路的长期探索。①

1956年10月，宝安县将71个乡缩并为31个，光明地域所在的公明区辖公明、东周、石岩3个乡，其中公明乡包括公明、水萠等4个村，东周乡包括东周、碧楼、玉塘3个村。1958年3月，宝安撤区并乡，设16乡1镇，公明乡恢复建制，辖原公明、东周、玉塘、碧楼、水萠5个乡，成立乡党委；白花洞恢复行政村建制，属观澜乡所辖。②

在公明乡党委和乡人民政府的领导下，公明乡认真贯彻中共宝安县委制订的《宝安县1958年至1967年国民经济规划》和

---

① 深圳市史志办公室著：《中国共产党深圳历史（第二卷）》，中共党史出版社2012年版，第84页。

② 《公明镇志》编纂委员会编：《公明镇志》，广东省非营利性出版物准印证〔2005〕粤印准字第0317号，2005年版，第39、139、178页。

《宝安县1958年至1967年十年农业发展规划》，要求把农业合作社彻底巩固起来，迅速发展生产力，坚决贯彻以主粮为主，开展多种经营，全面发展的方针，使粮食和各种经济作物、副业生产都有一个巨大的猛进，力争十年内实现河涌变鱼塘、瘦田变良田、荒山变果园、海滩变良田、穷村变富村、农村变花园、草屋变瓦屋、红米变白米、牛耕变机耕、油灯变电灯“十变”，将宝安建设成为惠阳专区的粮食、肉食、油脂、水果、水产、特种经济作物“六大基地”，并实现旱洪潮灾害、低产田、荒山、病虫害、“四害”的“五个消灭”，以便更有力地支援国家社会主义工业化；同时进一步发展经济、文化、教育、卫生、交通运输、邮电等各项事业，从而提高人民的生活水平。

宝安县委制订的十年国民经济规划和十年农村发展规划，为光明人民描绘了社会主义的光明灿烂和幸福的前景，极大地鼓舞了广大群众参加社会主义建设的热情，对调动广大干部群众的积极性，进一步掀起更大规模的生产运动起到推动作用，是光明人民在建设社会主义道路上开展的有益探索。但是规划中很多具体指标存在偏高之处，在后来历次政治运动的冲击下，未能很好地贯彻执行，很多具体指标无法实现。① 1957年8月，根据中央、省委的指示，宝安县针对农业合作社运动中少数社员存在要求退社、分社、散社的现象，结合形势对全县238个农业社分两批开展社会主义教育和民主整社运动，平息了退社风潮。1958年5月，宝安县委根据省委农村工作专题会议精神，在全县全面开展以“双反”（反浪费、反保守）、“四勤”（勤俭建国、勤俭办社、勤俭持家、勤俭办一切事情）为纲的农村整风整社运动，光明区

① 深圳市史志办公室著：《中国共产党深圳历史（第二卷）》，中共党史出版社2012年版，第85—89页。

域土改遗留下来的落后8年的三类社碧楼合作社迎头赶上，成为全县“摆脱落后，要当上游”的“上游社”先进典型，“实现了山洞养猪化，全社1300个洞，每户平均2个洞，洞洞有猪”。是年，公明乡购置了第一辆“解放”牌大卡车。[①]

二、人民公社化

1958年5月，中共八大二次会议在北京召开，会议提出了“鼓足干劲，力争上游，多快好省地建设社会主义”的总路线。6月，中共宝安县委发出关于开展宣传总路线“突击月”的指示后，声势浩大的总路线宣传运动在全县范围内广泛而深入地开展起来。[②]

1958年8月，宝安人民在毛泽东“人民公社好”的号召下，积极拥护中共中央公布的《关于在农村建立人民公社问题的决议》。宝安县委根据上级党委的指示，号召全县范围内建立人民公社。[③] 9月，宝安实行“政社合一”的人民公社建制，全县编为6个人民公社，辖41个生产管理区，公明乡和光明农场组成光明人民公社，成立光明人民公社党委，驻地公明圩；白花洞大队属于红色人民公社。1959年4月，宝安县编为12个人民公社，同时撤销光明公社，其所在地域归属松岗公社管辖，其中公明地域设公明、玉塘两个管理区，共17个大队；白花洞大队属观澜公社所辖。1961年7月，全县划分为5个大区、22个人民公社、7个

---

① 深圳市史志办公室著：《中国共产党深圳历史（第二卷）》，中共党史出版社2012年版，第99—104页。

② 深圳市史志办公室著：《中国共产党深圳历史（第二卷）》，中共党史出版社2012年版，第95—96页。

③ 深圳市史志办公室著：《中国共产党深圳历史（第二卷）》，中共党史出版社2012年版，第115页。

农场，公明从松岗人民公社分离出来，成立公明人民公社，下辖22个大队。7月，成立公明公社党委，驻公明圩；同时公社召开人民代表大会，54名代表参加，选举产生公社管理委员会。1963年2月，公明公社将22个大队合并为9个大队；白花洞大队属观澜公社。①

人民公社化后，光明地域各个经济条件、贫富水平不同的农业合作社完成合并，合作社把一切财产上缴公社，多者不退，少者不补，或拆了农民的炉灶建公社食堂。社员入社后，其私人农具、牲畜、自留地、果树、单车、渔船、手工业设备等一律无偿为公社所有，凡单干户一律入社。公社初期带有浓厚的军事共产主义色彩，实行“政社合一”，设立管理委员会，将劳动力按照军队编制，公社、管理区、大队、生产队分称团、营、连、排，实行组织军队化、行动战斗化、生产集体化，参照部队作战方法，采取大兵团作战方式从事农业生产。

由农业生产合作社变为人民公社，使光明地域社会生产方式发生了新的变化，其具有“一大二公”（第一规模大，第二公有化程度高）的特点：公社党委一手抓生产，比农业生产合作社更有力地动员和安排农村的劳动力；一手抓生活，兴办农业合作社难以兴办的项目，如发展公社食堂、托儿所等集体事业。这些福利事业在当时社会生产力和物质条件尚不发达的情况下实行，给社会经济发展背上了沉重的负担。人民公社化后，取消了生产队或高级联社、合作联社所有制及其分配制度，实行全民的公社所有制及分配制度，统一核算、统一分配和实行部分供给制，公社

---

① 《公明镇志》编纂委员会编：《公明镇志》，广东省非营利性出版物准印证〔2005〕粤印准字第0317号，2005年版，第39、139—141、178—179页。

出现“平均主义、无偿调拨”为标志的“共产风”。这种“政社合一”的农村社会组织形式，一定程度上压抑了农民生产积极性，阻碍了农村经济的良性发展。[①] 对此，宝安县委认真贯彻中央工作会议通过的《农业六十条》和省委“二十条”指示精神，社队规模、“三包四固定”制度、评工记分、定额管理、分配制度、公共食堂、家庭副业等 7 项主要政策得到落实，同时进一步解决干部“五风”问题，人民公社实行公社、大队、生产队三级所有制，生产队为基本核算单位，实行“三包一奖四固定”，即大队对生产队实行包工包产、包成本，超产奖励，把劳力、土地、耕牛、农具固定给生产队。经过将近三年的不断纠正，光明地域社会经济一步步从偏差中扭转过来，为国民经济进一步调整奠定了基础。[②]

1961 年 10 月，中共宝安县第二次代表大会召开。会议制定了今后七年建设规划，并提出发展国民经济的总任务是：实现《农业发展纲要四十条》，把宝安县建设成为粮食丰富、油肉充足、水产有余、水果四季不绝的新宝安。会议强调农业是国民经济的基础，是人民衣食之源。为了迅速发展农业生产，宝安县委决定必须在今后两三年内建成四大基地，其中在公明等 8 个公社建立商品粮食基地，在白花洞所在的观澜等 4 个公社建立水果基地。这次大会所作的战略决策对宝安县包括光明地域的未来发展产生了积极的影响。[③]

① 深圳市史志办公室著：《中国共产党深圳历史（第二卷）》，中共党史出版社 2012 年版，第 116—120 页。

② 深圳市史志办公室著：《中国共产党深圳历史（第二卷）》，中共党史出版社 2012 年版，第 126—127 页。

③ 深圳市史志办公室著：《中国共产党深圳历史（第二卷）》，中共党史出版社 2012 年版，第 127—133 页。

三、抗击三年自然灾害斗争

20 世纪 50 年代末到 60 年代初，我国大部分地区连年发生严重干旱灾害，灾区粮食大幅减产，人民生活遭受严重困难。宝安县更是频繁发生干旱、洪水、台风，自然灾害不断，光明地域人民在宝安县委和公社党委领导下，不畏艰难困苦，同特大自然灾害进行了坚决持久的斗争。1959 年 6 月中旬，宝安全县持续降雨，引发百年罕见的特大洪水，破堤千余处，稻田受淹 5160 公顷、房屋倒塌 570 多间，其中白花洞所在的观澜等公社灾情最为严重。1961 年 9 月上旬，宝安普遍遭遇 9～11 级台风及暴雨袭击，山洪暴发，又遇海潮顶托，公明公社不少山塘出险，村庄受浸，房屋倒塌，路桥冲毁，农田被淹。经历这两次暴雨侵袭后，从 1962 年春到 1963 年 5 月，又遭遇大旱，水井干涸，沙河断流，水库变成死塘，庄稼果树晒死，山地作物枯黄，沿海沙田一片霜白。1964 年 5 月 28 日，全县又受到台风、暴雨、海潮合击，农田遭毁，果树折断，危害之大为 30 多年所未有。[①] 连年遭受特大自然灾害，光明地域粮食失收，物价上涨，市场萧条，不少村民患上水肿。在宝安县委和公社党委领导下，光明地域人民积极开展抗击自然灾害、坚持生产自救的斗争，在战胜自然灾害的同时，团结一致，共克时艰，迅速恢复生产，将灾害造成的损失减小到了最低程度。1958 年至 1961 年，宝安县商业局与供销社合并，实行政企合一，关闭农村集市贸易，光明地域商品流通仅有一个渠道，即二级站—三级站—国营零售商店—消费者，形成国营商业独家经营的局面。由

① 深圳市史志办公室著：《中国共产党深圳历史（第二卷）》，中共党史出版社 2012 年版，第 140—144 页。

于物资缺乏，商品供应紧张，只能对一些商品实行凭票证供应，公明公社的居民村民，每人每年只有 13 尺布票，干部职工每月实际供应 17 斤大米。[①]

四、国民经济的全面调整及完成

初步探索社会主义建设的道路不是一帆风顺的。“大跃进”和人民公社化运动反映了人民迫切要求改变我国经济落后的愿望，但急于求成，忽视了客观经济规律，加上连年频发严重的自然灾害因素，全国国民经济发生严重困难。为克服困难局面，1961 年 1 月，中共八届九中全会决定对国民经济实行“调整、巩固、充实、提高”的八字方针，国民经济进入调整时期。为了迅速扭转国民经济的严重困难局面，恢复发展生产，光明地域公社党委按照中央、省委和地委、县委的指示精神，决定进一步合理调整生产队的规模，解决大队与生产队之间的分配关系，把大队基本所有制改为生产队基本所有制，把生产和分配统一起来，由“三包”全奖全罚改为包干调拨，由大队统一分配改为生产队分配，充分调动小集体和社员的生产积极性。同时，着手推行“包产到户”，加强经营管理，解决生产的所有制问题，以此促进生产。1961 年八九月间，宝安县委围绕“三自一包”（自负盈亏、自由市场、自留地和包产到户）推行试验。水果方面，在盛产水果的地区进行“包产到户管理，比例分成，包产期限五至七年”试点的试验。水稻方面，县委在观澜公社搞大面积的稻田包产到户试点，主要由公社进行“六定”到田、管理到人到户、联产奖励的试点，县委第一书记李富林到公明公社塘尾大队总结一生产队

---

① 《公明镇志》编纂委员会编：《公明镇志》，广东省非营利性出版物准印证〔2005〕粤印准字第 0317 号，2005 年版，第 57 页。

“六定”到田、管理到人，责任到户、按产计酬的经验做法，并大加赞扬。

与此同时，全县工商业生产及其相关政策也在进行调整。1961 年，供销社从商业局分出，恢复正常经营，县供销社设立储运股，加强对公明供销的监督、检查。此后，公明供销社建立了较为健全的仓储管理制度，实行记账挂卡、分类分仓或分柜存放商品。根据 1962 年 8 月召开的县委扩大会决定，光明地域公社党委把发展自由市场作为刺激农民生产积极性的重要手段，在商业上采取了一系列单干措施，动员过去并入国营企业、供销社的小商小贩连人带钱退出，退出后可组成合作小组，也可自己经营，自负盈亏；允许单干的小商小贩到县内任何地方采购，成交价格由交易双方自由议定；原来规定小商小贩、合作小组上缴公社提成的利润一律取消。1962 年起，供销社派出人员到各地组织货源，采取议价、兑换、交流、购销结合代购、代销等方式，收购大批计划外的农副产品，从而换回农业生产资料和生活资料，同时开放集市贸易，恢复国营商业、合作商业、集市贸易三条商品流通渠道并存，市场购销逐渐由淡转旺。墟镇方面，开展商业体制下放，自负盈亏试点并全县推广；手工业提倡“打铁以炉，车衣以衣车为单位”，并彻底下放公社、大队企业。工业方面，要求工业部门积极制造各种实用的新式工具，特别是耕耘、运输工具，农副产品加工工具和日常生活用具，以解决劳动力不足的矛盾；恢复和发展糖厂、榨油厂和砖瓦厂，以适应生产建设的需要。1964 年，公明制糖业使用机榨制糖，日榨量在 15 ~ 20 吨，并从此改制片糖为粉糖。充分利用水动力和机械力，不断提高各行各业的劳动生产率。这些生产经营管理体制的改变，在相当程度上限制了瞎指挥、命令主义的产生，调动了群众的生产积极性，促进了各行各业生产的复苏，使光明地域经济形势很快好转。[1] 1963 年，公明公社共有 5 个生产大队，200 个生产队，生产大队办企业 2 家，社员 4008 户，13237 人，耕种面积 4026.36 公顷，粮食总产量 1965.87 万斤，平均亩产 293 斤，农业生产收入 189.9 万元，人均年收入 143 元。[2] 到 1965 年，包括光明地域在内的宝安县国民经济调整的任务基本完成，工农业生产得到恢复和发展，呈现出物价稳定、市场繁荣的新面貌。

五、社会主义教育运动

在经济上进行国民经济调整的同时，1963 年起，中共宝安县委在政治上全面开展社会主义教育运动。在公社党委领导下，光明地域掀起了小“四清”（清账目、清仓库、清财物、清工分）和大“四清”（清政治、清经济、清组织、清思想）运动的热潮。1964 年 10 月 29 日至 11 月 2 日，公明公社召开贫农代表大会，到会代表 495 人，其中大队干部 30 人，机关干部 6 人。11 月 2 日至 13 日，公明公社又召开公社、大队、生产队三级干部会议，参加会议 784 人，专题部署开展“四清”教育。1965 年 8 月 16 日，宝安县委“四清”工作队进村，到公明上村开展“四清”运动。运动强调以阶级斗争、两条道路（社会主义和资本主义）斗争为纲，突出政治，大学《毛泽东选集》，发动群众，坚持正面教育，启发干部自觉革命。1966 年 4 月 24 日至 5 月 7 日，公明公社三级干部和贫农协会代表会议召开，参会人员 1200 人，会议内容是发

---

① 深圳市史志办公室著：《中国共产党深圳历史（第二卷）》，中共党史出版社 2012 年版，第 175—180 页。

② 《公明镇志》编纂委员会编：《公明镇志》，广东省非营利性出版物准印证〔2005〕粤印准字第 0317 号，2005 年版，第 57—58 页。

动掀起学习毛主席著作高潮。8 月 15 日，公明公社再次召开三级干部会议，参会 1909 人，专题学习党的八届十一中全会公报。历时三年的社会主义教育运动，对于解决基层干部作风和经济管理方面的问题起到了积极作用，但也在一定程度上造成了思想和经济上的混乱。①

六、光明农场的筹建

中华人民共和国成立后，为了扩大耕地面积，为国家提供粮食和其他农副产品，建成内外贸商品生产基地，支持和帮助农民发展商品生产，为农村先进技术和良种推广、农产品加工、运输、销售提供服务，国家以解放军转业官兵为骨干，在西北、东北、华南边疆以及沿海和内地，利用国有荒地、荒山、滩涂，开垦和建立国营农场。全面建设社会主义时期，国家本着利用香港促进周边地区农业生产发展，为香港供应农副产品的考虑，规划在内地的广州—九龙铁路沿线建设一批农场。

1957 年 9 月，广东省农垦厅由副厅长危秀英、行政处处长邱回春带队，派出技术员梁鉴时等几位工作人员，带着国家筹备建设农场的任务，来到宝安县选址筹建国营农场。宝安县委为配合农场筹建工作，提供坑梓、公明两个区域供筹备组进行选择。筹备组选定了公明区境内位于东莞、惠阳交界处一块被称为宝安“西伯利亚”的地方，当时这里人少地多，大片荒山野岭，杂草丛生，是一片未开垦的“处女地”，是鲜为人知的穷山僻壤。选

① 深圳市史志办公室著：《中国共产党深圳历史（第二卷）》，中共党史出版社 2012 年版，第 182—191 页；《公明镇志》编纂委员会编：《公明镇志》，广东省非营利性出版物准印证〔2005〕粤印准字第 0317 号，2005 年版，第 13—14 页。

定建场地以后，筹备组就与宝安县委进行农场土地及人员范围的确定，并与公明区区长陈琴进行具体工作的对接，共同商定把碧楼乡下辖的碧眼、木墩两个整村划给农场，包括所有土地与人员，另外协调将楼村的一部分土地划入农场范围，位于红坳村的宝安县农业示范农场也整体转入筹建的农场。

在农场筹备小组与宝安县委以及公明区协调交流的过程中，确定新建农场名称的事宜被提上议事日程。当时公明区领导建议新建农场命名为“公明农场”，因为农场建在公明区的土地上。筹备组反复讨论后，考虑到国家将供给香港农副产品的光荣任务交给新建农场，就取了“光荣”的“光”字与“公明”的“明”字，共同构成“光明农场”的名称。与宝安县及公明区就筹建工作达成共识后，筹备组开始走访各个生产队，丈量、接管土地，规划草图，建设安置点，迎接农场职工的到来。

1958 年 1 月 1 日，由华南农垦总局、中国人民银行广东省分行、广东省民族事务委员会、广东省外事办、华南亚热带科学研究所 5 个单位组建的省管县属农场——国营广东省光明农场正式成立，隶属华南农垦局管理。筹备组领导、广东省农垦厅副厅长危秀英回省农垦厅，省农垦厅财务处处长何蓬到任书记、场长，筹备组成员之一邱回春任副场长。

筹建农场的消息传出后，位于公明周边、属东莞黄江管辖的新美乡村民也联合起来主动打报告，申请加入农场。1958 年，新陂头、圳美、羌下、迳口、白泥章等村的申请获得批准，几个村整村划入农场。到了 1964 年，原广州军区农副食品基地沙河农场也加入光明农场。1977 年，白花洞大队又由观澜公社划入光明农场。至此，光明农场占地达 54. 6 平方千米。

1958 年春节刚过，省民委、省农垦、银行系统等单位 1000 多名下放干部分批陆续来到光明农场。人员安置下来之后，农场请来当地“八一基耕队”开始了新的农场耕作。在开垦出来的农田上，农场种植上粮食和经济作物，在荒山上种植了300万棵桉树。桉树适应力强，长得快，后来成为农场建筑房屋木材的重要来源。同时，农场根据供应香港农副食品基地的明确定位，将猪肉作为生产的一个重要品类。养猪需要大量饲料，饲料的来源则要通过拓荒种地得来。因此，在早期开荒平整出来的几千亩农田中，3000多亩地用来种木薯。木薯的淀粉含量很高，是重要的养猪饲料。按照分工，当地原有农民依然负责耕种原来的农田，1000多名下放干部主要负责种木薯，也少量地穿插下去种些田。当第一季木薯丰收之后，养猪场还没有全面建设起来，收获的木薯先用来酿酒，随后建立一座自办酒厂。

正当光明农场首批拓荒者投入建设时，“大跃进”运动开始了。1958年9月，光明农场与公明乡合并为光明人民公社。“大

光明奶牛养殖场旧貌（光明集团供图）

跃进”和人民公社化运动，加上随后而来的严重的自然灾害，导致农田大幅度减产、失收，紧接着进入三年困难时期。大办公社食堂，把粮食都吃光了。幸运的是，光明农场的3000多亩木薯地发挥了重要作用，原本打算喂猪的饲料大部分变成人的救命粮，农场的人们依靠吃木薯度过了困难时期。

到1961年，成立三年的光明农场，也快要撑不下去了。消息通过几名参与筹建农场的老红军，传递到广州军区司令部。1962年起，由广州军区司令部接管三年，派海军中校姚峰来农场担任场长，并带来约40名军官负责日常管理工作。军区接管农场时期，首批砖瓦结构的房屋建设起来，农场居所和办公用房条件也逐步得到改善。原有生产队被称为“连队”，连长由军官担任，再挑选一些副队长，并培养一些干部。为了解决人员不足的问题，农场前往罗定、惠阳等地招工，这些人员和原有农场职工一起劳作。军垦时期，光明农场克服特大自然灾害带来的极大困难，平稳度过三年建设期。1965年，国营广东省光明农场隶属广东省农垦厅管辖。

第三节　在徘徊中前进和新的历史转折

一、光明农场迎来“上山下乡”的知识青年

随着光明农场的发展，其干部职工队伍也在悄悄发生变化。广东省民委、农垦、银行等几个系统的下放干部，在农场锻炼一年多后，陆续离开农场回到原工作岗位。1960 年，光明农场又迎来一波新生力量：来自广州的上山下乡知识青年。1961—1966 年，每年都有一批新的知青来到农场。其中，1962 年至 1963 年间到光明农场的知青约有 1000 人，来自广州铁路、邮电等系统及广州市部分街道。

1966 年 6 月，宝安县卷入“文化大革命”浪潮后，公明公社管委会受到冲击，基本陷入瘫痪状态。1967 年 1 月 26 日，“造反派”向公明公社党委、管委会夺权；2 月，公明公社成立军事管制委员会。①

从 1966 年夏到 1967 年底，光明地域的社会秩序陷于混乱，生产建设受到很大影响。

1968 年 12 月，毛泽东发出号召：“知识青年到农村去，接受贫下中农的再教育，很有必要。”从这时起，全国开始了大规模

① 《公明镇志》编纂委员会编：《公明镇志》，广东省非营利性出版物准印证〔2005〕粤印准字第 0317 号，2005 年版，第 144 页。

的知识青年上山下乡运动。宝安县革委会积极组织城镇知识青年上山下乡，同年 12 月中旬，基本完成当年动员安置任务。1968 年计划名额 1000 人，当年在校的初中和高中生几乎全部前往农村，还接收安置了 2650 名广州知青到光明农场和包括公明公社、白花洞村所在的观澜公社在内的全县广大农村。截至 1969 年 4 月，全县动员和组织了 7100 名知识青年和城镇居民到农村安家落户。[①] 1968 年，省革委会决定：原由省管的光明农场下放给宝安县管理。[②] 知识青年和城镇居民的到来，为光明农场注入了新鲜血液，也带来了新的发展动力，他们在艰苦环境中长期与广大农民共同劳动和生活，为光明地域农村建设作出了可贵的贡献。

光明集团历史沿革

1958 年，国营广东省光明农场——隶属华南农垦局管理。

1962 年，中国人民解放军 201 部队光明农场——隶属广州军区司令部后勤部管辖。

1965 年，国营广东省光明农场——隶属广东省农垦厅管辖。

1968 年，国营广东省宝安县光明农牧场——隶属宝安县管理。

1978 年，广东省光明华侨畜牧场——隶属广东省华侨农场管理局管理。

1988 年，深圳光明华侨畜牧场——隶属深圳市农业局管辖。

1999 年，光明华侨畜牧场——划归深圳市商贸控股公司

① 深圳市史志办公室著：《中国共产党深圳历史（第二卷）》，中共党史出版社 2012 年版，第 221 页。

② 深圳市史志办编：《中国共产党深圳历史大事记》（1924—1978），中共党史出版社 2003 年版，第 315 页。

管理。

2002 年，深圳市光明集团有限公司——划归宝安区管理。

2007 年，深圳市光明集团有限公司——划归光明新区管理。

2017 年，12 月 13 日，光明新区管委会、华侨城集团、光明集团三方签订增资扩股协议，华侨城集团控股光明集团。

2018 年，完成企业工商变更。

二、走向新的历史转折

“文化大革命”结束后，宝安县开始进入一个新的历史时期，全县开展揭批“四人帮”运动和拨乱反正工作。经过一年多的酝酿，1978 年初，中共公明公社第三次代表大会召开，选举产生新一届公社党委，党委下辖 35 个党支部，共 597 名党员。在新一届公社党委领导下，光明人民继续开展“农业学大寨”，同时根据实际，认真贯彻“各尽所能、按劳分配，搞好生产责任制”的方针，率先实行各种试点。实践表明，公明公社在粮食总产量、总收入、社员分配、集体积累、对国家贡献等多个方面都获得大幅增长，促进了区域经济的发展。①

1978 年 12 月，党的十一届三中全会决定把全党的工作重点转移到经济建设上来。1979 年 3 月，国务院批准宝安撤县建立深圳市。随着这两个大事件的发生，光明地域的社会和经济发展也开始了新的历史转折。

---

① 深圳市史志办公室著：《中国共产党深圳历史（第二卷）》，中共党史出版社 2012 年版，第 266、268、273、284、285 页；《公明镇志》编纂委员会编：《公明镇志》，广东省非营利性出版物准印证〔2005〕粤印准字第 0317 号，2005 年版，第 151 页。

第四节 革命老区建设

一、新中国建设时期社会事业的初步发展

中华人民共和国成立后，在宝安县委、县人民政府（人民委员会）领导下，经过社会主义改造和过渡以及全面建设社会主义两个时期，光明地域在恢复和发展农业生产和社会经济的同时，各项社会事业也得到初步发展。

宝安县解放后，中国人民解放军接管了宝安地区宝（县城）大（公明）、乌（石岩）大（公明）、布龙（布吉至公明圩）、公明至大坑分水坳等公路，同时恢复公路的养护工作。1955 年，公明又开通东往石岩、西经松岗、北通东莞黄江的公路，光明地域的交通网络逐步建立。1962 年，宝安汽车站每天安排一班车，早上从深圳发车，途经松岗，到达公明，再由公明发车返回，这是第一条以公明为终点站的客运线路。同年，地域内公路养护工作也随之加强，工区已有 3 辆运料汽车，为各道班运输养护材料。1963 年，工区从汕头购进 34 辆 7 马力的小型拖拉机，由工区统一安排到各道班轮流使用。随着交通运输事业的加快发展，1975 年 1 月成立了公明交通管理站。①

---

① 《公明镇志》编纂委员会编：《公明镇志》，广东省非营利性出版物准印证〔2005〕粤印准字第 0317 号，2005 年版，第 82、86、88 页。

邮电事业也开始起步。1953 年 12 月，宝安县邮电局成立，同时设立公明邮政代办所。1956 年，公明邮政代办所设置电话交换机，开通自动电话，使用 5 位电话号码。1976 年 6 月，宝安县邮电局开辟第一条县内农村自办汽车线路，时称西线邮路，途经 11 个支局，公明是其中之一。①

中华人民共和国成立伊始，宝安县委和县人民政府就把文化、教育与卫生事业作为工作的中心任务之一，光明地域教育事业得到初步发展。公明乡政府接管了原有私办书塾，各村农民协会出资办学，1954 年改为公办，办学经费由国家包干。1958 年，公明公社设文教卫部，配文教卫助理员 1 名。1956 年 9 月，东宝中学复办，校址在公明粮所，隶属于公明中心小学。至 20 世纪 60 年代初期，公明兴办了公明中心小学、周家村小学、玉塘小学、楼村小学等 4 所公办小学，以及元山、塘家、薯田埔 3 个分教点；东宝中学正式命名为公明中学，校址在水贝村陈家祠，1963 年迁至原宝安糖厂，1965 年底迁至松岗并更名为松岗中学。1966 年“文化大革命”初期，学校停课“闹革命”，1967 年停止招生。1968 年，工人、贫下中农代表进驻学校，学校学制从六年制改为五年制，实行开卷考试，取消升留级及升学考试；1969 年，学校下放由大队办、贫下中农管理学校，办学经费采用由生产大队负责、国家部分补贴的形式，教师工资以记工分的形式发放，许多教师下放回本大队接受贫下中农再教育；同年 9 月，公明中学复办，校址设在公明中心小学。20 世纪 70 年代，在“读小学不出村，读初中不出队”的办学思想影响下，许多人报读附近初中班；1976 年 9 月，公明中学迁至红花山下的现址。

---

① 《公明镇志》编纂委员会编：《公明镇志》，广东省非营利性出版物准印证〔2005〕粤印准字第 0317 号，2005 年版，第 89 页。

医疗卫生事业也同时起步。公私合营期间，公明乡政府组织辖区个体医生成立联合诊所，后来联合诊所改为松岗卫生所。1952年4月，公明乡政府组建公明卫生所，有工作人员4名，病床4张。1957年，成立公明卫生院，租用3间旧民房作医疗用房，有工作人员10名，病床10张。从20世纪60年代起，陆续有大中专毕业生分配来卫生院工作。1970年9月，光明农场将设在公明公社的3公顷多猪场移交给光明公社卫生院使用。1974年，由惠阳地区拨款购地兴建的公明卫生院医疗用房落成，占地450平方米，有病床20张，能开展“三大常规”检查。[①]

二、革命老区村的建设

中华人民共和国成立后，宝安县对革命老区村村民生活十分关心，对其实施政策倾斜、物资救济和资金扶持，光明地域革命老区村民生活不断得到改善。

新中国建设时期，宝安县按照国家政策，对革命老区村村民生产生活实行政策倾斜，优待、抚恤，妥善安置烈军属：光明地域的公明、观澜区乡（公社）对长圳、红星、永福围、玉律、白花洞村缺乏劳动力的烈军属，由乡政府或乡村农会组织青年民兵代耕；对生活有困难者，由乡政府发给临时困难补助，保障其生产和生活；对其子女入学有困难者给予减免学费，或临时补助；1956年农业合作化后，土地为集体耕种，对烈军属实行优待劳动日；1963年以后，实行优待劳动工分。同时，对牺牲、病故的现役军人、人民警察、党政司法机关工作人员、人民解放军队列编制的无军籍工人、职员、群众团体中工作人员、党派人员、参战的民兵、民工，家属

① 《公明镇志》编纂委员会编：《公明镇志》，广东省非营利性出版物准印证〔2005〕粤印准字第0317号，2005年版，第236—244页。

凭死者在县（团）级以上单位填发的证明书，民政部门按规定发给一次性抚恤金。20 世纪五六十年代，对农村复退军人，根据国家和地方建设需要，适当安排到企事业单位工作。20 世纪 70 年代，鼓励他们安心农业生产，带头为社会主义建设做贡献。[①]

期间，宝安县政府限于财力，仅能集中全国各地的支援物资，有计划地再行调配，按照当时老区村的不同实际情况，采取救济式的扶持，帮助村民度过自然灾害时期，保障他们的基本温饱。保障烈军属的基本生活被放在首要位置，人民政府为他们送去粮食和衣物，保证他们过冬、过节的温饱，并允许人口多、劳力少的家庭缺粮时暂时借用生产队的存粮渡过难关，秋后再归还给生产队。在公明长圳、红星、永福围、玉律等村以及观澜白花洞村，每到灾荒年，都由县里及所在区乡（公社）统一调配物资，村里造册，按照烈军属、五保户、人口多的困难家庭顺序，实施救济，各村为烈军属、五保户送去衣服、粮食，安排好他们的生活。逢年过节，关心他们的生活，安排人员为他们砍来柴禾，水缸里蓄满水，村里分鱼分肉，也是优先考虑他们，为他们送去党和政府的关怀，保障他们生活无忧。

同时，宝安县及公明、观澜区乡（公社）大力帮助革命老区村修建公路、水库，创办林场、农场，发展种植业。20 世纪 60 年代，在宝安县财政的支持下，光明地域长圳、红星、永福围、玉律、白花洞等革命老区村开始发展种植业、修水坝、办果场、建砖厂、办小学等，村民生活有所改善。宝安县和公明、观澜区乡（公社）还组织力量对老区村实行通电、通水、通路，老区村民生活条件初步得到改观。

---

① 《公明镇志》编纂委员会编：《公明镇志》，广东省非营利性出版物准印证〔2005〕粤印准字第 0317 号，2005 年版，第 217、219—220 页。

红星老区村原属石岩镇麻布村，1958 年为支援国家建设，由石岩水库搬迁至现址立村，全村建有 3 排房屋，均为泥砖结构，占地约 2000 平方米。1963 年前属沙井公社管辖，后划属公明公社长圳大队。与长圳大队其他老区村一样，红星生产队最早以水稻种植为主，后在政府引导下，种植业逐步扩展到水稻、薯类、花生、甘蔗、荔枝、龙眼等农作物，村民收入生活水平逐年提高；20 世纪 70 年代，在宝安县和公明公社支持下，开始启动基础设施建设，修建了一条土夯公路。

玉律老区村 20 世纪六七十年代以集体经济为主导，以生产队为核算单位，土地为集体所有。主要农作物有水稻、薯类、花生、甘蔗、荔枝、龙眼等，村民以务农为主，村民收入以劳动工分值核算，年人均收入不到百元；当时生产大队的公共设施比较缺乏，有大队办公室一间，粮仓一间，一条从村口至村中的土路是村民出行的必经之路。

1958 年光明农场成立后，原属东莞黄江管辖的新羌乡迳口、新陂头、圳美、羌下（姜吓）、白泥章（白厄嶂）等革命老区村整村划入农场。在广东省人民委员会扶持和宝安县人民委员会支持下，光明农场组织这些老区村民开垦农田种植粮食和经济作物，开拓荒山种植桉树，同时拓荒约 180 公顷地种植木薯用作养猪饲料和酿酒，发展生猪养殖业和自办酒厂，老区村民生活在生产中得到保障。在三年自然灾害期间，老区村开发种植的约 180 公顷木薯还成了农场干部群众的救命粮，帮助光明农场克服特大自然灾害带来的极度困难，平稳度过自然灾害期。

1977 年 12 月，为了修建鹅颈水库，宝安区将白花洞村划入广东省国营光明农场。村民带着土地、耕牛和农具等全部生产资料也整体并入。

第六章

改革开放时期

1978 年 12 月，中共十一届三中全会在北京召开，中国进入改革开放和社会主义现代化建设的新时期。1979 年 3 月，国务院批复同意广东省宝安县改设为深圳市。1980 年 8 月，全国人大常委会批准设立深圳经济特区。改革开放的开启、宝安撤县建市和深圳经济特区的建立，为光明地域社会经济建设带来重大的发展契机。

从 20 世纪 70 年代末到 21 世纪初，光明地域先后跨越传统农业生产、农工并举、工业转型、工业化和城市化等历史进程，在光明地域党组织和政府领导下，光明人民抓住社会变革的发展机遇，大力发展多种产业，积极引进“三来一补”企业，农村集体经济迅速发展，城镇建设逐步加快，各项社会事业全面发展，农民实现村民到居民的身份转换，生活水平大幅提高。在各级党组织和政府机构的大力扶持下，革命老区村面貌和人民生活也发生了翻天覆地的变化，光明农场也撤销建制，开始了集团化、多元化的大发展时期。

2007 年 8 月，光明新区成立后，光明地域步入大发展大建设的黄金发展期。光明围绕建设“现代化国际化绿色新城”总体目标，以大项目带动区域发展、以区域带动整体发展，经历一场由内到外的嬗变，辖区高端企业集聚，产业发展保持强劲的势头，经济增速遥遥领先于全市，地区 GDP 实现三年翻一番、五年翻两番的高速发展，成为深圳新的区域增长极；城市建设、社会发展等对标特区内加快推进，居民生活质量也得到显著提升。

第一节　从传统农业迈向工业化和城市化

一、推进农业经济体制改革

1979年3月5日，广东省委转发国务院批复，同意撤销宝安县，设立深圳市。全市成立7个区，辖22个公社，公明公社属于松岗区。1980年8月，深圳经济特区建立。1981年10月，恢复宝安县，辖深圳特区外原宝安县区域，辖公明等16个公社和光明华侨畜牧场。1983年7月，公明公社更名为公明区，大队改为乡。1984年2月，公明区增设公明镇，为乡级建制。1986年10月，宝安县撤区建镇，公明区改称公明镇，乡改称村。1993年1月，宝安县撤销改设宝安区，辖公明等8个镇及光明等2个街道。2004年7月，深圳推进农村城市化，公明镇改为公明街道，村改社区，与光明街道同属宝安区所辖。至2004年底，宝安、龙岗两个区218个村完成向城市转化，深圳自此没有农村，没有农民。主要体现在两个方面：一是社区基层政权组织形式的转变，公明镇18个村民委员会全部改为居民委员会；二是户籍结构的转变，公明镇1.7万农民转为城市居民。

1979年9月28日，党的十一届四中全会作出《关于加快农业发展若干问题的决定》，一系列农业改革揭开了序幕。1981年下半年，光明地域普遍推行以家庭联产承包责任制为基础、统分结合的双层经营体制，并大力支持重点户、专业户、联合体承包开放性农业，积极推进农业产业化，发展粮食、养殖、水果、蔬菜四大农业生产基地，农业经济作物大幅增产。1982 年 8 月 9 日，宝安县委召开发展重点户座谈会，参加会议的有公明等 5 个公社书记、副书记和有关单位和部门负责人共 43 人。会议充分肯定了种养专业户的发展方向。[①]

至 1989 年，全镇水稻种植面积约 2022.24 公顷，总产量达 1.1 万吨，创历史最高纪录，水稻种植占农业总收入的 15%，水果、花生、甘蔗等经济作物约占 10%，畜牧渔业约占 75%。[②]

1984 年，公明区全面、系统地推进农业经济体制改革，改变“以粮为纲”的做法，从单一粮食的农业生产结构转变为一、二、三产业全面发展的产业结构。为此，区政府组织干部下乡宣传中央一号文件精神，动员群众发展商品生产。1986 年，公明镇政府成立农林水利办公室，全面调整农村的生产关系，实现政社分离和土地所有制与土地生产经营权分离，区域涌现出集体私人联合、“外引内联”或股份集资经营等多种形式的农业企业，实现规模经营，形成专业化、集约化生产的新格局。1990 年以后，全镇农业产品结构发生变化，粮食作物面积逐年减少，至 1995 年基本不再种植。创汇农业则稳步发展。20 世纪 90 年代开始，农民自发种植荔枝，镇政府引导各村走统一规划、连片开发、区域推进、基地生产之路，出现万亩连片荔枝林。同时，全镇逐步形成了以蔬菜、水果、花卉、水产、畜禽五大鲜活产品生产基地为主体的外向型创汇农业生产新格局，大批农产品源源不断地供应深圳市

---

① 宝安区档案局（馆）、宝安区史志办编：《宝安大事记》，中国书籍出版社 2003 年版，第 158 页。

② 《公明镇志》编纂委员会编：《公明镇志》，广东省非营利性出版物准印证〔2005〕粤印准字第 0317 号，2005 年版，第 3 页。

民和港澳市场，1992 年全镇农业创汇 1. 64 亿港元，创历史新高。

随着城市化、工业化和现代化的急速发展，光明地域内农业用地不断减少。1993 年，公明镇党委、政府确立了“以农业为基础，以工业为主导，把公明建设成为结构合理、比例协调、生态平衡、环境优美的现代化新城镇”的发展思想。1995 年，宝安区颁布《关于加强“菜篮子”工程建设若干问题的决定》，公明镇总计划征用和保护农业用地约 2875. 5 公顷，占深圳市任务的 12. 3%，其中蔬菜用地征收任务为约 594 公顷，占全市任务的八分之一；水果保护地约 2058 公顷，鱼塘约 221. 7 公顷。

增加农业投入，加强农田基本建设。公明镇为改善农业的生产条件，先后完成了将石至茅洲河的排洪大渠、铁坑水库、大岗平塘加坝、田寮排洪渠、上村河反洪渠、塘家岗下平塘溢洪道等 18 宗工程。另外，把提高广大农民的科学技术水平作为一项基本内容，为此采取了多种形式的农业技术知识培训工作，先后与省农科所、华南农业大学合作，邀请有经验的专家、教授到公明进行技术培训和指导，一系列基础工作的完成，使“菜篮子”工程的顺利进行得到了保障。

在开展“菜篮子”工程过程中，公明镇大力开展高新技术的应用和优良品种的引进及推广，先后合作开展红江橙早结丰产栽培试验和应用、荔枝早结丰产综合技术试验、运用以抗性小菜蛾为主的蔬菜病虫害防治技术、反季节蔬菜栽培技术等技术推广。1995 年，由公明镇农业公司主持的江橙早结丰产栽培试验通过广东省农科院成果鉴定。同时，公明积极引进石硖龙眼、美国脐橙、西生菜、西芹、瘦肉型猪、三黄鸡、加州鲈鱼等优良品种，使水果、蔬菜、花卉、禽畜、水产进一步向商业化、创汇型生产体系发展。其中畜牧饲养业快速发展，至 2002 年全镇有养猪场 92 个，生猪饲养量 12 万头；养鸡场 47 个，饲养量 305 万只。但随着茅洲河治理工作的开展和“净畅宁”工程的实施，2003年大规模清理养猪场和养鸡场，饲养业发展受到限制。

“三高”农业即高产、高质、高效农业。在不断向外引进新优品种的基础上，公明镇对“菜篮子”、水果、畜禽基地坚持统一管理、统一征地、统一经营的原则，变零星分散为集约成片，规模增大，效益明显提高。1995年，深圳市委书记、市长厉有为率市规划国土局、经发局、农林局有关部门负责人到公明镇视察。1996年，根据《深圳市宝安区现代化农业科技示范区规划》，制定了万亩稳产高产无公害蔬菜示范区、万亩荔枝园改造、10万盆花卉盆景示范区、千亩优质柑橘园、温泉水鱼养殖场等五大项目发展规划，“三高”农业创出新的局面。1998年，又开发了红星村约15公顷“明星生态观光水果示范场”等一批“三高”农业示范点，使观光农业遍布全镇。

1999年，广东省农业示范区全面启动，公明作为全省十大示范区建设项目重点区，投入大量资金兴建甲子塘蔬菜示范场和长圳菜场无土栽培温室大棚、楼村万亩荔枝园示范区、千亩花卉产销基地。项目建成后，公明成为集农业示范、科技推广、农业观光旅游为一体的集约经营区。1999年起，公明镇连续五年举办荔枝促销交易会，“以荔为媒”打造农业高新科技产业园和生态观光旅游农业品牌。①

作为深圳市和宝安区重要农业基地和广东省现代化农业示范区及百个“三高”农业示范点之一，随着农业特色资源日趋丰富，21世纪初，公明镇加快生态农业高新技术产业园区的开发步伐，重点向生态农业、观光旅游、休闲度假等方向发展，通过花

---

① 《公明镇志》编纂委员会编：《公明镇志》，广东省非营利性出版物准印证〔2005〕粤印准字第0317号，2005年版，第58、59页。

大力气建设楼村万亩荔枝园林休闲观光区、两千亩花卉产销基地、两千亩无公害蔬菜基地等观光休闲农业园区，形成了数十平方千米的生态园林景观，实现了经济、社会、生态三大效益全面发展。2004 年，全镇农业总产值为 3. 68 亿元，蔬菜种植面积约 477. 24 公顷，年产蔬菜 3. 26 万吨；水果种植面积约 1239. 36 公顷，年产水果 6824 吨，其中种植荔枝约 1182. 96 公顷，产量达 1600 吨；花卉栽培面积约 99 公顷，产值 5000 多万元；农业用地约 3126. 24 公顷，农业保护用地约 2400 公顷，占全市 12. 4%，占宝安区 30%。2005 年，公明农业用地约 2964 公顷，其中耕地约 341. 46 公顷，林地约 1146 公顷，果地约 1248 公顷，水产养殖地约 140. 58 公顷，禽畜养殖地约 87. 36 公顷；蔬菜产量 2. 5 万吨，生猪饲养量 12. 57 万头，家禽饲养量 340. 25 万只，渔业产量 1108 吨；水果总产量 5674 吨，其中荔枝 4500 吨，龙眼 400 吨，柑桔橙 774 吨。① 是年，全镇农业总产值 2. 48 亿元。

二、引进对外经济与发展工商业

改革开放前，公明公社只有一些规模极小的粮食加工厂和手工制造厂，有农机厂、面粉厂、木薯加工厂、碾米厂约 10 家，从业人员仅 100 人左右，年收入不足 5 万元。

20 世纪 80 年代起，公明人民乘着改革开放的春风，凭借处于深圳市郊区的地缘优势，抓住特区经济转型的历史性机遇，在发展农业生产的同时，实行农工并举，把积极引进外资、大办工业作为振兴区域经济的突破口来抓，通过引进“三来一补”企业形成支柱产业。1983 年，公明区成立对外经济引进小组。1984

① 《公明镇志》编纂委员会编：《公明镇志》，广东省非营利性出版物准印证〔2005〕粤印准字第 0317 号，2005 年版，第 3 页。

年，全镇乡镇企业、外资企业迅速崛起。1985 年，公明区设立综合贸易公司。1986 年，公明镇成立农村经济发展公司。同年，田寮村引进全镇首家外资企业——豪艺塑料加工厂，到年底，全镇共投资 2250 万元，兴建厂房 3 公顷、工业区 15 个，引进来料加工项目 71 个，引进外资设备 6049 万港元，与外商合资引进制衣厂、线包厂、手袋厂、五金厂、塑花厂、皮革制品厂、模具厂、电子厂、电器厂、汽配修理厂等多种来料加工厂。其中：镇办企业 11 家，职工 2.16 万人，完成工业总产值 471 万元；乡办企业 77 家，从业人员 1906 人，完成总产值 500 万元。是年，全镇来料加工收入达到 1293 万元，是 1984 年的两倍。

1988 年 1 月，公明镇政府从外经财贸工交办公室分出外经办和工交财贸办，由外经办牵头镇内招商引资、对工业企业、商业企业的具体管理工作。公明镇政府还在当月召开的全镇干部职工会议上首次提出股份办厂。1991 年 3 月，宝安县宝塘企业发展公司成立，公司设在公明镇塘尾村，注册资金 500 万元，主要兴办自营、内营和三资工业项目。同年 9 月，公明镇经济发展总公司发起成立企业股份公司，首期招股 2000 万股。1993 年，公明镇工业总公司成立，该公司为公明镇集体所有制企业，注册资金 1000 万元，主要经营工业企业、商业贸易、旅业等。1995 年 12 月，公明镇投资管理公司成立。全镇坚持三资、“三来一补”、自营、内联、民营企业“五个轮子一齐转”的方针，引进三资、“三来一补”企业 72 家、其他企业近 800 家，引进外资达 33.63 亿港元，实现工业总产值 9.6 亿元。其中，深圳华发电子有限公司兴办的华发电子城和港商兴建的新创维电视机厂，年产彩电超过 100 万台，使公明镇逐渐成为彩电生产基地。同时，集资 8000 万港元兴建了年产 60 万套纸箱的公明包装厂。这两个大中型企业成为当时公明镇自营企业的支柱。

1999 年 4 月，中共公明镇委员会第九次代表大会提出工业、农业、科教、生态环境“四强镇”的发展思路，工业一方面继续稳步发展“三来一补”企业，提高村镇经济水平；另一方面大力推进“科教强镇”战略，积极调整产业结构。2000 年，公明镇委、镇政府在塘家、东坑、塘尾三村交界处规划开发“千亩工业园”，积极搞好招商引资，全年全镇引进外资企业 102 家，比上年增长 29%，其中 1992 年在玉律村投资 7000 多万港元的香港东江塑料制品（深圳）有限公司，2000 年追加投资 2.5 亿港元，在千亩工业园内建设大型模具厂。2001 年，镇政府设立科技发展办公室，负责本镇第二、三产业布局、行业规划和管理、招商引资、加工贸易企业管理等工作。是年，公明镇建设楼村和上村两个同富裕工业区，规划建设公明镇同富裕先进产业工业园，实施统一征地、统一规划、统一建设、统一招商、统一管理，同期引进东江科技国际有限公司和深圳乔领有限公司总投资 4.5 亿元的两个高新技术项目。2002 年，镇政府设立投资服务中心，进一步加强招商引资服务。同时落实农村村办企业股份合作制改革工作，原各村经济发展公司改制为农村股份合作制公司。各村股份合作公司不断投资建设厂房、宿舍，并加强驻村“三来一补”和三资企业服务。

自 21 世纪初期开始，公明镇大力实施“一带三区五组团”的园区带动经济发展战略，扩大高新技术产业园和同富裕工业园的面积，将原来东组团 78 公顷用地调整到玉律、田寮交界处，并重新规划扩大到 182 公顷；将原来西组团 78 万平方米用地调整扩大到 194 万平方米。楼村和上村的同富裕工业园规划建设分别从原来的 10 公顷和 20 公顷调整扩大到 40 公顷和 322 公顷，以此规划建设了内衣、模具、钟表三大产业集聚基地，把传统优势产业集中起来，做大、做优、做强特色产业。引进和懋半导体、超力

革命老区村——玉律村（曾五定摄）

通电子、光晟玩具、新星化工若干个高新技术企业，总投资额 14.8 亿港元，形成品牌效应和集聚效应，有效提升了经济规模和经济质量，高新技术工业产值占全镇工业总产值的 37%。2001 年 6 月，公明镇成为深圳市唯一的广东省经贸质量联系镇。到 2004 年，公明镇有内外资企业 1622 家，其中外资企业 1147 家，国内民营企业 475 家；全镇工业企业已发展到 1230 家，镇内工业园区达 90 个，东江科技、创维集团、维珍妮公司、溢兴顺时装厂、新兴橡根厂、光晟集团、友邦塑胶厂等一大批在国内国际市场具有影响力的企业在公明安营扎寨，产品绝大部分出口到世界各地。公明镇工业企业总量名列宝安区前三名，已成为深圳市第六大工业强镇。形成精密模具、内衣、电子信息三个集聚基地，工业经济产值连年激增。2004 年，公明镇工业产值达到 101.2 亿元，财政总收入 3.49 亿元，工业结汇 5.2 亿港元，国地税收入 7.63 亿元。①

2005 年，深圳市确定建设九大产业集聚基地，其中内衣、钟表、模具三大产业集聚基地均位于公明街道辖区。内衣基地聚集全球规模最大的文胸制造企业、泳衣制造厂家和内衣辅料供应商。模具基地总规划为 178 公顷，分两期规划实施，涉及 14 条道路、宿舍及其他设施建设。钟表产业集聚基地（时间谷）总规划面积 114 公顷，聚集包括飞亚达、依波、格雅等 9 家钟表行业重点龙头企业。是年，公明镇实现工业总产值（规模以上工业产值）369.14 亿元。

这一时期，公明商贸业也有了较快的发展。1980 年，公明圩商业门店增加到 250 间，当年集市成交额 3400 万元。此后公明圩镇建设连年扩展，新建了人民路、康乐路、建新路、环城路和长春路等，建筑面积 6000 平方米的农贸市场已成为集市中心，各类商业门店、百货大楼、高级商场如雨后春笋，逐年增多，村级集市也迅速发展。到 1994 年，全镇有农贸市场 8 个，面积 1.08 万平方米；各类商业门店 2800 间，面积 8.4 万平方米，全年市场成交额 8500 万元，社会商品零售额 1.3 亿元；全镇个体工商户 2903 户，从业人员 7363 人；从事商贸性企业 610 家，其中国营集体企业 135 家。为了适应商贸业的发展需要，占地 1.7 公顷的公明新市场于 1995 年建成并投入使用。1999 年开通公明至香港直通车，兴建了宝明城大酒店，公明汽车站投入使用，公明与香港的商业贸易更为便捷。2001 年，由中鹏实业有限公司投资兴建的太平洋商业广场和由爱家集团投资兴建的三和商业广场相继开业。2002

---

① 《公明镇志》编纂委员会编：《公明镇志》，广东省非营利性出版物准印证〔2005〕粤印准字第 0317 号，2005 年版，第 68 页。

年，公明镇中心区引进佳华超市、铭可达家电中心、肯德基三大商贸项目。这些大型商场超市和连锁机构带旺了商业区。到2004年，全镇共有市场26个，商店6148家，从业人员1.15万人，零售额6.22亿元，成交额6.39亿元，利润6834万元。此间，全镇饮食服务、金融保险、建筑等产业也保持较快发展，成为公明经济的新增长点。2004年，全镇第一、二、三产业结构的比例由1987年的90∶9∶1发展到10∶33∶57。

外来人口的剧增，工业的崛起，带动了公明饮食服务业的加速发展，联华、三明、宏业和冠天下等一批具有相当规模、综合服务能力较强的酒店相继涌现。1994年底，全镇饮食服务企业共379家，从业人员1706人，年产值3798万元。其中镇中心区有各类酒店、卡拉OK厅、西餐厅、大排档等175家。饮食服务业的迅速发展，使公明圩镇更显繁荣热闹。1999年，四星级酒店宝明城大酒店落户公明。至2004年底，公明从事饮食业网点如又一村、园心、万绿湖等共563家，从业人员2569人，营业收入15181万元；服务业网点230家，从业人员1113人，营业收入3414万元。

公明镇的金融部门主要有公明信用社、中国人民银行公明营业部、中国农业银行公明营业所、中国工商银行公明营业部、中国银行公明营业部等，早期金融业务以存款和贷款为主。1994年底，全镇个人存款达2亿元，金融业务也得到不断拓展，新增了外币存款、抵押贷款、开发性贷款、自动提款、信用卡服务等业务。2004年，全镇银行储蓄存款余额为45.52亿元。公明最早的保险业是1987年3月成立的中国人民保险公司公明保险站，当时有职员2人，办公地点在镇政府大院内，面积不过10平方米，业务以人身保险为主，客户200余个，年保险费收入仅10万元。1989年春，该保险站在镇中心区新建了办公大楼，人员增至5

人。大胆尝试，推行扩大险种业务，新辟企业财产、家庭财产、车辆保险等险种，客户增至近 1 万个，保费收入逐年上升。1994 年，该保险站保费收入已达 1000 多万元，其中农民养老保险投保金额 120 万元，全镇农民养老保险率达 98%，该站连续 7 年被深圳市评为先进单位。进入 21 世纪，随着社会经济的发展，平安保险公司、太平洋保险公司也在公明成立了分支机构。

公明最早的建筑企业是宝安区建筑工程公司公明分公司，1995 年该公司改制为深圳市宝明兴建筑工程有限公司，为股份制建筑施工企业。改制后主要股东为实力雄厚的宝安区公明物业发展总公司和公明经济发展总公司，具有房屋建筑工程施工总承包三级资质，施工业务发展到宝安各地，在公明承建了镇政府办公大楼、公明建设大厦、公明文化中心、楼村派出所、交警中队、公安消防大队公明中队办公楼、公明汽车站、公明经济发展大厦、公明农林水大厦、公明综合市场、公明成人学校、公明太平洋商城、彬峰桂工业区等。

三、落实农村股份合作制改革

改革开放以后，随着经济的快速发展，公明农村家庭联产承包制很快暴露出难以适应发展的问题。个体承包专业户的小块土地经营逐渐不具有规模经济优势，加上所投入的资金有限，产业化水平很低，缺乏市场竞争力和抵御各种风险的应变能力，原有的个体承包专业经营模式已不能适应农业生产集约化、产业化的发展要求。而股份合作制经济运用现代经营理念，资金投入量大，能形成规模化生产，并能借助于科学化、机械化和社会化的现代生产与管理手段，具有较强的市场竞争力和抗风险能力。因此，股份合作制经济取代以家庭经营为特色的小农经济，开始成为农村经济发展的必然趋势。

从20世纪80年代中期开始，公明农民在坚持家庭联产承包制原则的基础上，尝试将土地的使用权采取出租或承包和入股的形式，由个体经营方式转变为集约经营方式，通过引进和自筹并举创建农村股份合作制经济。1986年，公明镇在田寮村进行股份制经济试点，田寮村在群众自愿的原则下，在分清财产权属的基础上将集体资产折成股份，20%留给集体，50%作为福利股份给村民，定期结算分红。这种以股还民的做法恢复了社会主义全面建设时期合作经济组织的分配制度，调动了村民关心集体企业的积极性，并主动为集体经济发展出谋献策。

田寮村股份制试点的成功，为公明镇推进农村股份合作制改革起到促进和推动作用。是年，公明镇政府成立农村经济发展公司。12月，全镇各村相继成立了经济发展公司。1994年，公明有5个村实行了股份制；2002年8月，公明镇成立农村股份合作制改革工作领导小组，镇委、镇政府主要领导分别担任领导小组组长和常务副组长。到21世纪初，全镇18个村全部实行股份制。通过村民集资，合理利用资金，兴建厂房、宿舍，大力开展招商引资工作，创建工业园区。① 2001年6月，中央财经领导小组农村组长、中央财办副局长项兆龙在广东省委政研室、农业厅、国土厅领导陪同下，到宝安区公明镇塘尾村调研农村土地股份合作制方面情况。②

2002年，公明镇落实农村股份合作制改革工作，原各村经济发展公司改制为农村股份合作制公司。至2004年，全镇18个股

① 《公明镇志》编纂委员会编：《公明镇志》，广东省非营利性出版物准印证〔2005〕粤印准字第0317号，2005年版，第59页。

② 《公明镇志》编纂委员会编：《公明镇志》，广东省非营利性出版物准印证〔2005〕粤印准字第0317号，2005年版，第27页。

份合作公司总收入达到4.29亿元，纯收入2.33亿元。

四、镇、村的规划与建设

随着社会经济快速发展，城镇人口不断增加，为了适应农村城市化的需要，保持适度超前，引导持续发展，1986年，公明镇政府成立镇村建设办公室，后又设立市政所，下设园林、市政、环卫等办公室。从1991年开始，全镇先后聘请国家规划设计院、中南设计院等单位专家，对镇村市政建设进行了5次重大规划，把规划覆盖到全镇每个角落，做到统一规划、综合协调、分步实施。1993年开始，镇委、镇政府提出以市政工程建设为基础，每年为民办10件实事好事，至1998年，先后投资2.35亿元在公明往石岩、往光明交界处建设占地7800平方米的环岛花坛，完成红花山公园建设，其中投资2000万元兴建镇中心广场，占地3.8公顷，是全省兴建最早、面积最大的镇级广场；投资4000万元兴建建筑面积2.8万平方米的公明综合市场，投资4200万元兴建公明人民医院并投入使用。期间，田寮村也投入40多万元建起全镇首家村级图书馆，后又建起影剧院、溜冰场、灯光球场、歌舞厅、青年活动中心和老人康乐中心。这些项目的实施完工，显著改善了公明的市政环境，推动了公明的城市化进程。

1999年5月，公明镇以《深圳市总体规划（1996—2000）》为指导，先后完成了中心区生态环境保护区、工业区、商业功能区、农业保护用地（包括休闲旅游观光区、“菜篮子”工程基地、花卉基地、畜牧基地、水果基地、水产基地）以及镇村道路、水电、通讯网络工程的整体规划。镇中心区由最初规划的4.5平方千米扩大到20平方千米。是年，公明镇及各村投入1.5亿元，完成红花路扩建、公明成人学校等工程建设，还引进公明至香港的直通车，建成占地1.5公顷的公明长途汽车站，使公明与深圳、宝安、东莞、广州及周围各镇的联系更加便捷；四星级宝明城大酒店也相继竣工开业，进一步改善了投资环境。2000年，投资3200万元实施“六路一桥”并完工。2001年是公明镇市政建设项目实施最多的一年，投资近1亿元启动第二自来水厂、体育中心首期等5项民生工程及5个市政工程建设。

2002年，公明镇又提出“一带三区五组团”的经济发展规划。2003年，公明镇投入资金2.82亿元修建南环大道并通车，同时投资2.5亿元启动北环大道建设。2004年，《深圳市西部高新组团规划》制定，确定了“以公明、光明联合中心区为主中心，实现产业进园，高标准建设组团中心区，确保土地资源集约利用，改造旧居住区和城中村，建设高标准、现代化的城市基础设施和公共设施”五项指标，以“生态优先，可持续发展，整体效益，区域协调”为原则，确立整体概念，组团内的土地按规划控制用途划分为农业保护、水源保护、组团隔离带、旅游休闲、郊野游览、自然生态、城市建设、规划限制、特别管制区和发展备用地等十大类管理区，划定各类用地范围并制定控制和保护政策。在上述规划及“以园区带动发展”战略的实施过程中，公明着力抓好重点工程、基础设施建设以改善投资环境，先后规划建设光明南高新技术产业园、深圳市模具产业集聚基地、内衣产业集聚基地和钟表、珠宝产业集聚基地。是年，公明又投入1.8亿元进一步加强市政、基础设施建设，并启动实施“净畅宁”工程。

此间，公明镇还投入2亿元用于环保设施建设，投资近10亿元修通26条主要道路，形成四通八达的交通网络，有贯穿全镇的松白一级公路，有公黄、龙大公路，也有公明至光明的光明大道，还有南环大道以及建设路、华发路、马田路、民生路等，加上有公明老街汽车站、新长途汽车站等对外交通设施，加速了全镇的人流、物流。并先后投资近3亿元进行镇中心区的绿化美化，各村按照“一村一公园、一村一文化场所、一街一树木一景点”要求，投入大量资金实施环境建设，1989年公明镇被评为“广东省绿化达标先进单位”。至2004年，全镇建成区绿化总面积达9.02平方千米，绿化覆盖率达41.1%，人均公共绿化面积34平方米，主要交通道路绿化面积141.76公顷，绿化普及率达98%。随着常住人口的激增，促进了公明房地产业迅猛发展，1993年建成长春花园、广雅花园、南星大厦、宏汇阁、雍景城等高档住宅小区。2004年，旧城改造开始启动，申报宝明陶瓷厂、经济发展总公司第三工业区、薯田埔社区3个项目。

随着城镇建设加快，各类企业进驻，外来人口激增，电力需求迅速增长，公明镇电力、水源十分充足。供电方面，2000年先后建成11万伏塘尾和22万伏公明变电站，总容量33万伏。2004年，公明站和塘尾站以及发电厂每日最高负荷为40万伏，每日最高电流为2.25万安。2005年，总供电16.73亿千瓦时。2006年，公明上村、田寮、合水口三个社区各有一座110千伏变电站。供气方面，2004年，公明街道有5家燃气企业、7个供气站和17个便民服务点，使用正规燃气以每年800～1000吨的用量迅速增长。供水方面，公明有大小水库13座，总库容量1124万立方米，有水厂6座，总供水规模13.9万立方米。2005年，总供水4116万吨。邮电事业迅速发展，截至2003年底，全镇本地固定电话交换机容量已达6.5万线，电话用户4.5万户，分别为1987年的600倍和900倍，程控电话直通世界各地，传真通讯、数据传输、无线寻呼、移动电话等得到广泛使用。2004年，公明邮政业务总收入1798万元，邮政储蓄余额达2.52亿元，在宝安邮政分局中排名第一，人均劳动生产率达到30.39万元。

五、实施同富裕工程

为了促进农村经济平衡发展，1995年，深圳市对欠发达地区实施了为期三年的第一期同富裕工程，范围是全市1994年末人均集体分配收入低于2000元的416个欠发达自然村。1995年8月，宝安区同富裕工程领导小组召开会议，部署实施同富裕工程具体方案，全区同富裕工程开始实施。同年起，公明镇委、镇政府贯彻深圳市、宝安区党委政府对于扶持欠发达村的决定，针对辖区内欠发达村实施同富裕工程。镇委、镇政府成立了同富裕工程办公室，由镇主要领导挂帅，从宣传部、审计所、城建办等部门抽调人手，落实同富裕工程。

同富裕工程实施前，公明镇共有27个欠发达自然村，常住人口3867人，集体经济总收入840万元，集体人均分配为零。1995年起，公明镇共进行了三期同富裕工程：第一期从1995年至2000年，工程项目包括路桥、供水、供电、学校、医院、排洪、排污等，项目针对的欠发达自然村包括甲子塘、李松蓢、西田、根竹园、上村、塘家、东坑、长圳。经过五年的工程推进，使西田、东坑和甲子塘脱贫。第二期工程从2001年至2003年，工程项目包括厂房、路桥、学校、医院、供水、防洪、排污等，项目针对的欠发达村包括上村、楼村、塘家、将石、李松蓢、马山头、根竹园。2001年2月，时任深圳市委副书记、市长于幼军到公明镇及同富裕工程联系点根竹园村调研。同年，公明镇规划建设同富裕工业园。4月，经宝安区委、区政府审批，公明镇启动建设同富裕工业园，东江科技国际有限公司、深圳乔领有限公司等企业入园。7月，宝安区政府批复同意公明镇设立上村和楼村两个同富裕工业村。楼村用地面积10万平方米，受益欠发达自然村4个；上村用地面积20公顷，受益欠发达自然村10个。2002年5

月，深圳市人民政府批准设立公明镇同富裕先进工业园，该工业园位于塘家村，用地面积 97 公顷，受益欠发达自然村 30 个。第三期工程从 2004 年起，针对欠发达村楼村，工程项目主要是厂房建设。

至 2005 年，公明镇同富裕工程经过了 10 年建设，镇政府总投资达 2.75 亿元，并投入大量的人力、物力，着力发展欠发达村集体经济，帮助村民脱贫致富。随着三期工程的顺利推进，原欠发达自然村的村容村貌发生了根本性的改观，尤其是一片片工业园区的建成并投入使用，使当地的老百姓逐渐过上了小康生活。

六、创建文明村镇、教卫强镇

在社会经济快速发展过程中，公明历届镇委、镇政府都高度重视经济建设与精神文明建设的协调发展，把社会主义精神文明建设纳入党委政府工作计划和社会发展规划之中，坚持以人为本，从提高人的素质的高度精心引导，夯实基础，以各级各类强镇创建工作为契机，通过开展各类创建活动，推动精神文明建设在全镇广泛深入地开展。

1996 年起，公明镇加大文明镇创建力度，坚持抓两头、促中间，以点带面，以村带村，共建文明，共促发展的创建机制，每年选取一个村作试点，树立典型，充分发挥典型的主导、带动、辐射和示范作用。各村制订含争当“文明户”条款的村规民约，推动“文明村”“文明镇”创建活动有声有色。公明镇还把发展文化体育事业列入创建规划，并确定先进文化镇创建目标，不断加大投入，镇财政每年文化经费投入都达到当年财政支出的 1.5% 以上，保证人均经费、财政支出占比、增比三项指标都不低于全区平均水平。同时还设立 4 项文化事业专项经费，以满足文化创作和精品奖励、文化社团发展、图书馆购书及镇业余艺术团运作的需要，加快文化精品开发步伐，促进文化活动蓬勃开展。全镇组建5个醒狮队，每逢盛大节日都在广场举行汇演，积极弘扬民间文化，田寮、公明居委会醒狮队多次荣获深圳市舞狮比赛优秀奖。全镇成立业余文艺团队35个，围绕各个时期全镇中心工作，每年在广场演出近30场次，参加活动人数达10多万人次。通过创建活动及文体活动的持续开展，全镇干部群众的精神面貌和社会风气发生了深刻变化。1997年6月6日，宝安区委、区政府在公明镇召开创建文明示范点现场会。会议要求认真学习、推广公明经验，促进创建工作上新水平。[①] 1998—1999年，公明镇被评为“广东省文明镇”。

20世纪90年代末，基于教育迅速发展的局面，公明镇委、镇政府提出“科教兴镇”的战略思想，确立“优先发展教育，创建教育强镇”的发展目标，制订以创建教育强镇为主要内容的《公明镇教育发展五年规划》，大幅增加教育投入。1999—2001年，全镇教育经费总投入达1.46亿元，其中财政拨款1.09亿元，村级投资3314.49万元，社会捐资466.04万元，教育财政拨款年增长率分别为11.18%、22.49%、47.23%，均高于当年财政增长率。2002年又投资6000多万元。在加大对教育投入的同时，以推进教育现代化和信息化为中心，以创建等级学校为手段，促进全镇等级学校数量及档次不断提升。同时，大力整合教育资源，实行多元化办学，全面构建社区教育网络，努力提高广大人民群众的整体素质。至2004年，全镇有各级各类学校39所，其中公办学校15所（中学1所、小学12所、幼儿园1所、成校1所），民办学校7所、民办幼儿园5所，村办幼儿园5所、托儿所8所。

---

① 宝安区档案局（馆）、宝安区史志办编：《宝安大事记》，中国书籍出版社2003年版，第222页。

全镇公办学校中，有等级学校10所，其中省一级学校3所，市一级学校3所，区一级学校（园）5所，其余均为达标学校。全镇有教职工1740人，在校在园学生1.79万人，适龄儿童、学前幼儿入学入园率分别为100%和98%，残疾少儿入学率为100%，初中学段入学率和毕业率达99%和100%，15周岁和17周岁接受普及教育完成率分别为99%和96%，非户籍人口子女入学也得到妥善解决。2003年，公明教育强镇创建工作通过验收，获评“广东省教育强镇”。

1997年6月，投资4000多万元的公明新建医院投入使用，启动卫生镇创建工作。全镇18个村1个居委会都建立社区（村）健康医疗保健中心，实现人人享有卫生保健的目标。1997—1998年公明镇分别被评为“深圳市卫生镇”“广东省卫生镇”；2000年被评为“国家卫生镇”，公明医院被评为广东省“百家文明医院”。2000年11月23日，国家卫生部和广东省卫生厅在公明召开南方社区健康教育暨社区健康规划会议，总结和推广公明镇卫生工作经验。2004年，公明镇有公明医院、公明卫生监督所等4家医疗单位，有社区健康服务中心19个、病床350张，医疗卫生人员605人。2005年，公明有2所医院，22个社康站。同时，全镇加强人口与计划生育工作，实行一把手亲自抓、负总责，计生部门积极宣传“一法四规”，依法推行计划生育工作，加强流动人口计生管理，提高优质服务水平，均完成上级下达的各项任务。

七、人民生活的改善

改革开放以后，光明地域人民生活有了根本性改善。20世纪80年代初，由于实行了家庭联产承包责任制，广大农民种田的积极性得到极大提高，粮食作物产量大幅增长，有的家庭还专门养鸡、养鸭、养猪，有的专门种植水果，有的养殖水产品，区域出现很多专业户。他们通过辛勤劳动首先富裕起来。在他们的带动下，有的村民开始经商，办起小型五金厂、玩具厂等。20世纪80年代中期起，光明地域不断引进对外经济和“三来一补”企业，本地村民也开始进入农工并举时期，部分村民农闲时节进入三资企业工作，或脱离农业直接进厂当工人。随着外来人口的急剧增加，村民们将自己多余的房子等物业对外出租，有的村民还围绕企业生产和外来建设者生活，从事商贸等第三产业。工农商业生产和物业出租等收入不断增长，使光明人民生活得到前所未有的提高：很多农民家庭开始购买大件家具、电器和摩托车，私家楼房如雨后春笋般矗立起来，有的还建有多套住房，各家各户存款连年增加。各村股份合作公司创办后，集体经济的快速发展，更让村民得到集体分红的实惠，光明人民真正走上了富裕之路。2004年，公明镇户籍人口1.69万人，18个村股份合作公司集体分红7237万元，全镇人均集体分红6276元。其中红星村户籍人口150人，村股份合作公司集体分红300万元，全村人均集体分红多达2万元。富裕起来的村民们购买力不断提高，消费稳步增长，2004年全镇社会消费品零售总额达12.13亿元。同时，各村股份合作公司为村民购买社会保险。2004年，全镇包括村民在内参加养老保险2.76万人，参保率100%。各村股份公司还提留集体收入进行本村道路交通、农林水利、通讯供电、教育卫生等基础设施建设，使各村村容村貌和人民生活条件大幅度得到改善。

全镇村民收入连年递增，同时获得政府部门提供的各项社会福利保障。在老年人福利方面，1993年公明镇创办福利院，1998年公明镇福利院被评为省一级福利院，2000年镇政府投资200万元进行扩建，入院老人27人。2001年起，对本镇常住户60周岁以上老人每月发放生果金50元。至2004年，全镇常住户60周岁以上老人2698人，全年发放生果金161.88万元。残疾人福利方

革命老区村——红星村（公明街道供图）

面，1998 年以来设立 18 个残疾人社区康复站；2003 年安排 32 名残疾人就业，为 66 名重度残疾人和 5 名特困残疾人分别申请每月 200 元和 100 元的特困救济补助；2004 年全镇有户籍残疾人 357 名，核实重残、低保定补 99 人，发放资金 11.9 万元。低保方面，1999—2001 年农村低保标准人均每月 195 元，城镇人均每月 273 元，2001 年调整为农村每人每月 205 元，城镇每人每月 290 元。2004 年，全镇低保 49 户 135 人，发放救济金 88.2 万元，并实行按月发放；同时对 70 名户籍临时困难家庭发放救济金 15 万元，对非户籍外来人员发放救济金 1.5 万元。公明镇从 2005 年起将低保人员救济标准实行城乡统一，提高到人均每月 344 元。

此外，公明镇劳动部门严格执行《劳动法》，积极加强劳动保障，抓好劳动管理和就业再就业工作。2004 年，镇劳动办安排户籍失业人员 217 名，实现失业人员再就业率达到 80% 以上，“4050”就业困难失业人员再就业率 70% 以上，登记失业率控制在 2% 以内。帮助 6120 名劳动者追发工资共计 650 万元。

八、光明农场的转型与发展

1979 年，4540 名华侨从越南回国，被安置在光明农场，使光明农场人数增加到以前的两倍。这些归国华侨作为国营农场职工，在周边村民眼里是种着庄稼的“工人”。由于管辖隶属关系和自身经济结构的改变，光明农场先后改名为国营广东省光明农场、国营广东省宝安县光明农牧场，1978 年底更名为广东省光明华侨畜牧场，1988 年由广东省下放深圳市管理。

光明华侨畜牧场侨联会成立（光明集团供图）

实行改革开放和深圳经济特区建立以后，光明农场抓住机遇，大胆地闯，大胆地试。率先进行合资养牛、养猪、养鸽等多种新型农业畜牧业的尝试与探索，闯出了一条条依靠科学发展的致富之路，创出了一个个叫得响的品牌。

1979 年，光明农场以惊人的胆识，出资 2000 多万港元引进 1300 多头奶牛。当时国门刚打开，对此举，有人非议，有人指责。几经磨难，光明农场奶牛发展到 6500 多头，生产的牛奶大量供应香港，占据香港鲜牛奶市场份额的 70%，为国家赚回了大笔外汇，光明鲜牛奶被当年港督麦理浩称赞为“对香港市民有实质性帮助的项目”，[①] 还得到国家领导人的青睐，不少国家领导人来光明农场视察，并饮用光明农场的“晨光”牌牛奶。

1980 年，光明农场以合资经营的形式与菲律宾爱国华侨组织海外农工商联合公司，签约合办大型现代化养猪场，从美国引进全套封闭的猪舍设施，建起现代化程度极高的生猪“宫殿”。1982 年，光明农场又与香港壁盛发展有限公司合作经营大型鸽场，引进美国“落地皇鸽”优良种鸽，建成了拥有 10 万对种鸽、500 栋鸽舍，年产乳鸽 130 多万只的鸽场，成为亚洲最大的养鸽基地，下属大宝鸽场生产的乳鸽在香港销量第一。同时，农场还办起养鸭场、奶制品加工厂、肉食加工厂等。1982 年，邓小平以国宴招待英国首相撒切尔夫人，撒切尔夫人以答谢宴席回赠，答谢宴中有一道菜用到的三明治火腿，是英国驻华大使馆指定的产自光明农场自办的光侨食品。美国总统里根访华时，也指定要用光明食品厂生产的西餐肉。

随着奶牛饲养规模的扩大，公牛问题显现出来。养奶牛只要母牛，大部分公牛是“废品”。后来发现小公牛血液可提取血清，用于提高人的免疫力。1985 年，光明农场出资 200 万元，与武汉

---

① 光明新区文化艺术发展中心著：《寻找光明记忆：新城旧事》，深圳报业集团出版社 2017 年版，第 282—287 页。

生物制品研究所筹建中南地区唯一的生物制品厂。农场还购买了一批退役的军马来饲养，抽马血提取血清，培养制造破伤风疫苗。几年后，血源扩展到人血，从中提取白蛋白。后来，生物制品厂产品供不应求，产值高达6亿元。

20世纪80年代，甜玉米在中国科学院研究所成功配种，光明农场首吃“螃蟹”，率先引入并大规模种植。甜玉米、乳鸽、牛初乳，后来成为光明游客必吃的餐桌美食，被誉为“光明三宝”，远近驰名。

1979年，晨光饮料公司正式成立（光明集团供图）

1983年前后，光明农场开启了另一个大型种植项目：荔枝。很快，荔枝树总量达到14万棵。当时，整个光明农场有1.4万人，平均每人有10棵荔枝树。农场种植的“鹅蛋荔”，个头很大，很多人当时都没见过这么大的荔枝，天然无农药，深受欢迎。

以农垦和农业种植起家的光明农场，逐渐开启了多元经营的现代化经营之路，形成以畜牧业为主，工、牧、农、商综合发展，自营产品出口贸易的集团式企业。1988 年 8 月，体制下放给深圳经济特区，设有 14 个公司、30 个工厂、7 个奶牛分场、1 个公牛站、14 个农林业队。光明农场的快速发展引起各方的高度关注，1995 年，深圳市委书记、市长厉有为率市规划国土局、经发局、农林局等有关部门负责人视察光明农场。1999 年，根据深圳市国资委有关文件规定，光明农场实行政企分开，划归市商贸控股公司管理，为市属国有一类企业。同年 3 月 15 日，深圳市政府印发《关于理顺光明华侨畜牧场体制彻底实行政企分开的实施方案》，初步解决了光明华侨畜牧场政企不分的问题，农场作为企业归属深圳市商贸投资控股公司，同年设立光明街道办事处，作为宝安区人民政府派出机构，下辖 9 个社区。2002 年 6 月，光明农场撤销建制，成立深圳光明集团有限公司，光明街道办和光明农场实现最终分离，光明农场政企合一的历史告终。

第二节 光明新区成立后的建设与发展

一、光明新区的设立和揭牌

为加快特区内外一体化进程，构建适应区域协调发展新体制，2007年5月31日，深圳市委、市政府在宝安区召开干部大会，广东省委常委、深圳市委书记李鸿忠出席。大会宣布成立光明新区，管理光明、公明两个街道办事处，光明新区管理委员会为市政府派出机构，全面负责光明新区经济发展、城市建设和管理、社会事务管理；中共光明新区工作委员会为市委派出机构，与光明新区管委会合署办公。

6月11日，光明新区召开筹备工作小组动员会，提出用三个月时间完成筹备和交接工作。为此抽调精兵强将，组建5个工作小组，明确目标，争分夺秒，加快推进筹备工作。筹备组按照复合型、创新型、奉献型的人才标准，在全市范围精心挑选138名年富力强的业务骨干到新区工作，选调的干部均为本科以上学历，其中硕士30名，博士4名，基本完成机构搭建和团队组建工作。同时，明确新区与市行政职能部门的事权划分问题，按照成熟一个委托一个的原则，与市对口职能部门签订行政执法委托书。市公安、国房、规划、社保、工商等部门在新区设立分局，并投入高效运作。此外，组织专门力量，迅速摸清家底，理清人、财、物交接清单，及时与宝安区直部门进行工作移交，接管政府投资项目80个，实现交接工作无缝对接。与宝安区签订行政责任协议书，通过法定程序明确双方管理责任区域。筹备组还从制度源头抓起，建立和完善各项议事规则、制度规范和运作程序。出台政府投资项目管理暂行办法和各项财务制度，基本实现以制度管人、管事、管财、管物。

经过两个多月的紧张运作，光明新区提前完成筹备工作。2007年8月19日，光明新区举行挂牌仪式，实现顺利交接，平稳过渡。同时，光明新区门户网站开通。

二、规划建设绿色新城

改革开放后，从纵向看光明地域经济发展迅猛，社会面貌变化巨大。但从横向比，在深圳无论是特区还是特区外，由于地处偏远，缺乏发展动力，光明仍是发展最为滞后的地区之一，城市化、工业化程度较低。

光明新区成立后，为了引领经济社会可持续发展，新区管委会坚持规划先行，迅速铺开规划编制工作，先后赴天津滨海新区、上海浦东新区、苏州工业园及邻近的东莞松山湖开发区、深圳市高新区等地考察取经，并与深圳市发改局联合成立了规划编制工作组，抓紧编制新区国民经济和社会发展规划及产业规划。瞄准绿色低碳的未来发展方向，新区成立绿色新城建设领导小组，绿色新城建设被列入深圳市重大调研课题；克服财力紧张困难，安排规划编制经费2000万元，确定规划目录40个，开展编修交通道路、供水排水、供电供气等23项专项规划，编制完成未来三年政府投资项目计划，确定政府投资A、B、C三类项目203个，其中市级、新区政府投资项目分别为59个和144个。

2008年，围绕“绿色新城、创业新城、和谐新城”发展定位，新区与深圳市发改局联合成立规划编制工作组，聘请国内外知名专家，投入3500多万元，借鉴国内外一流城市规划建设经验，以科学、长远、超前为基本原则，高标准、高起点编制完成新区国民经济和社会发展规划、新区城市总体规划、产业规划，以及综合交通、生态保护、再生水及雨洪利用、城市共同沟等40多个专项规划，新区发展框架基本确定。同时，按照“突出重点，分步开发”的发展思路，迅速展开重点片区、重点区域规划编制工作，初步完成中心区开发指导规划、广深港客运专线光明站“门户区”规划方案；采取国际咨询招标方式，高标准完成新区中央公园概念设计；牛山科技公园周边地区整体城市设计也开始招投标。同年新区绿色新城规划建设也成功破题，制定《绿色新城发展纲要和实施方案》，基本完成绿色空间、绿色产业、绿色交通等7个专题报告并率先提出绿色新城环保指标体系，新区被国家建设部列为全国首个绿色建筑示范区，并全面组织实施；完成光明集团保障性（政策性）住房和公明文体中心等首批绿色建筑示范项目设计招标。3月13日，与深圳市建设局正式签署《绿色建筑示范区合作框架协议》，决定双方合作将光明新区建设为建筑与人、城市与环境和谐发展的绿色建筑示范城区。10月15日，与深圳市建筑科学研究院有限公司签订《建设光明新区绿色建筑示范区技术合作框架协议》，新区绿色建筑示范区建设从此有了技术支撑机构。2010年，编制完成光明中心区等9个片区法定图则及科技公园周边、木墩等重点片区规划，启动茅洲河“一河两岸”城市设计、德源木器厂地块详细蓝图。2011年，出台《新区绿色建筑示范区建设专项规划》，编制完成慢行交通等5个重大规划。2012年，完成编制《低冲击开发雨水综合利用规划设计导则》及城市更新规划，划定44个重点城市更新单元，为加快推进新区城市更新提供指引，新区城市规划进一步完善。

在坚持科学规划先导、加快编制各层次规划的同时，光明新区坚持投资拉动，高标准、高起点、高速度启动绿色新城建设。在新城建设中，坚持基础设施先行，总投资90亿元铺开“九横八纵”路网建设，完成33条主次干道前期工作，总长度73.21千米。至2011年，塘明、华夏、松白、观光、光侨路等5条城市主干道以及南环大道等骨干道路先后建成通车；光辉大道、东明大道等14条道路建设进展顺利。是年12月26日，广深高铁正式通车，光明城站同时投入营运，光明正式融入全国高铁路网，进入高铁时代。2012年又建成同观、观光等城市骨干道路，“九纵八横”路网格局进一步完善。在加快交通路网建设过程中，新区大力推进公交线路通行工程，2008年实施公交线路村村通工程，开通新区公交环线及直达市中心区等公交快线；2009年开通6条；2010年又开通17条公交线路，并实现新区公交站点500米覆盖率由46.3%提高到70%，有效缓解了居民出行难问题。

新区公共配套设施建设也全面展开。2008年，220千伏安奋线投入运行，建成110千伏东坑变电站。2009年，光明污水处理厂及甲子塘、木墩等重点片区市政配套设施相继建设完工，并完成光明、燕川排污干管一期工程；规划新建9座变电站完成选址，凤凰变电站交付建设；深圳市四大定点之市一号屠宰场最先在公明建成开业，深圳市代市长王荣参加剪彩。2010年，公明文体中心主体工程封顶，开工建设公明医院、光明医院改扩建等7大卫生项目，加紧筹建新明医院、深圳市第十高级中学，完成7所村小改造工程、光明高级中学改造工程一期完工；投入4000万元对基层供水管网进行改造。2011年，新区展览中心、新城公园等35项重点工程在第26届世界大学生夏季运动会前竣工，并建成新区文化馆、图书馆和新区公明体育中心以及光明污水处理厂接驳工程，污水处理率提升4倍；完成燕川污水干管二期、新区污水支管网一期工程；抓紧施工光明污水干管二期；日供水规模20万吨的光明水厂一期、日供原水46万吨的石甲线原水工程也全面动工建设。2012年，新区投入3.8亿元，新区文化馆、图书馆、体育中心和群众体育中心“两馆两中心”全面完工并投入使用，全区群众文体设施得到根本改善；推进光明中学高中部扩建、新区实验学校初中部新建等8个项目，完成深圳市第十高级中学、新明医院前期工作；顺利开展茅洲河流域水环境整治工作，石甲线原水管工程完成总工程量98%，改造供水管网78千米，完成污水干、支管工程建设80千米，新区污水处理率达到79%。全面推进广深港门户区、行政配套区市政基础设施建设，并开工建设中小企业总部基地综合体等20个项目，新区城市公共配套进一步完善。

光明区群众体育中心（光明区史志办供图）

同期，新区不断完善绿色建筑标准体系，积极推进绿色建筑示范区建设。2009年，与市住建局联合制定《光明新区绿色建筑示范项目建设管理试行办法》，按绿色建筑指标建设招商局科技企业加速器、拓日新能等 6 个示范点，以及 60 余个市政道路、住宅、厂房等重点项目；光明大道、华夏路和观光路在全市率先采用 LED 照明；新区被列为全国三家雨洪利用示范区之一。2010 年，新区大力推进绿色建筑规模化，“绿色建筑”示范区建设取得重大突破，按国家绿色建筑一星以上标准设计建设 52 个项目、172 万平方米的建筑，是全国评定和在建绿色建筑最多、最大的绿色建筑示范区，其中 6 个绿色建筑项目获得国家星级评定；按绿色道路理念规划建设总长约 17. 2 千米的 8 条主次干道、15 条支路；提前贯通区域绿道新区段 19 千米；进一步完善绿道网系统和慢行系统；雨水综合利用示范区建设初见成效，国家低冲击开发雨水综合利用示范区建设方案通过市政府批准；按雨水综合利用技术施工建设新羌拆迁安置房等 3 个住宅类项目，以及广深港光明站门户区 23 条市政道路。2011 年，新区组织参加第七届国际绿博会，举办第三届“绿色光明”论坛；新增 25 个绿色建筑示范项目，示范类型从政府投资扩展到社会投资，从新建建筑扩展到城市更新项目；太阳能屋顶示范项目集热板面积达 1. 58 万平方米，光大环保杜邦太阳能光伏发电工程为中国南方单个面积最大、容量最大的屋顶光伏电站。国家级低冲击开发雨水综合利用示范区建设纳入国家重大“水专项”课题，建成广深港门户区 36、38 号路等示范工程。2012 年，全面推进绿色建筑示范区、低冲击开发雨水综合利用示范区建设，建成新城公园、明湖城市公园等 4 个低冲击开发建设示范项目，其中园区 36、38 号路被国家住建部授予“创建国家低碳生态示范市示范项目”；建成同富裕第二期安居工程等 5 个绿色建筑示范项目并投入使用；顺利推进行政配套区北片市政道路等一批示范项目；全区共有 16 个项目通过绿色认证，25 个项目认证中，占全市的四分之一。

2010 年，新区将市容环境提升作为新城建设的一项重点工作，投资约 3 亿元，对 30 个项目开展建筑立面刷新、街道家具清洗、户外广告整治、节日装饰四大行动，当年完成 10 个项目，刷新 244 栋建筑物立面 44.7 万平方米，城市形象大为改善。2011 年又投入 3.6 亿元全面开展建筑立面刷新、街景整治工程和绿化景观提升工程，对迎宾大道等 27 个项目实行景观改造，刷新建筑面积 33.28 万平方米，打造了光明大道、公明办事处周边 6 条道路等一批灯光夜景工程；提前完工 162 个城中村消防整治项目并通过考核验收，新增公园总面积 98.16 公顷，并参照特区标准实行绿化管养。2012 年，全力开展违法养殖整治歼灭战，清拆乱搭建窝棚 108.9 万平方米，得到辖区群众的大力支持和拥护；迎宾大道等 9 个绿化提升项目基本完工，项目进度走在全市各区前列；创造性实施“光明杯”环境卫生竞赛，直接对 28 个社区进行考核排名，新区环境卫生水平全面提升。

为了全面推进绿色新城规划建设，按照城市规划开展规划土地保护工作，新区成立伊始即建立健全巡查监管、台账监控、责任追究等长效机制，强力开展“查违行动月”行动，以严厉查处 57 栋违建为重点，拆除水源保护区乱搭建 3.5 万平方米，对 4000 多平方米的顶风抢建进行全部清拆。2008 年，新区大力推进查违工作，清拆各类违法建筑以及南光高速两侧、长流陂水库等区域临时乱搭建 89 万平方米，清理出 44.3 公顷的违法违规用地。同年，全面加强国有土地管理，举办了房地产发展论坛，科学谋划土地房产管理；完成新区 51 平方千米建成区土地资源详查，建立土地信息综合管理系统；坚决查处违法违规用地，强化闲置地处理工作；出台全市首个地质灾害治理办法，全面排查整治地质灾害隐患；推进产业用地招拍挂工作，出让 14 块产业用地 39.88 公顷，完成国土资金收入 2.53 亿元。2009 年，新区制订《关于依法追究违法建设行为人法律责任的暂行办法》，坚持查人与查事相结合，坚决遏制违法抢建行为，采取三维立体卫星遥感等手段，及时发现和拆除新增违法建筑，全年拆除违法建筑692处，面积3万平方米，确保了违法建筑“零增量”。2010年组建了新区土地监察大队，土地监管进一步规范，全年拆除违法建筑29.06万平方米。2012年，新区研究制定国有土地监管共同责任办法、查违工作共同责任考核办法，清拆处理各类违法建筑2140处，约60.52万平方米。新区同期加强征地拆迁工作，2008年成立临时机构“拆迁办”，统筹协调并强力开展拆迁和旧改工作，当年完成广深港客运专线和松白路、茅洲河排涝工程等项目征地拆迁任务，移交土地近400公顷；加快“四旧”改造步伐，如期推进公明水库等征地工作以及公明陶瓷厂、东周等4个片区旧改工作。2009年完成广深港客运专线等重大项目拆迁工作；征（转）土地194公顷。2010年，征收困扰多年的德源木器厂土地26公顷、华星光电项目60公顷用地，顺利推进广深港客运专线、公明水库和松白、光侨等一批重点道路征地拆迁。2011年，新区拆除违法建筑总面积54.5万平方米，通过了国家土地例行督察和各级卫片执法验收。为了进一步保障土地资源，2009年新区启动土地整备工作，当年“两规”处理违法建筑912栋，总建筑面积101.3万平方米；成功拍卖两宗商业用地；全年实现地价收入12.69亿元。2010年，完成整备广深港光明站门户区等五大重点片区土地355.2万平方米。2011年7月，新区强化领导挂帅、分片包干的工作机制，坚持“整备、管理、查违”三同步原则，初步形成土地整备“光明模式”，全年整备土地265.13万平方米，移交储备用地89.49公顷，确保了新区产业发展及西气东输二线工程、光明水厂等重点项目建设用地需求。至2012年底，新区整备土地10.02平方千米，支付补偿资金9.7亿元，如期完成市级下达的各项土地整备任务。其中，全面完成腾讯、西气东输二线工程、光明水厂等项目土地整备工作，并加快推进德源木器厂、华星光电周边配套项目等64个项目拆迁工作。基本农田改造完成土地征转约6216.9公顷，约占总任务的91%；完成清场约651.12公顷，约占总任务的95%。此间，新区有序推进城市更新工作，2012年，新区首个城市更新项目公明陶瓷厂竣工；公明新创维等7个重点项目开工，总投资153亿元，建筑面积244万平方米，有效释放了新区发展空间，提升了土地潜力。

三、优质的营商环境促进经济发展

光明新区成立后，新区管委会将优化营商环境、加强企业服务作为招商引资、产业聚集、经济发展的基础工作来抓。新区制订实施经济发展资金“1+15”文件，首期安排专项资金800万元，通过金融杠杆、贷款担保等方式帮助中小企业解决融资难问题；开展加工贸易和外资审批业务，为700多家企业办理新合同备案和审批系统准入电子钥匙，确保企业正常经营。建立新区领导定期联系企业制度和“直通车”服务制度，开展“百家企业服务行动”，仅2008—2009两年间就深入企业现场调研400余次，召开各类协调会60余次，及时解决企业困难和问题270多个；创新服务方式，根据企业不同发展阶段，在项目入驻、开工建设、投产达产等关键环节，有针对性地提供“保姆式、贴身式、跟踪式”服务，为20余家重点企业解决道路、污水处理、用水用电等实际问题，促成企业加快建设顺利投产。2012年，新区对贝特瑞等22家高成长型企业实行动态管理、择机引导，形成了“上市一批、申报一批、储备一批”的良性发展格局。

围绕区域产业发展布局，光明新区致力于打造国内外一流产业园区作为产业发展方向，全面展开园区规划建设，推动高新技术和传统优势产业集聚、企业集群、自主创新和土地集约利用。2007—2008 年，新区即启动模具、钟表、内衣三大产业基地建设并初具规模，公共服务技术平台规划建设加快推进，同时初步形成光电、平板显示、生物医药三大高新产业组团。2009 年，新区科技企业孵化器、服务外包基地挂牌成立，总部功能区和公共服务技术平台前期工作基本完成。2010 年，新区按照“园在城中，城在园中”发展思路，全面启动园区规划建设，按照一流标准完成光明国际平板显示产业园规划编制，形成集产业、研发、服务、生态于一体的“三园四区一基地”规划结构；同时基本建成 LED 产业园首期面积约 2 万平方米；与市中小企业服务中心签署《关于共建光明新区上市企业总部园区合作协议》。同年，本着创新园区公共服务理念，成立了高新园区管理办公室，随着高新园区公共服务平台及燕川、光明污水干管一期工程前期工作基本完成，东长路、科裕路等配套道路、宿舍加快建设，甲子塘片区市政设施及光明高新园区门户形象标志建设完工，光明污水处理厂投入运营，各园区服务功能不断强化。2011 年，新区出台《打造十大专业园区的实施意见》，加快推进十大专业园区规划建设，其中光明国际平板显示园区被省政府认定为首批战略性新兴产业基地；高端新型电子信息、新材料和新能源、LED、生物医药等园区加快形成；上市企业总部园、文化创意产业园也已明确选址。2012 年，新区出台《关于加快发展总部经济的若干措施》《总部企业认定和专项资金管理细则》等文件，设立总部经济发展资金，重点扶持战略性新兴产业、生产性服务业总部发展，加快推进中小企业总部基地建设。

优质的营商环境，完善的企业服务，专业的园区建设，为光明新区打造了良好的招商选资态势。2007 年，市重大项目 YKK 等 14 家企业在内衣基地投产，9 家企业入园模具基地，瑞辉钟表等3家上规模企业入驻钟表基地；6个重点高新技术产业项目均投资上亿元，总投资额50.32亿元，占固定资产投资总额的83.5%，其中世纪晶源化合物半导体产业基地完成投资40亿元，占新区固定资产投资的66.4%。2008年，世纪晶源、日东光学等10多家重点高新企业项目相继投产，杜邦太阳能薄膜等一批市重点项目先后动工，招商局科技、光电企业加速器开工建设；光明高新园区进驻51家企业共58个项目；30余家企业入驻内衣、钟表、模具三大基地，包括精瑞机芯、依波精品等7家上规模钟表企业、吉田拉链等14家内衣企业及亿和模具已投产。2009年，投资245亿元的华星光电项目成功启动，深港联合招商首个重大产业项目——杜邦太阳能薄膜，以及得润电子等22个项目投产，九洲光电等一批项目接近建成投产；世界第二大制药企业葛兰素史克等2家世界500强企业落户；华侨城“创想新城”项目完成概念规划设计，香港城市大学生物和动物医学中心、韩国AMM水上乐园项目进入选址阶段；天源迪科、腾邦票务等国内外知名企业与新区科技企业孵化器、服务外包基地达成初步意向；天虹商场进驻并开业；近200家高新企业正式提交落户申请；80个含量高、用地少、产值大、税收多，符合新区产业导向的高端项目通过评估论证，总投资约300亿元；三大传统优势产业基地入驻企业30余家，雪仙丽、铭锋达等10家企业投产。2010年，以华星光电为核心，日东光学、莱宝高科、中华映管、旭硝子等一批国际知名企业纷纷进驻，平板显示产业链条基本成型，其中华星光电完成投资44亿元，广东省委常委、深圳市委书记王荣出席主体厂房封顶仪式并予以充分肯定；6家企业与LED产业园签订租赁协议；研祥智能、中科诺等一批技术含量高、带动能力强的高新项目开工建设；星源材质、证通电子、帝光电子等8家企业建成投产或接近投产；龙邦芳纶等16个项目开工建设；中节能、飞亚达等88家企业申请落户；招商局、华侨城、深能源、凯利公司等重点企业与新区签署合作备忘录。2011年，华星光电实现量产，成功引进旭硝子玻璃基板项目，林德气体、美国空气化工等世界500强大型配套企业相继落户；星源材质等11个项目年内投产，研祥、远望谷等16个在建项目加快推进，键桥通讯、普耐等12个项目动工；腾讯、中节能、京东商城等一批知名企业与新区签订项目合作协议；稳步推进招商局“光明智慧城”、华侨城“创想新城”等三大文化产业项目引进，其中华强文化创意产业基地项目已完成选址；宝利来光明国际五星级酒店开工建设；国美电器、百誉3D影城等相继开业。2012年，光明国际平板显示园区基本成型，聚集规模以上企业24家，形成了以华星光电、旭硝子、莱宝高科、日东电工、华映显示等为代表的产业集群，构建了比较完整的垂直产业链，成为全国乃至全球最大的平板显示产业基地。其中，华星光电提前3个月达产，创全球最快纪录；旭硝子项目投产；林德气体、美国空气化工等项目加快建设。同年，新吸纳33家优质企业并通过专家评审，新区产业项目库达219家；电子信息等支柱产业和新能源、新材料、生物医药等战略性新兴产业加快建设，23家企业建成投产或即将投产；东维丰、海洋王等10家企业加快建设；高新园区和三大产业集聚基地入驻企业94家，其中投产40家，在建21家；方大集团等61家企业总部即将进驻或达成落户意向。此间，研祥智能、星源材质、龙邦科技、精瑞机芯、卫武光明、飞亚达、瑞华、海洋王等40多个项目通过“招拍挂”，易方数码、宝威亚太、华特光电等60多家优质企业以租赁厂房形式进驻并动工投产。

光明新区高度重视投资环境的推介宣传工作，利用优越的投资环境吸引优质企业入驻，积极为企业打开国内外市场搭建平台、创造环境，进一步加大外资外企吸引力度。光明新区每年积极组织高新技术企业参加“高交会”。2008 年举办“深港创新圈中的光明——发展机遇和规划对策”研讨会，与香港生产力促进局签订合作协议，后又拟订《光明新区企业升级创新首期项目协议书》，在传统产业升级、清洁生产、公共服务平台建设方面进行深度合作，积极促进企业转型升级；与香港城市大学达成在教育、科技等方面的合作意向。2009 年，组团参加西洽会（中国西部国际投资贸易洽谈会）和东北亚博览会、瑞士国际钟表博览会，全年实际利用外资 3. 58 亿美元，超额完成市级下达的任务。2011 年，新区在瑞士巴塞尔举办招商引资活动，瑞士精密时计、菲尼克诗等知名企业与新区依波、格雅等 9 个钟表项目成功签约，全年吸收合同外资 5. 2 亿美元，同比增长 423. 7%，外资利用增速全市第一。参加新疆喀交会、南宁东盟博览会、厦门投洽会等 6 场国内展会，签约 100 余个项目，合同金额超过 45 亿元。

光明新区大力实施园区集聚战略和大项目带动战略，同时坚持高技术、高附加值、高税收贡献与低耗能、低污染“三高两低”，用高新技术与低碳节能同步走的“绿色产业”双重标准，将高新技术产业作为新区产业发展重点，努力将新区打造成为深圳新时期重要经济增长极、珠三角高新产业新高地。至 2012 年，光明新区成为深圳战略性新兴产业的集聚地，培育出平板显示、LED、新型电子信息三大“千亿产业”，各高新技术产业园区企业约 100 家，上市企业从新区成立之初的 4 家增至 30 家，世界 500 强由 3 家增至 13 家；淘汰低端企业 680 家、转型 268 家，完成 15 家省重点用能企业的节能减排考核；企业年专利申请量从 2008 年 67 件增至 1350 件，增长了 20 倍；企业累计专利授权量从 515 件增至 6059 件；科技企业加速器二期、光电企业加速器、留学生创业园等创新服务平台加快建设，新增市级以上工程中心、技术中心 4 个，累计达 15 个。同年，新区还制定《关于促进股权投资基企业发展的若干规定》，与国海证券、中国出口信用保险公司等签订系列合作协议，新区创新环境加快改善；设立2500万元经济发展资金，支持和引导企业技术改造和技术创新。强大的高新技术产业阵容，驱动光明新区高新技术产业连年持续快速发展，高新技术产值从2007年220亿元增长到2010年的350亿元，年均增幅在20%以上，2010年高达30.8%，在规模以上工业总产值所占比重保持在45%左右。

光明新区传统优势产业亦保持快速发展的势头，晨光鲜奶在深圳、香港市场占有率分别达90%和70%；生产性服务业发展势头良好，内衣、模具、钟表三大基地孕育出三大“百亿传统产业”，至2012年，三大基地完成投资3275万元，钟表基地被认定为国家第一批外贸转型升级示范基地。同年，文化商贸加快发展，苏宁电器、百事杰国际车城开业；华润超市、吉之岛成功落户；华强文化、招商局“光明智慧城”、腾讯研发培训总部基地项目明确选址；文博会在光明设立活动点，成功举办骑行文化节、内衣文化秀等专项活动；新区首家村镇银行挂牌开业。作为国家农业科技园重点项目、华南首个国家级生态农业旅游观光度假园、占地面积130公顷的光明农科大观园9月28日正式开园迎客。此后，新区连续举办六届绿色旅游文化节，第四届旅游文化节参与人数超过10万人次，全年接待游客39.4万人次、同比增长35.1%，旅游收入首次过亿元、同比增长37.6%。大观园获评国家AAA级旅游景区，成为新区首个国家级旅游景区，新区日益成为深圳市民休闲旅游新选择。

光明新区坚持“产业第一、投资拉动、能快则快”三项经济发展原则，区域经济呈现“速度快、效益好、质量高”的良好态势，即便是2009年遭受金融危机冲击，新区主要经济指标仍然保持两位数增长，全年GDP突破200亿元，达到220.36亿元，同比增长20.2%；全社会固定资产投资突破100亿元，达到101.6亿元，同比增长33.5%；各项经济指标增速在全市名列前茅。至2012年，光明新区地区生产总值突破500亿元大关，达到502亿元，是2006年整个地区全年总产值134.9亿元的3.7倍；规模以上工业总产值突破1200亿元，达到1213.96亿元，是2008年528.45亿元的2.3倍；规模以上工业增加值298.91亿元，是2007年新区成立之年101.22亿元的近3倍；全社会固定资产投资200.05亿元，社会消费品零售总额70.59亿元，分别是2007年60.23亿元、31.82亿元的3.3倍和2.2倍；财政收入18.33亿元，国地两税收入51.35亿元。各项经济指标相比于新区成立之年均实现翻番。

在光明新区成立五周年之际，广东省委常委、深圳市委书记王荣，深圳市市长许勤出席新区重大项目集中开工仪式，对新区五年发展成就予以充分肯定，称赞"光明新区的基础设施建设、生态环境保护以及城市功能等都发生了巨大变化，不仅实现了高端企业集聚，市民生活质量也得到了明显提升"。2012年年底，许勤到新区调研时指出，"光明新区把质量放在第一位，保持了强劲发展势头，无论是经济、产业发展，还是城市建设、社会建设，成绩都很突出，尤其是经济增长速度，遥遥领先于全市，体现了新区的特点。光明新区GDP实现三年翻一番、五年翻两番的高速发展，已成为深圳新的区域增长极。"

四、党的建设和廉洁新区建设

光明新区成立后，新区党工委将党的建设作为首要的政治任务，切实抓好基层党建和党建基础工作，突出"廉洁新区"扎实开展党风廉政建设，为新区开发和建设提供强有力的组织保障和政治保证。

新区成立不久，党的十七大召开。新区党工委及各级党组织将深入学习贯彻党的十七大精神、科学发展观作为政治学习的主线，制定周密的学习计划，每周开展集中学习，召开专门会议，认真学习党的十七大、中央经济工作会议和省委十届二次全会、市委四届八次全体（扩大）会议精神，扎实开展思想解放大讨论，切实把新区上下的思想和行动统一到党的十七大精神上来，统一到落实科学发展观上来，把智慧和力量凝聚到加快新区发展建设上来。2008 年，在新区党工委部署和指导下，各级党组织以“为发展服务、为基层服务、为群众服务”的“三为服务”活动为主题，结合干部作风整顿，深入开展思想解放讨论学习活动；确定民生、社会管理等四类 10 个方面调研课题，初步形成破解新区发展难题的新举措；全力抓好第一批学习实践科学发展观活动，认真组织召开民主生活会和组织生活会，共收集意见、建议 217 条，高质量撰写领导班子分析检查报告，为新区发展提供科学指导，得到省、市检查组高度评价。2009 年，新区党工委根据市委要求，扎实开展第一、二批学习实践科学发展观活动，出台整改措施 163 项，解决制约新区科学发展的突出问题 73 个，落实科学发展观各项指标群众满意率达 96% 以上。

光明新区成立之初，基层党建和党建基础薄弱，新区党工委将基层组织建设和党建基础工作列为重点，2007 年组建了直属机关党委和机关工会、妇联和团委，成立了各办、市驻单位党组织和群团组织，健全党群组织网络；促进党建工作社区化，新建党（总）支部 234 个；在全市率先实现了“两新”组织党建工作全覆盖，得到了中组部检查组的高度评价。在围绕完善各级党组织建设的基础上，2008 年进一步夯实基层基础，以“三推一评一选”方式在全市率先完成了 28 个社区“两委”班子换届选举，圆满完成 28 个社区工作站挂牌工作；积极推动党群共建，扩大基层组织覆盖面，规模以上外资企业工会组建率达到85%以上；同时率先在全市启动编制党建规划，整合工会、共青团、妇联等群团组织力量，“党群共建一体化”加快推进；建成光明翠湖、公明薯田埔2个社区党建示范点，抓紧建设展辰达等2个企业党建示范点。2011年，新区设立光明等5个试点社区综合党委，完成光明集团党委及光明办事处下属9个社区居民党支部、13个退休党支部换届选举，同时投入资金1647万元启动建设11个社区党群服务中心。同年，新区完成市党代表公推直选，成为深圳第一个通过公推直选产生市党代表的区级单位，获省、市领导充分肯定；还率先在全市出台区一级党建规划。2011年，全区基层组织建设明显加强。新区深入开展“创先争优”活动，大力推进基层党建区域化工作，“市党代表进社区”活动实现制度化、常态化；完成社区“两委”换届，设立12个社区综合党委，进一步优化社区班子结构，基层党组织战斗力明显提高；并新建成6家社区党群服务中心；新成立新区“两新”工委及5个“两新”组织党（总）支部；工青妇桥梁纽带作用得到强化，新建共青团组织16个，非公企业工会组建率93.6%、职工入会率81.8%，“妇女之家”实现社区全覆盖。2012年，新区推进“两新”组织党建“百日攻坚”行动，新登记党员2523名，总数增长300%；新建党组织71个，增长32%；“两新”组织党的工作覆盖面达到100%；党建推动工青妇等群团组织事业健康发展，“两新”组织工会组建率达97.2%，28个社区综合团组织实现全覆盖，机关事业单位和社区妇女组织组建率100%。新区在全市率先出台区域化党群共建“1+7”制度，社区党群服务中心实现全覆盖，逐步形成党建带群建党群共建“光明模式”；大力开展“基层组织建设年”“五好”班子创建等活动，181个基层组织晋位提升取得实效；积极开展“五进社区”活动，办理社情民意520多条。事业单位分类改革、老干部、关心下一代等工作扎实推进。

新区党工委大力加强党风廉政建设。2007 年推进“阳光工程”，实施党务政务七方面公开；建立健全民主生活会、干部任前廉审备案制度，召开了各级领导干部民主生活会；加快推进新区电子监察系统规划建设，出台了建筑工程招投标、政府采购等制度，从源头上预防和治理腐败。2008 年，落实关口前移，构建纪检监察与督查督办相结合的监督机制，不断完善惩防并举的反腐倡廉新体系；全面推广中心工作业务主办制，实现项目建设全过程、全方位监管；积极改革重大建设项目审批制度，缩短审批时间 40 天；建立完善综合电子政务平台，打造“阳光体系”；审计完成 57 项重大工程，核减造价 1. 62 亿元，核减率 5. 95% ；深入开展廉政文化“五进”活动，积极参与《直通车》《民心桥》栏目活动，大力推进民主监督，有效预防和治理腐败。2009 年，开展“新起点、新使命、新形象”主题宣传教育；以制度审查为重点，全面开展“制度年”建设；建立监督对象信息库，动态录入 4400 余名党员干部信息；强化监管干部使用、基层执法、工程建设等重点领域，开展清理“小金库”行动，严肃处理违法违纪案件并立案处理 7 人。加强社区股份公司财务监管，公明社区财务监督得到市主要领导的批示表扬；深入推进基层廉政建设，探索推行“审计外包、协同审计”等新模式、新方法，审计完成 130 个重大项目，核减资金 1. 88 亿元。2010 年，扎实推进“廉洁新区”建设，深入开展反腐倡廉工作，合并阳光政府和绩效考核等监督职能，初步形成“纪检 + 审计 + 科技”三者联动监督模式；开展“我与新区共廉洁”专题读书等活动，在新区管委会大院建设“清风苑”廉政文化长廊，弘扬廉政勤政主旋律；全年审计重点项目工程 202 项，节约工程造价 1. 40 亿元，核减率为 6. 70% 。2011 年，新区认真落实领导干部廉洁自律各项规定，并在全市率先制定《光明新区建设“廉洁新区”五年规划纲要》，重点打造“廉洁政府、廉洁市场、廉洁社会、廉洁干部、廉洁公民”五大廉洁体系；延伸绩效考评范围，将新区2011年86项中心工作任务及区属、驻区23个单位全部纳入绩效考评范围；全力推进并联审批，市政类政府投资重大项目审批时间缩短88个工作日；不断完善社区党廉信息平台建设，新区所有社区均成立纪检组织并设置纪检委员；打造阳光审计体系，加强项目审计，核减造价1.88亿元；坚决查处违纪案件，全年受理信访举报82件，办理65件，立案8宗，党政纪处分17人，党风廉政建设取得明显实效。2012年，新区出台《关于进一步加强行政执行力建设的决定》，大力开展机关作风提升行动，建立健全机关作风常态化查访制度，组织明查暗访25次、专项检查窗口行业单位40次，通报20个单位；制定《贯彻落实廉洁城市建设实施意见》，将落实廉洁新区建设规划纳入绩效评估；在新区工程建设领域实行“黑名单”制度。对“三类社区公司”实行“三统一分”制度，规范股份公司管理；找准舆情监督与民计民生的结合点，加强预判和防控监督，经验举措被中纪委推广；以“两新”组织为代表设立纪检组织和纪检委员，有力促进非公有制领域反腐倡廉工作。全年查处违法违纪案件10宗，处理10人。核减工程造价3.94亿元，实现了纪检监察和审计职能的深度对接。

2009年，新区发挥“大部门”制优势，精简、高效、务实，优化整合管委会机构，由原来的六办两中心变为一办八局两中心，实现人员和机构职能平稳过渡，体制机制运作正常高效；试行“并联审批”，重大项目审批时限从130多个工作日缩短至70多个工作日。创新电子政务平台，政务信息网上公开有序推进。2010年新区制定《关于进一步转变工作作风大力弘扬想干、敢干、快干精神的实施方案》，努力营造干事创业良好氛围。采取明察暗访、群众民主评议等方式，有效促进各单位特别是基层、窗口单位工作作风的好转，新区企业服务成为市纠风办明查暗访活动开展以来报道的第一个正面典型；积极参与市委、市纪委组织的“民心桥”“直通车”栏目，听取市民心声，解决群众关心的热点难点问题。新区大力加强作风建设，不断提高行政效能。在加强基层组织建设和党风廉政建设过程中，光明新区着眼于建设一支开拓创新、勤奋进取、清正廉洁、精干高效的新区干部队伍，不断强化干部队伍建设。2010—2011 年，新区完善用人制度和选拔机制，不断加大干部培养和选拔力度，提拔或重用处级干部 13 名，科级干部 73 名，其中女干部 15 名；创新干部选拔方式，公推公选 16 名处级干部；按照现代企业管理要求对新区国有企业领导班子进行优化调整；注重从基层一线选拔干部，将公明办事处 2 名村干部选拔到公务员队伍；组织开展新区首期处级干部北大研修班，选派中青年干部赴贵州艰苦地区开展“三同”锻炼，选派干部赴港参加业务专题研讨班。2012 年，新区大力深化干部人事制度改革和事业单位分类改革，完成处级领导干部轮岗交流，面向全市公开选调 2 名公立医院院长；干部人事档案工作通过中组部一级标准达标验收；加强干部培训工作，继续开展新区处干班、青干班培训学习，组织 315 名科级干部参加十八大精神专题培训班。同时，贯彻落实党管人才原则，加大人才引进工作力度，继 2011 年超额完成年度计划引进各类人才 931 人，组团参加第十届中国国际人才交流会获“最佳组织奖”和“最佳展示金奖”后，2012 年又引进各类优秀人才 1231 名，并组织 95 名专业技术人员参加十八大精神专题培训班学习。

新区宣传思想工作也取得显著成效。2009 年，新区成立精神文明建设委员会，完成城市公共文明指数测评工作任务；建立健全新区新闻发布机制，组建了新闻发言人队伍。2011 年，围绕中心工作，不断加大对外宣传力度，树立新区良好形象；深入开展“迎大运、创全国文明城市标兵大干200天”行动，新区在全市公共文明指数测评中成为进步最明显、成效最好的城区之一；推进“关爱行动”，举办“迎大运文艺晚会”，开展新区篮球比赛、社区杯篮球赛等系列群众文体活动；培训城市U站志愿者230名、社区志愿者840名、社会志愿者1.17万名；开展“新区青年讲礼仪”等各类文体活动80余场；每周开展公务员文明出行活动，组织机关干部在交通要道、路口和社区开展文明劝导、环境净化、治安巡逻等志愿者服务，参加人员2800多人次，新区群众文明素质和新区公共文明水平得到显著提高。2012年，新区持续抓好各级理论中心组学习，组织上报新区党工委理论中心组学习20次；圆满完成文明创建迎检工作，成为全市唯一公共文明指数连续7次取得进步的区（新区）；举办了“喜迎新区成立五周年暨首届社区邻里文化节”、深圳市第14届网协杯赛事，推动学雷锋志愿活动、“阳光达人”等群众性精神文明创建活动不断深入开展。

五、长足发展的社会事业

光明新区成立后，新区党工委、管委会在全面推进现代化新城建设和产业经济发展的同时，不断加大投资力度，大力加强教育、卫生、文化等工作，新区各项社会事业日新月异，实现了长足的发展。

随着经济社会的快速发展，外来人口的持续增长，优质学位严重不足成为制约新区发展的短板。新区成立之初，即安排专项资金2.2亿元建设光明高中，光明高中投入使用后，新增学位900个，有效缓解了新区高中学位不足问题。同时，推进11所村小改造工程，并对户籍人口就读全日制技校、职业中专实行全额补助。至2009年，光明高中改造一期工程基本完工，已建成4个村小改造项目，完成7个主体工程并投入使用。2008—2009年，通过公开招考等方式，解决了264名临聘教师编制待遇问题，稳定了新区教师队伍。2011年率先在全省试行教育券制度，促进教育公平，全区办学质量稳步提高：继2008年新区高考中考均创历史最好成绩，2010年高考升学率达95%、中考高分段学生同比增长26.7%、学校师生获得国家和省级奖励1220人次后，2011年高考升学保持“低进高出”，获市“高考工作超越奖”，新区实验学校定向越野获世界中学生锦标赛佳绩。2012年，新区根据教育券制度，按照初中每年每人6000元、小学5000元的标准，解决了3803名学生就读问题，确保了教育公平；新区高考上线率达95.5%，光明高级中学、光明中学再获市“高考工作超越奖”，光明高级中学通过省和国家级示范性高中初级验收。此间，全区19所幼儿园通过市规范化创建验收，新区高中、东周小学、爱华小学跻身全市素质教育特色学校50强。

新区成立以后，医疗卫生事业获得持续快速发展，2007—2011年间，新区不断完善医疗救治、疾病防控、卫生监督三大体系，全面完成公共卫生机构整合，新区人民医院、妇幼保健院、卫生监督所建成挂牌，新区疾控中心大楼投入使用，如期推进市重点医院新明医院、新区公共卫生大楼建设，并按照区级标准对原公明医院、光明医院进行升格改造。新区人民医院在全市11家区级医院考核中排名跃居第六；建成了33个社康服务中心、5个社区医疗服务站，实现了“一社区一社康中心”的目标，获评国家级示范社康中心1家、省级示范社康中心3家；成立公明、光明社康管理中心，全区社康门诊量占门急诊人次比重达50.15%，高于全市36%的平均水平；建成19个社区生育文化中心（实现全覆盖），其中8个被市卫生局评为优秀。大力开展各类疫情防控工作，创建“药品安全示范社区”26个，抗菌药物专项整治获得全市二级医院最好成绩，全区疫情防控形势平稳。切实加强人口与计划生育工作，新区流动人口、户籍人口符合政策生育率分别高出市下达指标 7.97%、2.74%；人口自然增长率控制在 8.51‰，低于全市标准。

2007—2011 年间，新区文体事业亮点纷呈，“陈仙姑的故事”“玉律舞麒麟”分别被认定为市级和区级非物质文化遗产；先后启动建设公明文体中心、6 个社区综合服务楼、14 个文体服务设施等项目。努力打造节日文化、劳务工文化、广场文化，开展各类群众性文体活动，并举办首届“外来青工文化节”等一系列文化活动。组织新区各单位参加各级文化体育赛事活动，获得省市以上荣誉 476 项，其中国家级 11 项，省级 9 项。组织参加市第八届“鹏城金秋”社区文化艺术节、市第三届残疾人运动会获得 13 金 8 银 12 铜的佳绩，公明办事处被评为广东省体育先进街道。顺利完成 2010 年全国城市公共文明指数测评迎检任务，公明薯田埔被评为省级文明社区。

在推进经济社会全面发展进程中，新区党工委、管委会始终突出以人为本，关注民计民生，不断加大投入，推进各项民生工程建设。2008 年，新区财政 75% 以上投入民生领域，安排近 5 亿元实施“十大民心工程”，其中长春北路改造、民生路排水工程等项目当年完工，明湖城市公园春节前向市民开放，加快推进圳美社康服务中心等项目；争取市里投入 4 亿多元推进公明片区排涝工程及茅洲河三大永久性泵站建设；安排资金 5800 多万元建成马山头排水工程等 18 个应急项目，完善排水设施。2010 年，新区出台《关于扶持社区经济转型升级发展的若干意见》，提出推进社区股份经济转型升级“五种模式”；投入补助扶持资金 625 万元支持社区集体经济发展，投入资金 2500 万元支持 27 个社区排水管网、文体配套等 48 个民生项目建设。2012 年，新区财政投入民生领域总计 19 亿元，占财政总支出的 83.4%，其中医疗卫生等八项主要民生投入 17.32 亿元，占财政支出比例达 76%，投入比重居全市各区（新区）首位。

新区成立前各社区在建设和发展中遗留的土地等历史问题，是社区发展的症结和居民生活的心结所在。光明新区成立后，花大力气、积极稳妥地解决历史遗留问题。2007 年，新区梳理重大历史遗留问题 10 类 19 宗并制定调处方案，明确责任单位、责任人和工作时限，至 2008 年已成功调处将石社区征地补偿问题等 11 宗；侨民住房难问题取得突破，列入 2009 年市政府投资计划的“整体拆迁、统建上楼”10 个保障性住房、拆迁安置房项目启动建设，至 2012 年，光明办事处保障性住房 4 个项目完工，提供住房 2850 套，有效缓解了群众住房难问题；光明集团土地确权全面启动；公明办事处完成约 19.02 公顷返还用地选址，并办理 23 块自征地手续，有望统筹解决约 66 公顷土地历史遗留问题。光明原住民土地诉求问题取得突破，完成碧眼等 8 家新型社区股份公司组建工作，下拨社区安置补助费和帮扶资金 3.5 亿元。

光明新区不断加强各种社会保障体系建设，努力为群众谋福祉。开展困难群体生活救济优抚工作，2007—2011 年，新区逐步规范低保救助，实现困难群众应保尽保，先后为全区低保居民和其他困难人群发放低保救助 9000 多万元；为 460 多户困难家庭配租廉租房，发放住房、居家养老、助残补贴及困难军属慰问金和抚恤补助 4130 万元。2008 年光明新区成立慈善会，先后募集资金 2780 万元，为辖区低保人员和困难群众提供救助。全区社会保险参加人数稳步增加，2009 年新区及各街道社区为 8791 名户籍居民解决养老保险及医疗保险缴费问题，2012 年各险种参保人数达 117.4 万人。

2008 年起，新区全面推进居住证就业登记工作，大力实施学业、创业、就业“三业”工程，至2012年，通过开发公益性岗位，与天虹、比亚迪等企业实行“定单式”就业培训，深入开展“新区未来我创造”青年创业行动、大学毕业生“一帮一”就业援助活动以及户籍人员专场招聘会，先后帮助3140名户籍人员实现就业和再就业，并为户籍人口补贴职业技能培训资金300余万元；积极创建“和谐侨区”，在全市率先建立“阳光妈妈”再就业生产基地，安排50名归侨困难妇女就业；全区96%的社区被评为“充分就业社区”，户籍人口登记失业率控制在2%以内，“零就业家庭”实现动态归零。先后举办108场公益性、户籍人员专场、“春风行动”等各类招聘会，提供就业岗位13.1万个，促成1.77万人就业，并为劳动者追回欠薪8291万元。

第三节　革命老区村的建设

改革开放后，宝安县对革命老区村由早期实施物资救济逐步转为资金扶持。随着社会经济加快发展，后又实施“同富裕工程”“扶贫奔康工程”等扶贫措施，使光明地域老区村民生活水平有了较大改善。光明新区成立后，新区不断加大对老区村的扶持力度，扎实推进同富裕工程和老区村建设，社会保障体系更加完善，全区老区村民共享改革开放发展成果，生活质量实现了历史性的跨越。

一、对口救济和拥军优属

改革开放后，随着地方财力的增长，宝安县（区）及公明镇对烈军属、伤残军人、复退军人、现役军人、孤老复员军人生活的对口救济越来越多，政府的救济以现金为主。从 1981 年开始，对烈军属发放优待金，烈军属优待金标准为每户 150 元，对义务兵家属优待金标准为每户 500 元。1989 年 3 月，广东省人民政府规定，对现役义务兵家属、烈士（含因公牺牲军人）父母、配偶和未满 18 周岁子女，以及抚养烈士长大的其他亲属，实行普遍优待。公明镇政府据此对优待标准作了具体规定：烈军属优待标准从每月 55 元提高到 75 元，另每人每年优待金补助为 150 元；复退军人生活补贴从每人每月 25 元提高到 35 元；孤老军人生活费从每月 70 元提高到 130 元，另粮食差价每月补助 30 元，医药费实报实销；义务兵家属补助从每年500元提高到800元。随着人民生活水平的提高，对上述人员的优待也逐年增加。2000年，公明镇政府作出规定，应征入伍到部队服现役的军人，由所在村委会发给每人每月700元生活津贴。同时建立奖惩制度，在部队被评为“优秀士兵”的奖励500元，立三等功的奖1000元；对受到部队处分或开除军籍的，取消其优待金、退伍安置补助以及村委会每月的津贴待遇。同时，各村社康中心对优抚对象在医疗方面给予优待，为优抚对象建立病历档案、定期卫生保健和巡诊制度，做到送医送药上门，并给予全免医药、医疗和其他费用。复退军人的安置工作也得到妥善解决，20世纪80年代以后，公明镇政府对每位退伍兵都适当安排一次就业；2000年，镇政府制订新的农村退伍义务兵安置办法，退伍兵可在退役后6个月内向安置部门申请安排就业，不需镇政府安排工作时，政府给予每人每年1万元安置补助金（适合1997年以后退伍的义务兵）。此办法为退伍兵普遍接受，1997—2000年，全镇77名退伍兵全部自愿申请安置补助金后自谋职业。公明镇老区村长圳、红星、永福围、玉律等村烈军属、伤残军人、复退军人、现役军人、孤老复员军人均在政府救济之列。光明农场（街道）白花洞、迳口、新陂头牛场、新陂头果场、圳美牛场、圳美果场、北山牛场等老区村烈军属、伤残军人、复退军人、现役军人、孤老复员军人除享受宝安县（区）相关优待金外，还得到农场和街道办发放的生活补助和安置待遇。

2000年起，每年逢春节、八一建军节，全镇上下开展慰问烈军属、伤残军人、复退军人、现役军人活动并形成制度，对孤老复员军人发放慰问金1500元，复退军人和现役军人发放慰问金1000元。

二、扶贫政策推动产业发展

在优先照顾烈军属、五保户的前提下，宝安县政府在改革开放初期就要求各公社（区、镇）将扶贫工作纳入党委的重要议事日程，认真组织力量，搞好试点工作，将扶持政策着重向养殖、种植专业户倾斜，帮助他们带头致富，从而带动村民致富。公明成为试点地区之一。1982 年 8 月，宝安县委召开发展公明等 5 个公社重点户座谈会，会议充分肯定了种养专业户的发展方向，公明公社党委书记、副书记参加会议。[①] 公明镇将老区村作为扶贫重点村，大力发展以家庭联产承包制为基础的农业生产，积极扶持种养专业重点户带头致富并带领村民脱贫致富，促进了老区村种养业的快速发展。如长圳村在总面积约 196.08 公顷的农业用地中，开发出约 51 公顷蔬菜用地、约 23.7 公顷水果用地、约 4.2 公顷水产用地，种养业形成规模化、集约化的发展态势，不仅解决了村民温饱问题，还为全村经济发展打下了坚实基础。

1989 年 3 月，宝安县委、县政府组织人员对全县“三穷”（穷山区、穷村、穷户）地区进行调查研究，制定扶贫方案，采取扶贫措施，促进“三穷”地区经济发展。同年 6 月，针对全县经济发展不平衡的状况，为改变穷村和穷户的落后面貌，宝安县委、县政府作出《关于进一步扶持穷村、穷户发展经济的决定》，制定了“建立扶贫专项资金、在政策允许范围内实行税赋减免、实行优先低息贷款、加强对贫困地区投资环境建设”等四条具体措施，扶持穷村穷户发展经济。为迅速改变宝安部分地区经济落后的状况，县委、县政府于当年 9 月作出成立扶贫工作领导小组、

---

① 宝安区档案局（馆）、宝安区史志办编：《宝安大事记》，中国书籍出版社 2003 年版，第 158 页。

制订扶贫工作计划的决定，对扶贫工作提出总要求。20 世纪 90 年代开始，公明镇认真贯彻宝安县委、县政府扶贫工作相关决定，把革命老区村列为扶贫重点村，将扶贫政策向老区村倾斜，积极开展扶贫工作，帮助老区村推动产业发展，促进老区村民脱贫致富。

三、推动集体经济的发展

从 20 世纪 80 年代中期开始，公明镇老区村在坚持家庭联产承包责任制、发展农业生产综合经营的同时，开始合理利用土地和资金兴建厂房、宿舍，大力引进外资和“三来一补”企业。1986 年，在公明镇政府的引导下，长圳、红星、永福围、玉律等老区村为了引进对外经济，发展集体经济，相继成立了本村经济发展公司。1994—2000 年间，老区村经济发展公司先后改制为股份合作公司，创建工业园区，加大招商引资工作，促进了集体经济快速发展和人民生活水平大幅提高。

在宝安县和公明镇政府大力扶持下，经过 10 多年的持续发展，公明老区村集体经济和人民生活得到空前的改善。至 2004 年底，永福围（下村）引进各类企业 65 家，全年工农业总产值 2. 14 亿元，工业创汇 4652 万港元，年经济总收入 5213 万元，利润 3456 万元，村民人均纯收入 1. 5 万元，村民人人在村股份合作公司有股份，年年有集体分红，家家住上新式的楼房，享有健全的卫生保健和福利。玉律村建成玉律工业区，引进“三来一补”工厂 72 家，形成了以塑胶、电子、印刷、食品为主的工业体系，全年工农业总产值达到 7. 93 亿元，其中工业总产值 7. 65 亿元，农业总产值 2779 万元，每年为国家创汇 5200 多万港元；集体总收入 2576 万元，人均分配 5200 元。长圳村有集体厂房 28 万平方米，有“三来一补”及三资企业 64 家，工农业总产值 9. 54 亿元，其中工业总产值9.21亿元，农业总产值3304万元，集体固定资产8000多万元。红星村有工厂48家，厂房658万平方米，工业结汇1981万港元，集体总收入2074万元，150名村民每股分红2.2万元，也因此得到“最小最富村”的美誉。

白花洞村集体经济发展却相对迟缓。中共十一届三中全会后，农村土地承包经营展开，白花洞村每个成年劳动力分到0.3～0.48公顷水田及面积不等的甘蔗地与菜地，集体经济几乎为零，全村发展十分落后，夜无路灯，道路泥泞，低矮的平房与零星的几座碉楼相互守望。20世纪90年代，全村也只有几户人建起楼房。2001年，面对当时土地政策的不明朗以及自身缺乏原始资金积累、生产条件滞后等种种困难，白花洞村一方面盘活原有资源，一方面率先通过改善投资环境、吸引外商合作开发的办法，兴办了白花工业园，积极招商引资，集体经济逐步发展，在一定程度上解决了原村民的医疗、就业、社保和救济问题。

光明新区成立后，新区党工委、管委会加大社区集体经济发展的扶持力度。2010年，新区出台《关于扶持社区经济转型升级发展的若干意见》，提出推进社区股份经济转型升级“五种模式”，并投入补助扶持资金625万元支持社区集体经济发展，驱动全区11个老区村所在的8个社区集体经济转型升级，实现可持续发展。2012年，包括7个老区村在内的光明原住居民土地诉求问题取得突破，新区完成7个老区村所在的白花、迳口、圳美、新羌等8家新型社区股份公司组建工作，并下拨1.9亿元社区安置补助费和1.6亿元帮扶资金，为原光明街道7个老区村所在的社区集体经济发展注入新的动力。

四、同富裕工程的实施

为了进一步消除贫困，使贫困镇村发展得更快更好，1995

年，深圳市对欠发达地区实施了为期三年的第一期同富裕工程，范围是全市 1994 年末人均集体分配收入低于 2000 元的 416 个欠发达自然村。同富裕工程实施前，公明镇共有 27 个欠发达自然村，包括老区村长圳村在内。1995 年起，公明镇第一期同富裕工程启动，在长圳村实施了路桥、供水、供电、学校、医院、排洪、排污等工程项目。经过五年的工程推进，至 2005 年，长圳村的村容村貌发生了根本性的改观，集体经济不断增强，村民也逐渐过上了小康、富裕的生活。

2007 年光明新区成立后，继续对包括老区村长圳社区在内的原欠发达村推进同富裕工程，立项 46 个“固本强基工程”建设。2008 年，新区争取市“同富裕”资金近 3000 万元，加快建设白花第一工业区 1、2 号路等 4 个“同富裕”项目；下拨“同富裕”社保资金 2470 万元，解决包括老区村在内的 8791 名居民养老保险及医疗保险缴费问题。2010 年，新区投资 9000 万元，启动建设 25 个“同富裕”项目；拨付 9200 万元社保帮扶资金，解决包括老区村在内的 15 个社区 9471 人的社保问题。光明办事处同富裕工业园收入首次突破 2000 万元，包括老区村在内的居民人均分配 700 多元，实现了新区成立后同富裕工程首次分红。

五、大力推进社区建设

20 世纪 90 年代开始，公明镇先后进行了 5 次村镇规划，将全镇各村道路、水电、通信等网络工程纳入整体规划。1993 年起，公明镇以市政工程建设为基础，每年为民办 10 件实事好事。随着各类工程项目的实施完工，各村道路、电力、水气、通信等基础设施得到明显的提升。2000 年以后，公明镇又将村镇绿化美化工程列为重点，各村按照“一村一公园、一村一文化场所、一街一树木一景点”要求，投入大量资金实施环境建设，生态环境进一步优化。随着房地产项目的开发建成，兼之2004年启动旧城改造，各村居住环境空前改善。此间，各个老区村加快基础设施建设，生产生活条件不断向好。长圳村投入980多万元建起自来水厂并铺设供水管网，投资80多万元购置进口发电机和250千瓦变压器等设备并改善线路，投入1010万元铺设长圳路、工业区道路并修建1500米排水沟。红星村图书馆、公园、篮球场一应俱全。永福围（下村）建起占地2万多平方米的公园和图书馆，村容展现新面貌。玉律村村民住上了新楼，实现村道全面硬底化和路灯化，灯光球场、露天广场、溜冰场、图书馆等设施齐全。在教育强镇和卫生镇创建中，老区村教育、医疗卫生事业也加快发展，长圳小学、下村小学、玉律小学办学条件得到极大改善，红星、长圳、永福围、玉律等村均建有健康医疗保健中心，享有健全的卫生保健。

光明街道1999年设立后，大力推进社区建设，辖区老区村基础设施得到不断改善。圳美社区（圳美牛场、圳美果场、北山牛场）建有小学、社区健康服务中心各1所，幼儿园2所。新羌社区（新陂头牛场、新陂头果场）基础设施完善，有新羌社区公园、新陂头社康服务中心、新羌消防站、新羌幼儿园、光明书院等，为居民学习、生活提供便利。白花社区（白花洞村）建有综合市场、邻里服务中心、党群服务中心、文体广场、文体公园、社康中心、历史纪念碑、篮球场等，2003—2006年先后荣获“省级生态示范村”“省卫生村”等殊荣。迳口社区（迳口村）设有“一站式”服务窗口、综治信访维稳站、星光老年之家、社区健康服务中心、图书馆等服务设施以及2.5公顷的大型公园1座，篮球场2个，300平方米的户外活动场所1个，其中社区中心设施齐全，室内书画室、室内乒乓球场设施齐备，为广大居民提供了开展健康文化体育活动的良好平台。

光明新区成立后，随着“九横八纵”路网建设和公交线路通行工程的不断推进，老区村居民出行大为便捷；同时，在电力、水厂等公共配套设施相继投入运营下，老区村水电保障更加有力。2010 年，新区投资约 3 亿元推进 30 个市容环境提升项目，老区村市容环境得以全面提升。新区将白花、迳口、圳美、羌下、长圳、红星、玉律、下村 8 个社区的 11 个老区村纳入 162 个城中村消防整治项目并通过考核验收，新增公园参照特区标准实行绿化管养，老区村生态环境得到进一步保护。而在新区征地拆迁、查违旧改、土地整备、城市更新等工作中，老区村土地利用不断规范，城市面貌更为出彩。新区还积极稳妥地推进解决包括老区村在内的 10 类 19 宗社区历史遗留问题，迳口、圳美、羌下社区侨民住房列入市政府投资计划的“整体拆迁、统建上楼”10 个保障性住房、拆迁安置房项目，至 2012 年，已有 4 个项目完工，提供住房 2850 套，有效缓解了侨民住房难问题；光明集团土地确权全面启动；公明办事处完成约 19.02 公顷返还用地选址，并办理 23 块自征地手续，有望统筹解决约 66 公顷土地历史遗留问题。

新区成立后突出民计民生，不断加大投入推进各项民生工程建设。2008 年，新区财政 75% 以上投入民生领域；安排近 5 亿元实施圳美社康服务中心等“十大民心工程”项目；向市政府争取投入 4 亿多元推进公明片区排涝工程及茅洲河三大永久性泵站建设；安排资金 5800 多万元建成 18 个应急项目，完善排水设施。2010 年，新区出台《关于扶持社区经济转型升级发展的若干意见》，投入资金 2500 万元支持 27 个社区排水管网、文体配套等 48 个民生项目建设，进一步提高了老区村所在的社区建设水平。同时，新区投入 11.25 亿元完成长圳小学等 11 所农村小学改造，老区村教育面貌焕然一新。2012 年，新区财政投入民生总计 19 亿元，其中医疗卫生等 8 项主要民生投入 17.32 亿元，根据 2011

年全省率先试行的教育券制度，按照初中每年每人6000元、小学5000元标准，解决了包括老区村在内的3803名学生就读问题，确保教育公平；建成33个社康服务中心、5个社区医疗服务站、19个社区生育文化中心，老区村实现“一社区一社康中心”“生育文化中心”全覆盖，其中获评国家级示范社康中心1家，省级示范社康中心3家，创建药品安全示范社区26个、优秀生育文化中心18个。在新区财政的持续强力注入下，老区村民计民生得到极大改善。

六、加强社会保障体系建设

随着改革开放的深化和民政福利事业的发展，1993年公明镇创办了公明福利院，对无劳动能力、无依无靠、无生活来源的户籍居民实行“五保”政策（保吃、保穿、保住、保医、保养，对未成年“五保”对象保障其合法接受义务教育），2000年镇政府投资200万元对福利院进行扩建，入院27人。2001年起，对本镇常住户60周岁以上老人每月发放生果金50元。1998年以来全镇设立18个残疾人社区康复站，2003年安排32名残疾人就业，为66名重度残疾人和5名特困残疾人分别申请每月200元和100元的特困救济补助；2004年全镇核实户籍重残、残疾低保定补99人，发放资金11.9万元。2001年，将1999年农村低保标准由人均每月195元调整为205元，城镇低保标准由人均每月273元调整为290元；2004年，全镇为49户135名低保人员发放救济金88.2万元，对70名户籍临时困难家庭发放救济金15万元。2004年，公明镇将2005年低保人员救济标准实行城乡统一，提高到人均每月344元。同时积极加强劳动保障，严格执行《劳动法》，抓好劳动管理和就业、再就业工作。2004年，镇劳动办安排户籍失业人员217名，实现失业人员再就业率达到80%以上，“4050”

就业困难失业人员再就业率70%以上，登记失业率控制在2%以内。长圳、红星、永福围、玉律等老区村老年人、残疾人、困难户、失业人员均从公明镇政府构建的社会福利体系获益。白花洞、迳口、新陂头牛场、新陂头果场、圳美牛场、圳美果场、北山牛场等老区村老年人、残疾人、困难户、失业人员除被纳入宝安县（区）政府构建的社会福利体系外，还享受到农场和街道办发放的社会福利。

光明新区成立后，不断加强各种社会保障体系建设，扎实开展包括老区村在内的困难群体生活救济优抚工作。2007—2012年，新区规范低保救助，为老区村在内的低保等困难人群发放救助款9000多万元，实现老区村困难群众应保尽保；为老区村等社区460多户困难家庭配租廉租房，发放住房、居家养老、助残补贴及困难军属慰问金和抚恤补助4130万元。2008年新区成立慈善会，先后募集资金2780万元，重点为老区村等社区低保人员和困难群众提供救助。同时，老区村参加社会保险人数也稳步增加，2009年新区及街道社区为包括老区村在内的8791名户籍居民解决养老保险及医疗保险缴费问题。

2008年起，新区大力实施学业、创业、就业“三业”工程，先后帮助包括老区村在内的3140名户籍人员实现就业和再就业，并补贴职业技能培训资金300余万元；积极创建“和谐侨区”，在全市率先建立“阳光妈妈”再就业生产基地，安排50名圳美、羌下、迳口等社区7个老区村归侨困难妇女就业，11个老区村所在的社区均被评为“充分就业社区”，户籍人口登记失业率控制在2%以内，“零就业家庭”实现动态归零。新区不断强化完善的社会保障体系，为老区村居民生活提供了全方位、强有力的保障，老区村居民在深圳同一片蓝天下共享改革开放成果所带来的富裕、平安、和美幸福生活。

7

第七章

党的十八大以来发展时期

2012年11月8日，中国共产党第十八次全国代表大会召开。

党的十八大后，光明新区进入第二个五年发展阶段。这一阶段，随着华星光电三期叠加千亿级产业“巨无霸”的集中落地，总投资300亿元的华侨城光明小镇项目的集中开工，大项目带动七大战略性新兴产业成为新区经济迅猛发展的“主引擎”。同期，新区提升城市品质，打造“魅力之区”；强力整治安全隐患，为发展腾挪宝贵空间土地；整备屡创佳绩，干事创业快马加鞭……新区经历了一场由内到外的嬗变，在加快建设现代化国际化绿色新城和质量型创新型魅力之区征程上阔步前行，步入大发展大建设的黄金发展期。

2016年8月31日，光明新区原公明办事处、光明办事处二分为六，新设光明、公明、新湖、凤凰、玉塘、马田6个办事处。光明新区党工委率领各级党组织深入贯彻党的十八大精神，全面加强、纵深推进党的建设，党的领导核心地位和执政基础不断增强，促进新区经济快速协调发展。2017年，光明新区地区生产总值完成850.12亿元，增长9.8%，增速位居全市前列，同时各项事业齐头并进，社会大局和谐稳定，民生福祉持续提升，居民生活安全有序，新区进入成立十年来发展最快、质量最佳的历史时期，以经济社会的最好发展水平，喜迎党的十九大。

2017年10月18日至10月24日，中国共产党第十九次全国代表大会在北京召开。光明新区党工委即时组织全区各级干部群众深入学习宣传贯彻党的十九大精神，推动习近平新时代中国特色社会主义思想迅速掀起高潮，深入人心、落地生根，自觉运用习近平新时代中国特色社会主义思想武装头脑、指导实践、推动工作。

2018年2月9日，国务院同意设立深圳市光明区，以光明街道、公明街道、新湖街道、凤凰街道、玉塘街道、马田街道的行政区域为光明区的行政区域，光明区人民政府驻光明街道广场路1号。同年9月19日，深圳市光明区正式挂牌成立。光明区由此进入全新的发展时期。在光明区委的坚强领导下，全区各级干部和人民群众高举习近平新时代中国特色社会主义思想伟大旗帜，全面贯彻党的十九大和十九届二中、三中、四中全会精神，深入贯彻习近平总书记重要讲话精神，积极践行“四个走在全国前列”工作要求，认真落实省委和市委决策部署，坚持“创新、协调、绿色、开放、共享”新发展理念，抢抓深圳“北拓”战略机遇，加快建设“四城两区”，即引领源头创新的科学新城、高端业态集聚的产业新城、人与自然和谐的美丽新城、共建共治共享的幸福新城，质量型创新型智造强区、现代化国际化绿色城区，打造竞争力影响力卓著的世界一流科学城和深圳北部中心，奋力谱写光明建设发展的新篇章，为全市率先建设社会主义现代化先行示范区贡献光明力量。

党的十八大以来，光明新区深入贯彻党的十八大、十九大制定的路线方针政策，在深化改革创新，不断发展全区经济、社会、民生建设的同时，大力推进老区建设与发展，老区人民生活锦上添花，人民生活满意度持续提升，精神文明建设有了长足的发展。在党的十八大、十九大精神鼓舞下，光明区党员干部不忘初心，牢记使命，光明人民传承红色基因，发扬革命传统，大力支持革命老区建设与发展，全面推进老区村所在的社区政治、经济、文化、社会以及生态文明建设，推动革命老区发展迈入了繁荣兴盛的新时代。

第一节 创新驱动经济高质量发展

党的十八大召开后，走过五年创业之路的光明新区站在新的历史起点上，深入贯彻党的十八大精神，全面深化经济体制改革，实施创新驱动发展战略，推进经济结构战略性调整，坚持艰苦创业、转型发展、创新发展，加快建设“园区光明、速度光明、质量光明”，彰显园区集聚、龙头项目、产业质量三大优势，努力推动全区经济高质量、可持续发展，实现了经济发展稳中有进，进中提质。

一、园区载体推动产业集聚

光明新区成立后，产业园区作为重要载体，在推动新区高新技术和传统优势产业集聚、企业集群、自主创新和土地集约利用等方面已释放出特有活力，为推动新区经济发展彰显了组团效应。

党的十八大以来，新区加快推进产业园区及其配套建设，使之成为区域产业经济创新转型、高效运营的策源地、重力场、辐射区。2013 年，新区建成公园路、园区 18 号路等 7 条园区道路并通车，华星光电配套宿舍投入使用；塘家等重点片区环境综合整治、三大产业集聚基地绿化提升工程全面推进。光明国际平板显示园区聚集规模以上企业 28 家，年产值近 500 亿元，构建了完整的垂直产业链。投资 244 亿元的华星光电二期、投资 12. 4 亿元的旭硝子二期动工建设，平板显示产业进一步实现高端化、集群化、专业化发展。“喜德盛国际休闲文化创意产业园”落户光明，新区实现“文博会”分会场零的突破，举办“金鹏奖”国际短片嘉年华活动和国际内衣文化创意设计展，“文博会”交易额近11亿元。光明农科大观园获国家AAA级旅游景区授牌，成功举办第七届旅游文化节，全年接待游客47万人次，总收入9900万元。2014年，光明高新技术产业园区被国家认定为深圳首个国家级循环化改造示范试点园区；光明国际平板显示园区成为全国乃至全球一流的平板显示产业基地；钟表、内衣产业基地被列为全国首批产业集群区域品牌建设试点示范项目。私募基金产业园集聚企业62家，管理资金规模超过180亿元。光明华强文化创意产业园同年动工建设。2015年，光明高新园区入驻65家企业74个项目，达产后年产值约1136亿元；三大产业基地共入驻工业企业36家，达产后年产值175亿元；高新东和高新西产业配套宿舍完成建设，提供住房4600套；甲子塘片区综合服务中心完成建设和招商工作。各产业园区为新区招商引资建设和经济规模发展起到良好的集聚和带动效应。2017年，农科大观园成为新区首家国家AAAA级景区。

二、引进与培育重大项目

大园区集聚大产业，大项目带动大发展，是光明新区发展经济明确的战略方向。至2012年，新区经济已初步显现出龙头项目带动产业发展的整体优势。

党的十八大以后，光明新区坚持和优化重大项目拉动产业发展的战略，充分利用辖区建成的国内外一流园区优势和良好的营商环境，继续大力引进、培育和做强龙头项目，并以重大项目为引擎，联动相关产业项目，驱动产业经济加速发展。新区重大企业引进培育成效显著，产业经济集聚效应更为凸显。

2013年，研祥、科士达等10家高新技术企业投产，迈瑞、万和等8个重大项目开工，华强文化、康佳集团等10家优质企业成功落户，一批十亿、五十亿、百亿龙头企业不断涌现。普联电子、欧菲光、日东电工、万润科技等一大批高成长性企业，连年实现50%以上的高速增长。华星光电全年产值达155亿元，新区实现百亿级企业零的突破。同年，现代服务业发展势头良好，华润、麦当劳等知名商家顺利进驻。2014年，新区重大项目建设保持良好态势，重大项目的龙头带动集聚作用得到充分发挥，维珍妮等14家企业被认定为新区总部企业，总产值约268亿元，纳税额约15亿元。华星光电二期主体工程基本建成，旭硝子二期动工建设。迈瑞、万和等重大项目基本建成。2015年，华星光电、诚威、普联3家企业产值超过百亿元，光明集团连续十次入选深圳市百强企业后，通过农业产业化国家重点龙头企业动态监测被评为国家级农业龙头企业。2016年，总投资538亿元的华星光电G11项目提前开工。总投资500亿元和800亿元的华侨城光明小镇项目和光明天安云谷项目签约。新区年产值超10亿元企业达到26家，上市企业达到41家。2017年，光明凤凰城完成投资252.7亿元，华星光电G11、中山大学深圳校区、光明小镇、光明云谷等一批投资百亿元以上重大项目开工。华强创意公园一期、招商局科技企业加速器二期等项目建成投入使用。日东光学、美盈森等7个项目主体封顶。天王、典邦等23个在建重大项目加快建设。世成电子、开立科技等8个项目开工。完成工业投资208.6亿元，增长18%。完成技改投资34.5亿元，增长39%，增速全市第一。此间，新区不断夯实产业发展基础，优化招商选资体制机制，明确项目引进标准和优化产业用地出让流程，出让新型产业用地18宗，引进总部企业20家，通过以房招商引进德图仪表、云计算等高新技术企业80家。

三、持续推进产业转型升级

光明新区高度重视产业转型升级，通过淘汰一大批低端企业，积极推进企业转型升级，促进经济高质量发展，产业转型升级取得显著成效。党的十八大后，新区加快产业转型升级引领，以转变经济发展方式为主线，以优化产业结构调整为主旨，在突出创新引领、培育产业增量、推进优势传统产业转型升级、外溢型经济发展、高端重大项目发展、优化产业空间布局、淘汰低端落后产能促进低碳绿色发展上下功夫，加快推进产业转型升级，实现产业经济的可持续发展。2013—2015 年，先后改造旧工业区 95.5 公顷，淘汰低端企业 965 家。安防工业园等 5 家工业园被评为“深圳市特色工业园区”。策划启动“深圳绿谷 · 光明花海”项目，努力把光明打造成深圳的“后花园”。2017 年，淘汰粉尘加工等落后产能企业 198 家，清理“僵尸”企业 2 家，钟表、内衣、模具等优势传统产业加快转型升级。旧工业园区的改造完成，进一步优化了新区产业园区建设与发展，营造了良好的投资招商环境；低端落后企业的淘汰清理，为高新技术产业和传统优势产业进驻和落户腾挪了空间，为新区经济摆脱高能耗、高污染、低水平掣肘，实现高质量、高速度、高水平发展创造了条件，新一代信息技术、新材料、新能源等战略性新兴产业在新区得以蓬勃发展。

四、培育自主创新能力

随着高新技术产业的快速壮大，光明新区将培育自主创新能力作为增强经济核心竞争力和发展后劲的重要工程并重推进，有效促进企业创新水平的全面提升。2013 年，新区留学生创业园建成开园，吸引 10 家创新型企业入驻。光明卫武生物“博士后创新实践基地”、招商局科技企业加速器等创新载体基本建成。与国家超级计算深圳中心、清华大学深圳研究生院签署合作协议。2014 年，与深圳市科技创新委签订战略合作协议，共同打造国家自主创新示范区及产业转化模范区。举办首次中国创新创业“创客大赛”和2014 中国（深圳）智能装备产业创新应用交流会。引进“招研引智”项目34 个，企业建成博士后工作站1 家、博士后创新实践基地2 家，企业获得专利授权838 件。2015 年，举办首届中国创新创业“创客大赛”决赛，深圳光明——微软云暨移动应用孵化平台项目落户，与德国史太白技术转移中心签署战略合作协议。新区拥有市级以上工程或技术中心 39 个。2017 年，创新主体持续增长，新组建华星光电国家工程实验室、铝镁钛合金材料国家地方联合工程实验室，全区有国家级科技创新平台 3 个，市级以上各类企业科技创新平台 51 个，石墨烯、新型显示两个制造业创新中心入选市十大制造业创新中心，华星光电科研项目荣获广东省科学技术一等奖。有产值 100 亿元以上企业 4 家，国家级高新技术企业 614 家，上市企业、挂牌新三板企业达到 42 家。新区专利申请量 5686 件、授权量 3269 件；有效发明专利 3865 项，专利创造水平完成值居全市第二，增速居全市第一。创新空间持续拓展，新挂牌华强创生态等 4 个众创空间，众创空间总数达 9 个，总面积超过 1. 2 公顷。光明—微软云移动暨应用孵化平台、新区留学人员创业园在孵项目 50 个。实施“鸿鹄计划”，引进各类高层次专业人才 227 人，签约引进中国科学院院士团队 2 个、院士 3 名。

五、协调推进新型产业高质量发展

新型产业是新区发展的基础，有质量的高速增长是新区发展的根本要求。新区坚持质量发展的产业导向和部门合作的统筹协作，以增量优质和存量优化并重推进产业发展，促进经济继续保持有质量的高速增长。

新区深化改革创新，不断推出相关政策，全力扶持和推进产业经济高质量发展。2013 年，全面实施商事登记制度改革，对各类市场主体实行“宽进严管”，有效释放了新区市场活力，全年新登记各类企业 3795 家，同比增长 57%。新登记个体工商户 9993 户，同比增长 196%。新登记注册资本总额 133 亿元，同比增长 224%。2017 年，深入推进供给侧结构性改革，制定出台供给侧结构性改革总体方案和 3 个专项行动计划、2 个配套政策，修订经济发展专项资金“1 + 18”系列扶持文件。大力推进“科技创新发展十二项行动计划”，修订完善“1 + 18”系列文件，促进清理非行政许可审批事项 36 项，通过“营改增”降低企业税负 3. 8 亿元。向各类企业发放产业扶持资金 1. 2 亿元，配租产业配套宿舍 2480 套。出资 10 亿元成立新区首支政府产业引导基金，并设立 1 支子基金，募集资金 3 亿元。同时，新区发展和财政局与经济服务局等经济调控、产业发展牵头单位，会同相关部门和驻区单位，在重大项目引进、固定资产投资、企业服务等经济工作的全局中，充分发挥统筹协调和推动作用，地税局、国税局、市场监管分局以及供电、海关、出入境检验检疫、药监等驻区单位，在加强税收征管、强化市场监管、服务市场主体、保持经济健康运行等方面，做出了突出贡献。

政策扶持和部门协作，推动新区产业发展质量优势渐进放大，经济质量效益持续提升，至 2017 年，光明新区每平方千米实现 GDP 产出 5. 45 亿元，同比增长 14. 6%；万元 GDP 能耗下降 4. 2%、水耗下降 6%。新一代电子信息、新能源、新材料等七大战略性新兴产业累计实现增加值 342. 9 亿元，占新区 GDP 的 40. 3%，集群效应更加明显，主导作用更加突出。新增国家级高新技术企业 254 家，总数达到 614 家；卫光生物、三利谱等一批本土高科技企业成功上市，新区上市企业总数达到 21 家；科陆、国信通等 4 家总部型企业成功落户。新区企业星源材质获得省政府质量奖，欧菲光获得深圳市市长质量大奖。

六、党的十八大以来经济运行情况及特点

2013 年，光明新区完成地区生产总值（GDP）580 亿元，同比增长 15%；规模以上工业总产值 1360 亿元，同比增长 16%；规模以上工业增加值 330 亿元，同比增长 16.5%；固定资产投资 220 亿元，同比增长 16%；社会消费品零售总额 86 亿元，同比增长 22%；进出口总额 100 亿美元，同比增长 10%；国地税收入 62.5 亿元，同比增长 21.8%；地方公共财政预算收入 25.9 亿元，同比增长 41.5%。

2014 年，实现地区生产总值 632.77 亿元，同比增长 11%；规模以上工业总产值 1512.68 亿元，同比增长 13.5%；规模以上工业增加值 366.95 亿元，同比增长 13.7%；固定资产投资 231.19 亿元，同比增长 11.4%；社会消费品零售总额 97.81 亿元，同比增长 13%；进出口总额 102.87 亿美元，同比增长 2.87%；国地税收入 77 亿元，同比增长 23%；公共财政收入 46 亿元，同比增长 77.6%。

2015 年，完成地区生产总值 670.6 亿元，同比增长 9.4%，增速位居全市第二；规模以上工业总产值 1586 亿元，同比增长 7.3%；规模以上工业增加值 371.8 亿元，同比增长 8%；固定资产投资 269.2 亿元，同比增长 16.5%；社会消费品零售总额 100 亿元，同比增长 6%；进出口总额 120 亿美元，同比增长 2%；国地税收入 97.3 亿元，同比增长 26.5%；一般公共预算收入 37.6 亿元，同口径对比增长 29.1%。

2016年，地区生产总值725亿元，同比增长9%，增速位居全市前列；规模以上工业增加值382亿元，同比增长9.2%；固定资产投资302亿元，同比增长12.2%；社会消费品零售总额110亿元，同比增长7.8%；全口径税收收入109亿元，同比增长11%；公共财政预算收入43.7亿元，同比增长17.2%。

2017年，地区生产总值850.12亿元，同比增长9.8%，增速位居全市第二；规模以上工业总产值2004.49亿元，同比增长12.8%；规模以上工业增加值441.89亿元，同比增长13.2%，增速位居全市第二；固定资产投资371.56亿元，同比增长22.8%；社会消费品零售总额120.31亿元，同比增长9%；进出口总额739.49亿元，同比增长1.2%；全口径税收收入126.67亿元，同比增长16.7%；地方一般公共预算收入49.75亿元，同比增长12.1%。

2013年至2017年，光明新区经济运行呈现如下特点：

经济总量稳定扩张，增幅强劲。新区地区生产总值从2013年580亿元，到2014年632.77亿元、2015年670.6亿元、2016年725亿元、2017年850.12亿元，不仅五年经济总量呈规模性增长，而且年增长率稳定在10%左右，最高增幅达到15%，2017年新区地区生产总值增速位居全市第二，这表明新区已成为深圳新的经济增长极，增长势头强劲，而在此背后有着强大的发展后劲为支撑。

工业生产表现亮眼，基础牢固。新区规模以上工业总产值从2013年1360亿元到2017年2004.49亿元，五年间总量增加640多亿元，年增长率除2015年外，其余年份都高于11%，2013年高达16%。规模以上工业增加值2013—2017年分别为330亿元、366.95亿元、371.8亿元、382亿元、441.89亿元，其中四年增长率保持两位数，而且在地区生产总值中所占比重均为52%以上，这表明新区工业生产在新区经济格局中的龙头地位牢不可破。

投资力度不断加大，驱动力强。固定资产投资2013年为220亿元，同比增长16%；2014年为231.19亿元，同比增长11.4%；2015年为269.2亿元，同比增长16.5%；2016年为302亿元，同比增长12.2%；2017年371.56亿元，同比增长22.8%。从投资数据分析，不仅连续五年增长迅猛，而且2017年比2013年增加151.56亿元，是2013年的1.69倍。强大的固定资产投资，为新区经济发展提供了强力驱动。

消费品市场良性发展，总体平稳。2013—2017年，光明新区社会消费品零售总额分别为86亿元、97.81亿元、100亿元、110亿元、120.31亿元，这个逐步递进的数据链，表明新区消费品市场总体平稳。同时，年增长率除了2013年高达22%外，大多年份维持10%上下，也反映了新区人民物质生活水平处在一个相对稳定的状态。

外贸进出口逐年上升，增长加快。2013—2017年，光明新区进出口总额分别为100亿元至120亿元区间，增长率也相对稳定，在外部经济下行和光明新区余泥渣土受纳场"12·20"特别重大滑坡事故善后处置的双重压力下，2016年外贸进出口总额受到负面影响。2017年，进出口总额达到739.49亿元的极值，表明新区外贸进出口在厚积薄发后，迎来快速增长期。

财税收入增长稳定，趋于理性。2013—2017年，光明新区国地两税（全口径税收）收入分别为62.5亿元、77亿元、97.3亿元、109亿元、126.67亿元，呈现直线上升的态势，年增长率分别为21.8%、23%、26.5%、11%、16.7%，除2016年受外部经济环境和余泥渣土受纳场"12·20"特别重大滑坡事故处置双重影响外，增速快进而稳健，表明新区产业经济处于一个稳定上升的发展局面。此间，新区公共财政收入分别为25.9亿元、46.1

亿元、37.6 亿元，43.7 亿元、49.8 亿元，反映新区财政收入基本盘稳固，财政收入从前几年的高增长逐步趋向理性。

七、新时代经济开新局

2018 年，是贯彻党的十九大精神的开局之年，是改革开放 40 周年，也是光明发展历史上具有里程碑意义的一年。光明区高举习近平新时代中国特色社会主义思想伟大旗帜，始终与党中央、省委省政府、市委市政府决策保持高度一致，把握行政区设立历史时机，主动顺应质量变革、效率变革、动力变革新趋势，抢抓粤港澳大湾区和广深港澳科技创新走廊建设重大历史机遇，主动适应引领经济发展新常态，坚持稳中求进工作总基调，坚持新发展理念，创新驱动经济高质量发展。全年实现地区生产总值 935 亿元，增长约 7.5%，规模以上工业增加值增长约 7%，固定资产投资增长 27.9%，进出口总额增长约 16%。全口径税收增长 10.2%，地方一般公共预算收入增长 7%。

实体经济迈上新台阶。光明区出台优化营商环境若干措施，持续完善“1 + 18”产业扶持政策，建立区、街道、社区三级领导挂点服务企业机制，着力营造一流营商环境。华星光电 T6 项目建成投产，T7 项目开工建设，星源材质获“市长质量奖”，一批重大产业项目建设进展顺利。举办 2018 年光明营商环境推介会，引进中集低轨卫星等 127 个优质项目。国家电动汽车产业计量中心等 3 个国家级质量检验检测中心、深圳市药检院药品一致性评价中心落地建设。划定 34 平方千米新兴产业基地，重点打造智能制造和先进制造产业名片。整备连片产业用地 150.6 公顷，面积居全市各区之首。实施“国家级高新技术企业三年倍增计划”，国家级高新技术企业数量由 615 家增加至 988 家。大力推动小微企业上规模升级，规模以上工业企业数量从 847 家增加至近

1200 家。

科技竞争抢占主战场。坚持以最高水平、最高标准谋划建设光明科学城，初步完成光明科学城发展规划和空间规划编制。推进 1.8 平方千米启动区土地整备，组织 466 人集中攻坚，完成测绘清点等各项基础工作，开展非住宅类房屋谈判、清租等工作。加快布局大科学装置，脑解析与脑模拟、合成生物研究 2 个首批大科学装置土建工程开工建设。加快推进光明科学城配套区建设，中山大学深圳校区、光明云谷、光明小镇动工开建，中国科学院深圳理工大学落户。持续引进高端创新平台，石墨烯制造业创新中心示范基地入选市“十大制造业创新中心”并投入运营，两个院士团队入驻。兰度生物等 20 家企业获省级科技创新平台认证。全区共有国家级企业创新平台 3 个、省级创新平台 32 个、市级创新平台 34 个，实现 5 亿元以上工业企业研发机构全覆盖。加大科技创新企业培育支持力度，设立天使投资引导子基金，红土光明创业投资等子基金正式运作。

第二节 加强和深化党的建设

党的十八大以后，光明新区党工委围绕执政能力建设和主题教育实践主线，全面加强党的思想建设、组织建设、作风建设、党风廉政建设和制度建设，强力夯实党建基层基础，着力打造学习型、服务型、创新型基层党组织和为民、务实、清廉的党员干部队伍，不断提高各级领导干部的思想政治素养、组织领导水平和驾驭风险能力，为推动光明新区跨越发展提供坚强的政治和组织保证。

一、全面深化基层党组织建设

党的十八大以来，以习近平同志为核心的党中央总揽全局、协调各方，以上率下、层层推进，全面加强党的领导，深入推进党的建设新的伟大工程，进一步增强党的凝聚力、战斗力和领导力、号召力。光明新区党工委深入贯彻中央和省委、市委关于党建的各项决策和工作部署，将抓党建作为党工委的首要责任，党工委会议加强党建议题研究，以突出党的核心领导作用和提高党的执政能力为根本目标，不断夯筑基层基础工作，促进基层党组织建设固本强基。

党的十八大后，光明新区党工委以完善网络覆盖，强化提升战斗力为重点，全面深化基层党组织建设。2013 年，在巩固各级党组织建设成果的基础上，推动建成 28 个社区综合党组织和维珍妮等5个“两新”党建示范点。组建5支党员志愿服务大队，登记党员志愿者4315名。2014年，完成26个“软弱涣散”党组织整顿转化工作。2015年，与中央党校党史教研部开展战略合作等6项党建工作列入新区年度重点工作。制定基层党建工作五年规划，分级分类制定各级党组织抓党建工作标准化权责清单和职责清单。2016年，新区调整办事处区划，6个办事处挂牌成立，及时调整区直有关部门“三定”方案，积极稳妥推进各办事处党组织设置和干部配备，确保工作不断、秩序不乱、队伍稳定、平稳过渡，保持党组织建设的连贯性和持久性。2017年，完成社区“两委”换届，实现党委书记和居委会主任百分之百“一肩挑”，落实社区党委“四项权力”；完成社区政企分开，实行社区党委领导下的经营班子负责制，进一步理顺了基层党组织标准化建设体系机制。

基层基础工作是党组织建设的基石，新区投入专项经费，以党建标准化为抓手，大力优化各级党组织资源配置，不断完善党群活动和服务阵地设施。2013—2015年，新区投入党建经费7186万元，依托党群服务中心、社区服务中心、社区志愿服务U站等平台，基本形成党群服务“一公里服务圈”，全面提升社区党建“三有一化”水平。推进社区制度建设，出台《光明新区社区管理制度汇编》，涵盖81项管理制度。全面开展党组织标准化建设，28个社区党组织统一更名为社区党委，并于2016年在全市率先挂牌，社区党建标准化达标率居全市前列。同年，新区党工委对社区党委书记按照“调整一批、整顿一批、提高一批”原则，对现任社区党委书记进行调整，切实提升基层治理水平。2017年，新区牢固树立大抓基层的鲜明导向，全力推进城市基层党建“标准+”模式，建立健全支部工作标准体系。

党的十八大以后，中共中央进一步加强党的思想建设，先后开展了党的群众路线教育实践、“三严三实”专题教育、“两学一做”学习教育。光明新区党工委以三大主题教育为主线，在全区党员干部中广泛开展思想教育，全体党员干部的政治自觉、宗旨信念、党性修养、思想觉悟、理论水平、服务意识有了显著提升。

2013 年 6 月 18 日，全党群众路线教育实践正式启动。光明新区党工委及时成立全区党的群众路线教育实践领导小组，出台了工作实施方案，明确加强学习调研、推动重点民生工程建设等五大方面、15 项具体内容。开展群众路线问卷调查、“改进作风大家谈”等专题活动，查摆问题 146 个，搜集意见建议 161 条。大力开展“党员进楼栋”等活动，探索推出“零距离工作法”，促进了党群联系工作机制逐步深化。2014 年，新区党工委认真落实省委和市委决策部署，自觉学习习近平总书记系列重要讲话精神，创新推行“六学”模式，积极开展“三带三实”等系列活动。聚焦“四风”认真查摆问题，深入开展批评与自我批评，新区党工委领导班子民主生活会获省、市督导组高度肯定，认为会议“主题突出、准备充分、质量较高、效果较好，体现了整风精神，达到了预期目的”。将热点民生问题的解决作为检验活动成果的“试金石”，制定整改措施并落实。新区管委会严格落实八项规定，“三公”经费总体下降 32%，办公用房清理改造全部完成。2015 年 4 月 10 日，中共中央办公厅印发《关于在县处级以上领导干部中开展“三严三实”专题教育方案》。是年，光明新区党工委扎实推进“三严三实”专题教育，查摆 84 个具体问题，制定整改工作任务令，逐一整改。次年，落实全面从严治党各项决策部署，严格执行《关于新形势下党内政治生活的若干准则》和《中国共产党党内监督条例》，不断提升党的建设质量。2016 年 2 月，中共中央办公厅印发《关于在全体党员中开展“学党章党规、学系列讲话，做合格党员”学习教育方案》。同年，光明新区党工委深入开展“两学一做”学习教育，举办第二届“党员大课堂”，组建“学做讲习团”，轮训党员4000余名。2017年，新区党工委深入推进“两学一做”学习教育常态化制度化。党的十九大召开后，将学习贯彻党的十九大精神与“两学一做”学习教育结合起来，常态化组织学习党的十九大报告，《习近平谈治国理政》第一、二卷等内容，推动学习覆盖所有党支部和全体党员。通过三次主题教育实践持续开展，全区党员干部队伍先进性和纯洁性得到保持和发展，讲规矩、守纪律自觉性大幅提升，“四个意识”显著增强。全体党员干部坚定理想信念，保持对党忠诚，树立清风正气，勇于担当作为，在服务经济、社会、民生发展中充分发挥了先锋模范作用。

二、持续强化党风廉政建设

全面从严治党是党的十八大以来党中央作出的重大战略部署，是“四个全面”战略布局的重要组成部分，也是全面建成小康社会、全面深化改革、全面依法治国顺利推进的根本保证。党中央同时明确提出，全面从严治党，基础在全面，关键在严，要害在治。

光明新区党工委和纪工委认真贯彻中央和省市各级党委和纪委工作部署，坚定不移全面从严治党，持续强化党风廉政建设，不断提高辖区党的执政能力和领导水平。2013年，新区党工委以“廉洁新区”建设为抓手，出台加强社会领域防治腐败工作意见，持续社会领域反腐倡廉；全面推进社区股份公司“三资”清理，持续开展明察暗访，组织察访行动56次，发现问题55个，全部及时整改。严肃案件查办，立党政纪案11宗11人，移送司法机关8宗8人。加强审计监管，全年审计政府投资项目207个，核减造价1.12亿元。2014年，新区严格落实“党委主体责任、纪委监督责任”，在全省率先开展了“各级纪委书记、副书记的提名和考察以上级纪委会同组织部门为主”及“线索处置和查办案件双报告”试点，纪检“三转”工作积极推进。党政纪立案23宗23人，移送司法机关7宗7人。严格落实“八项规定”，开展明察暗访、治庸治懒、整治收受“红包”等专项行动，进一步形成了风清气正的政治生态。2015年，新区出台落实全面从严治党、党风廉政建设党委主体责任和纪委监督责任实施意见，党政纪立案30宗，移送司法机关7人，开除党籍9人。查处违反“八项规定”和“四风”问题6宗，纠正违反工作纪律行为80余人次。2016年，新区纵深推进反腐倡廉，重点查处教育医疗、安全生产、社区股份公司、征地拆迁等领域存在的违纪问题，严肃查办一批严重腐败案件，立案42宗，同比增长75%。2017年，开展基层执法队伍专项整治行动，严肃查处城管执法系统20人贪污受贿案、查违和国有土地监管领域窝案，公开通报违反“八项规定”精神和“四风”问题典型案例3件，问责追责39人次，立党政纪案60宗60人，同比增长76.47%。五年间，新区坚持贯彻全面从严治党，深入开展党风廉政建设，全区党风政风显著净化，党员干部工作作风不断优化，党组织在群众和全社会的公信力、凝聚力、领导力、影响力大幅提升，全面巩固和增强党的执政能力，引领全区民风、社会风气持续好转。

三、选人用人

党的十八大以来，以习近平同志为核心的党中央高度重视干部队伍建设，提出建设一支高素质、能力强干部队伍。光明新区党工委始终坚持党管干部原则，深化干部人事制度改革，强化干部管理监督，激发干部队伍生机活力，为新区各项事业顺利推进提供人才保证。

一方面，新区党工委对照“德才兼备、以德为先、事业为上、公道正派”的新时期好干部标准，不拘一格选人用人。2013年，新区出台《优秀人才奖评选奖励试行办法》，设立“杰出人才奖”和“创新创业优秀人才奖”。引进各类人才1070名，新增市领军人才和后备人才各3名。2014年，选派28名社区“第一书记”全脱产工作半年，实现基层组织和干部队伍建设双赢、双强。制定完善6个人才工作文件，引进“杰出人才”“领军人才”等各类人才1246名。2015年，实施社区带头人梯队培养工程，遴选出51名社区带头人后备干部，安排到一线岗位锻炼，调整配备区管干部34人次，推动新区优秀人才奖励常态化，首批16家人才服务站挂牌运行。2016年，新区树立正确用人导向，规范干部选拔任用，配优配强干部队伍，提拔重用处级干部49人次、科级干部76人次，将一批真抓实干、素质过硬的干部选拔到重要岗位。2017年，不断健全完善干部选拔任用机制，坚持在完成“硬任务”中发现选拔“硬干部”，通过红坳村整村搬迁、地铁6号线土地整备等“硬仗”“大仗”，发现和选拔一批“想干事、能干事、干成事”的干部，提拔重用处级干部41人次、科级干部185人次。面向全国选调、招考紧缺专业优秀党政人才840人。

另一方面，新区党工委强化干部队伍管理监督，开展培训、考核、监管等日常管理工作，推动制度化、规范化，促进干部在学习中提升，在自律中成长。2013年，强化处干班、青干班等品牌，培训党政干部和各类人才1200余人次。2014年，在全市率先出台任免干部动议、推荐、考察、票决及纪律监督制度，培训党政干部和各类人才820人次。2015年，出台《关于进一步加强干部考核工作的意见》，严把选拔任用干部动议关、考察关、程序关，丰富干部教育培训手段，组织221名干部参加各类培训学习。加大干部管理监督力度，做好领导干部个人有关事项报告、填报、核实，完成干部档案审核认定工作。

四、创建文明城市

党的十八大以来，新区不断推进文明城市创建和精神文明建设开创新局面。以文明城市创建为契机，新区党工委加强教育引导，培养提高市民公共文明素质。2013 年，完成全市文明城市创建迎检各项工作，建成 7 家区级“道德讲堂”，组织开展形式多样的志愿服务活动，服务群众近 20 万人次，公共文明水平持续提升。2015 年，以社会主义核心价值观为引领，抓好党工委理论中心组学习。文明城市创建常态化机制逐步完善，区级公共文明指数巡查测评全面推行。2017 年，以创建第五届全国文明城市为抓手，建立管委会常务会督查推动、领导班子成员挂点督导、文明周例会统筹协调等工作机制，推进创建四大行动 34 项攻坚重点工作。大力弘扬社会主义核心价值观，市民文明素质和城区文明程度全面提升，交通文明指数创全市排名第二的历史最好成绩。

五、学习宣传贯彻习近平新时代中国特色社会主义思想

2017 年 10 月 18 日至 10 月 24 日，中国共产党第十九次全国代表大会在北京胜利召开后，新区党工委将认真学习宣传贯彻习近平新时代中国特色社会主义思想和党的十九大精神作为首要政治任务，并与贯彻落实习近平总书记对广东、深圳工作的重要指示批示精神结合起来，在学懂弄通做实上下真功夫、苦功夫、硬功夫，推动习近平新时代中国特色社会主义思想深入人心、落地生根。

党的十九大召开后，光明新区迅速开展大学习大培训。坚持领导带头学、以上率下，先后多次召开党工委（扩大）会议、理论中心组学习会等，全面传达学习贯彻习近平新时代中国特色社会主义思想和党的十九大精神以及省委、市委的部署。组织全区 510 个党支部 8025 名党员，开展分层次、全覆盖的学习培训，采

取集中培训、专家辅导、互动交流等多种方式，帮助广大党员准确掌握思想精髓和核心要义。同时，新区精心组织大宣传大宣讲。新区党工委班子成员带头到各自挂点的办事处和社区开展宣讲活动，形成报刊、电台电视台、网站、微信公众号宣传矩阵，借助“两微一端”等新媒体平台，开展全方位、广覆盖、立体式的宣传报道；开展送党课进社区、进园区、进机关、进企业、进校园活动，实现“五进”基层、党员全覆盖。

光明新区扎实开展大调研、大走访。开展“大调研、深调研、广调研”，由党工委领导班子成员分别牵头，深入各部门、办事处、社区调研走访，围绕制约新区经济社会发展的重大问题，推进完善综合创新生态体系、打造一流营商环境等25个重大课题调研，并及时将调研成果转化为今后一个时期的工作思路和工作措施。

随着党的十九大精神学习宣传活动的持续开展，光明新区不断掀起理论学习、政治学习、思想学习的新热潮，习近平新时代中国特色社会主义思想根植于新区每个党员干部心田，进入寻常百姓千家万户，并化作武装头脑、指导实践、推动工作的思想武器和工作法宝。

六、新时代党建新气象

党的十九大召开以后，光明新区党工委坚持和加强党对一切工作的领导，不断增强政治意识、大局意识、核心意识、看齐意识，自觉维护党中央权威和集中统一领导，自觉在思想上、政治上、行动上同党中央保持高度一致。完善坚持党的领导的体制机制，提高党把方向、谋大局、定政策、促改革的能力和定力，确保党始终总揽全局、协调各方。坚定不移全面从严治党，不断提高党的执政能力和领导水平。

旗帜鲜明讲政治，理论学习见成效。着力加强政治建设，扎实开好巡视整改暨全面彻底肃清李嘉、万庆良恶劣影响专题民主生活会，引导广大党员干部树牢“四个意识”，坚定“四个自信”，坚决做到“两个维护”。严格落实“第一议题”学习制度，深入开展“五个一”处科级干部大培训和送专题党课下基层活动，举办第四届“党员大课堂”，分批分类轮训全区 8405 名党员，实现 12 个基层党（工）委全覆盖。扎实开展深调研，积极推进一批重点调研课题，出台落实“四个走在全国前列”实施方案，全力确保习近平新时代中国特色社会主义思想在光明落地生根，形成生动实践。

从严治党强基础，党建向纵深推进。严格落实中央第十二巡视组反馈意见和省委、市委工作要求，制定 27 大项 226 小项整改落实举措，整改落实工作取得阶段性成效。扎实推进基层党建，出台贯彻落实《广东省加强党的基层组织建设三年行动计划》实施方案，深化社区党委书记动态调整机制，在全市率先实现社区集体股表决权同股同权，高标准建成区级党群服务中心，全区 31 个社区全部通过市社区党建标准化建设达标验收，推进新兴领域党建，建立园区党委 20 个，规模以上企业党组织单独组建数由 78 个增加至 372 个。着力打造忠诚干净担当的干部队伍，将土整查违、治水提质等一线战场作为干部考场，提拔重用在急难险重岗位上表现突出的区管干部 46 人次，包括 8 名敢于担当、积极工作的受过处分干部，树立了担当作为的风向标。狠抓全面从严治党主体责任落实，着力加强党风廉政建设，完成区纪委监委组建工作，有序推进纪检监察体制改革，扎实开展基层“微腐败”综合整治，重点加强公共管理辅助人员队伍建设。行政区成立以来，区委巡察办用近 3 年时间，完成一届区委巡察工作，实现 45 个单位和 31 个社区巡察全覆盖。

第三节 向“四城两区”建设新目标迈进

光明新区成立以来，全面规划并大力推进城市建设，不断加强各项市政基础设施，城市面貌焕然一新。党的十八大以后，光明将绿色新城建设列为工作的重中之重，以五个国家级示范区为平台加快城市建设步伐，城市功能日趋完善，城市品质大幅提升，现代化绿色新城已然成型。2018 年，作为广深科技创新走廊、粤港澳大湾区的核心节点，光明区提出“四城两区”建设新目标，即打造“产业新城、科学新城、美丽新城、幸福新城”，加快建设“质量型创新型智造强区，现代化国际化绿色城区”，努力打造竞争力影响力卓著的世界一流科学城和深圳北部中心。

一、建设绿色新城

继被确定为“国家绿色建筑示范区”“国家低冲击开发雨水综合利用示范区”后，光明新区 2013 年再获“国家绿色生态示范城区”殊荣。2014 年，新区成为全国首批国家新型城镇化综合试点，允许在新型城镇化建设的多个领域先行先试。2016 年，新区又入选全国第二批海绵城市试点。以五个国家级示范区为平台，加快编制《光明新区低冲击开发雨水综合利用规划设计导则》《光明新区综合发展规划》《光明中心区法定图则》等城市规划；启动中荷光明“新新城”工作坊，新城开发建设研究取得初步成果。同时，新区以五个国家级示范区建设为着力点，大力推进绿色新城建设。

围绕国家绿色建筑示范区、国家绿色生态示范城区建设，2013 年，新区审批绿色建筑项目 24 个面积达 106.9 万平方米，建成“同富裕”二期安居工程等 5 个绿色建筑示范项目。高新园区公共服务平台等 4 个项目通过国家和深圳市绿色建筑设计标识认证，新区绿色建筑示范项目达 20 个。2014 年，公共服务平台、高新西拆迁安置房等一批项目通过国家绿色建筑设计标识星级认证。上村等 10 个社区顺利通过省宜居社区专家评审。2015 年，21 个项目通过国家绿色建筑设计认证，建筑面积共 125 万平方米。新建、提升 8 条市政道路绿化，改造路灯 2368 盏，城市绿化景观水平不断改善，新区水、气、声、固废、生态等环境指标显著向好，PM2.5 浓度明显下降，灰霾天数持续减少。2016 年，25 个项目通过国家或深圳绿色建筑设计认证，新增国家级绿色建筑 148 万平方米，各级绿色建筑总面积达 475 万平方米。按照高于原特区内标准实施光明大道、光侨路、观光路绿化提升工程。2017 年，马拉松山湖绿道一期开工，建成凤鸣街心公园等 21 个社区公园和 6 个花漾街区，“美丽深圳”绩效考评全市排名第五。2018 年，全区新增绿色建筑 82 万平方米，通过首批国家绿色生态示范城区验收。

围绕国家低冲击开发雨水综合利用示范区、全国第二批海绵城市试点建设，2013 年，新区首期 8.5 千米“地下共同沟”正式投入运营，观光路获“国家优质工程奖”。2014 年，新开工建设项目全部实施低冲击开发，新增低冲击示范项目 7 个。2016 年，完成 8 个示范项目建设，积极探索海绵城市“光明模式”。2017 年，总投资 15.82 亿元的全市首个海绵城市 PPP 项目开工建设，海绵城市试点在全国第二批试点城市年度绩效考核中排名第一。2018 年，全区新开工地下综合管廊 2000 米，新增绿色建筑 82 万平方米，通过首批“国家绿色生态示范城区”验收。优化细分19个海绵城市汇水分区，完成58个试点项目，全年新增海绵城区6.2平方千米，年度考核成绩名列全市第一。

二、完善城市配套

在现代化绿色新城建设进程中，光明新区同步加快基础设施、市政设施等城市配套建设，不断完善城市功能。

道路交通系统逐步完善。2013年，全线建成光明大道、光侨路等新区主次干道，打通华夏二路等一批“断头路”，公常路等一批城市主次干道也开工建设。2014年，公明中心区中片区、三大基地片区、光明高新技术产业园北片区、光明高新技术产业园南片区4个片区的交通改善工程完工。2015年，光侨北路主车道贯通，高新园区12号路建成通车，完成交通拥堵综合治理项目7个。2016年，地铁6号线、大外环高速、赣深客专开工建设，周家大道东段等5条“断头路”全面打通，光明、公明互通取得重大进展，双明大道、长春北路等一批主次干道加快建设。2017年，打通“断头路”14条，另完成8条“断头路”土地整备并抓紧施工。完成全线地铁6号线土地整备，6号线支线动工建设。完成外环高速76项攻坚任务以及田寮片区等231个慢行系统整治项目。此间，广深港高铁光明城站至福田站实现捷运服务，每日开行车次增至24对。新增区间公交线路22条，优化调整78条，新投放运力135辆。建设新一代公交候车亭307座、公交首末站3座、公交场站4处。新开通社区微巴线路9条，新投放纯电动公交车1031辆，新建充电桩303套，500米公交覆盖率从2013年88%提升至2017年94%。2018年，光明区域轨道交通加快建设，区内市政路网日益完善，出行难题得到有效缓解。广深港高铁22班次在光明停靠，全年发送旅客269.5万人次。赣深高铁光明段、地铁6号线支线开工建设，6号线光明段全面铺轨。光明城市候机楼建成投入使用。龙大、南光高速市政化改造方案获市政府通过。

污水管网建设加快推进。2013年，新建成污水支管网40千米，全面启动支管网二期工程。开展河道截污及接驳工程，新区污水处理率达80%。2014年，基层供水管网改造一期工程竣工。2015年，基本完成基层供水管网改造二期工程和支管网一期工程。2016年，启动226千米污水支管网新建、改建工程通过EPC模式建设。新建成污水管网66千米，完成入河排污口整治63个、内涝点整治1个、防洪排涝项目13个。2017年，新建成污水管网265千米、整治入河排污口535个，均超年计划完成任务。2018年，光明区污水支管网（二期）建设工程（塘家、甲子塘、红星社区）概算批复金额1.7亿元，主要建设内容包括建设雨污管网29.1千米，其中塘家社区10.99千米、甲子塘社区10.55千米、红星社区7.56千米，工程基本完工并完成初验。光明区污水支管网（二期）建设工程（迳口、翠湖社区）概算批复金额1.64亿元，主要建设内容包括迳口、翠湖社区建设雨污管网25.19千米，其中迳口10.94千米、翠湖14.25千米。重大配套项目进展顺利。2013年，加速推进高新园区公共服务平台、光明新城及光明高铁城综合体项目。2014年，新区重点发展区全部纳入凤凰城统筹范围，凤凰城扩至14.89平方千米，并全面启动开发指导规划研究工作。群众体育中心、光明新城、光明高铁城综合体、文化艺术中心、光明书城等一批重大城市配套项目如期推进。2015年，光明凤凰城完成投资152.6亿元。光明中心医院续建一期工程投入使用，光明社会福利院动工建设。万丈坡拆迁安置房、塘家拆迁安置房和高新西产业配套宿舍等4个项目超额完成投资任务。2016年，万丈坡、高新西塘家拆迁安置房开工，新建保障性住房

1030 套，竣工 3099 套，供应 3170 套。2017 年，新开工筹集保障性住房 1.06 万套，累计配租 7300 套，分配产业配套宿舍 3634 套。2018 年，光明区开工筹建人才房和保障性住房 7570 套，建成 6717 套。

三、提升城市品质

光明新区根据年度重点工作，先后以市容环境提升工程、环境卫生设施建设、市容秩序专项整治、城中村专项整治、治水提质行动、城市管理治理年为抓手，大力优化城市环境，促进城市品质持续稳步提升。

市容市貌不断亮化。2013 年，光明城高铁站周边区域等 10 个绿化提升项目竣工验收，改造提升约 49 万平方米。查处乱倒余泥渣土违法行为 518 宗，查扣泥头车 529 辆。2014 年，推行城管、公安、国土监管联勤联动机制，扭转了乱倒余泥渣土被动局面。严厉打击违法养殖回潮和乱搭建，开展市容秩序专项整治，市容环境得到提升。2015 年，强化楼明路和根玉路两侧废品收购站、建材市场等违法乱搭建的整治力度，清拆废品收购站、建材市场违法乱搭建 68 处，清拆面积 7.15 万平方米。2016 年，出台“1 +10”配套文件，按照“拆、清、建、管”总体思路，超常规推进环境卫生、市容秩序、园林绿化等领域整治提升，拆除违法乱搭建 53 万平方米。清理各类城市“六乱”行为 21 万余起。长圳社区等 5 个城中村启动综合整治。在 28 个社区全面启动城中村用电安全整治，首批 6 个试点社区整治工程已动工。2017 年，高标准完成光侨路、观光路等 15 条城市道路景观提升。完成 6 个试点社区“三线下地”和 9 家农贸市场升级改造工程。7 个示范城中村、25 个达标城中村通过验收。实施文明城市创建四大行动 34 项重点攻坚，新区交通等文明指数明显提升，晨光乳业公司荣获第五届“全国文明单位”荣誉。2018 年，全区初步完成 17 个城中村综合治理，推进 97 个天然气管道改造、110 个“三线”下地项目，安装视频门禁系统 8110 个。打造松白路等 3 条花卉景观大道、河心路等 6 个花漾街区以及 12 个街心花园，实现了“四季常绿、三季盛花”。在全市市容环境综合考核中名列第二。环卫设施加紧完善。2013—2017 年，新区建成凤凰临时余泥渣土受纳场投入使用，完成 30 个生活垃圾减量分类试点创建工作。推进生活垃圾收运密闭化工作，规范垃圾收集点、转运站、运输车辆的日常运行管理，顺利通过“国家卫生镇”复审。在全市率先改造提升 99 座公厕和 52 个垃圾转运站，创建生活垃圾分类达标小区 15 个。2018 年，全区升级和改造公厕 213 座，完成 14 个“垃圾分类优秀小区”创建。

环境质量显著改善。2013—2014 年，茅洲河干流清淤疏浚工程实施，清除淤泥 61 万立方米，并启动茅洲河污染综合整治行动。2015 年，全面启动治水提质行动，大力推进茅洲河、鹅颈水、木墩河综合整治工程，茅洲河干流楼村、李松蓢、白花河断面水质均有不同程度改善。2016 年，治水提质行动全面提速，基本完成茅洲河干流（光明段）综合整治工程，木墩河等 4 条茅洲河支流及白花河综合整治工程加快建设，并启动茅洲河其余 7 条支流建设。同时逐件认真办理中央环保督察组交办案件 6 宗，累计查处环保违法行为 299 宗。2017 年，全力打好治水提质攻坚战，全年治水投资 15.43 亿元，茅洲河干流光明段等 5 条河流黑臭水体治理如期完成，实现不黑不臭。2018 年，全区投入治水资金 33 亿元，集中整治过去多年积累形成的水污染问题，完成治水工程 22 个，整治河道 18.6 千米，新建污水管网 244.7 千米。建成区“1+4”主要河流稳定消除黑臭，茅洲河干流楼村、李松蓢及支流木墩河断面水质达到地表水Ⅴ类标准。完成 778 个正本清源小区改造，光明水质净化厂二期投入使用。加快实现全流域雨污分流，污水干管进水量同比增长 27%，COD 平均浓度增加 93%。实施垃圾分类减量，全区日均分流减量约 125 吨，减量率 11%以上，高于全市平均水平。

四、加强国有土地管理

为了全面加强国有土地管理，整合现有土地资源，满足城市建设与发展的用地需求，新区加大土地整备、征地拆迁、违建清拆、城市更新工作力度，为新区绿色新城建设与产业拓展了空间。

加大土地整备力度。2013 年，新区整备土地 299 公顷，超额完成市下达任务。全面完成基本农田改造 1226. 67 公顷，新增耕地 646. 67 公顷。基本完成了公明供水调蓄工程、德源木器厂、凤凰牛场片区土地整备任务，茅洲河干流完成土地整备任务的 70%，14. 7 千米的三个标段进入全线施工。完成 12 块共 40. 19 公顷招拍挂用地整备工作，确保了世成、康佳等重大项目成功落户。2014 年，整备土地达 164 公顷。2015 年，移交入库土地 102 公顷，超额完成年度土地整备责任目标。地铁 6 号线清场并移交土地面积约 78 公顷。外环高速项目完成清场土地面积约 38 公顷。公明供水调蓄工程征收补偿 1141 公顷，完成率 86. 7%。完成市中医院光明院区、新区外国语学校、文化艺术中心、公明特勤中心等项目土地整备工作。2017 年，完成红坳村整村搬迁谈判签约，如期整备产业用地 28. 75 公顷，全年出让产业用地 5 宗 15. 72 公顷。大力推进中山大学深圳校区土地整备，移交建设用地 130 公顷，全年整备土地 286 公顷。2018 年，全区土地整备入库 923 公顷。

推进征地拆迁。2013 年，新区完成东明大道等道路征地拆迁任务，并依法拆除违法建筑11.8万平方米。2014年，完成市第十高级中学、公明供水调蓄工程、德源木器厂、凤凰牛场片区等重点项目年度征地拆迁任务。2017年彻底拆除荣健农产品批发市场，释放现代物流产业用地6.1公顷，海吉星公益性农产品市场开工，滨海明珠工业园整体收归国有，盘踞多年的麒麟山和麦仕达片区违法建筑彻底清拆，释放土地面积约34公顷，并拆除消化违法建筑约240万平方米。2018年，全区拆除、消化237万平方米违法建筑，强势拆除石岩湖龙湖别墅、下村统建楼等一批典型违法建筑，中央环保督查违建整治、违建“减存量”任务进度位居全市前列。

加快实施城市更新。2013年，新区研究划定楼村片区等7个“大更新”项目，与佳兆业等品牌企业签订合作开发协议，占地面积755公顷。光明商业中心等4个更新项目开工，新创维、公明商业中心等4个项目相继开工建设，新区城市更新工作在全市年度绩效考核中排名第一，形成“建设一批、开工一批、储备一批”的良好格局。2014年，全面实施“大片区”城市更新计划，列入全市城市更新计划的项目达到17个。2017年，大丰安等4个城市更新项目开工建设。2018年，光明区完成城市更新计划立项6个，新增实施改造43.6公顷，用地供应13.3公顷，完成固定资产投资49亿元。

五、推进“四城两区”建设

2018年，光明区改革发展稳定各项任务扎实推进，经济社会文化各项事业迈上新的台阶，全年实现地区生产总值935亿元，增长约7.5%。通过抢抓粤港澳大湾区和广深港澳科技创新走廊建设重大历史机遇，成功推动科学城项目布局光明，抢占了发展先机，赢得了战略主动。

建设产业新城。围绕打造高端业态集聚的产业新城目标，光明区规划了32.54平方千米新兴产业基地，推动形成人工智能、新一代信息技术（智能制造）、新材料（石墨烯）、生物与生命健康、文化创意产业集群，重点打造智能制造、先进制造、高端制造产业名片，构筑新区产业体系新支柱。全区企业数量由成立之初的2000多家增加至5万多家，产值突破百亿的企业5家，突破10亿的企业29家。拥有市级以上工程或技术中心51个，比2007年增加48个。初步形成了以新一代信息技术、新材料、新能源、生物医药等战略新兴产业为主导的产业格局，其中以华星光电为龙头的新型显示产业已经跻身世界一流。

建设科学新城。要全面建成“四城两区”，创新驱动是最有力的发展引擎。光明将创新作为引领发展的第一动力，以光明科学城规划建设为契机，着力提升基础研究和源头创新能力，规划布局重大科技基础设施群和前沿技术研发机构群，打造一批高水平的创新创业载体，促进科技创新和产业创新联动，增强全区创新基础研究能力和科技成果转化能力。而光明科学城落户，无疑将给光明带来更大的创新发展机遇，光明以打造粤港澳大湾区源头创新策源地、国家综合性科学中心和竞争力影响力卓著的世界一流科学城为目标，突出原创引领、产城融合，以最高水平、最高标准规划建设光明科学城。总投资超10亿元的“天琴计划”空间引力波探测地面模拟装置落户中山大学深圳校区，助推光明科学城形成重大科技基础设施集群，支撑粤港澳大湾区国际科技创新中心的建设和发展。同时，加快推进光明云谷、光电企业加速器、科创中心等项目建设，积极推动建设一批专业众创空间，鼓励德国史太白技术转移中心、微软孵化器加快科技成果产业化，引导办事处通过以房招商、“腾笼换鸟”等方式，盘活现有产业空间，打造创新型小微企业孵化中心，推动形成“创客空间—产业苗圃—孵化器—加速器—园区”全链条创新创业服务体系。

建设美丽新城。在光明区156.1平方千米的土地中，有84平方千米被纳为生态保护用地，严禁开发，占全区总面积的54%，拥有公明水库、万亩荔枝林、湿地、光明高尔夫球场等丰富的生态景观资源。绿色成为光明最值得骄傲的色彩，也让光明成为全国首批国家绿色生态示范城区、国家绿色建筑示范区、新型城镇化综合试点单位和国家海绵城市第二批试点区域。

光明区大力推进城市品质提升行动，高质量做好山水大文章，从每条路、每个社区做起，打造一批鲜花大道、花漾街区和别具一格的社区环境，打造环境更干净、更靓丽、更有序的品质之区。打好治水提质大决战，2018年，茅洲河干流等建成区“1+4”水体稳定消除黑臭，其余“8+1”黑臭水体治理主体工程基本完工；新建成污水管网244.73千米，提前完成“十三五”市政污水管网补课任务，778个小区正本清源改造完工，完成治水投资33亿元，相比2017年翻了一番，通过六轮国家级和省级环保督察考核。全力建设“公园之区”，马拉松山湖绿道一期、光明小镇现代农业庄园一期花海建成开放，总面积95公顷的51座公园建成开园，全区公园总数达150座，人均公园绿地面积提升至16.92平方米，超过全市平均水平。强力推进海绵城市建设，新增海绵城区6.23平方千米，年度考核成绩名列全市第一。以最严标准推进环境保护，集中开展“散乱污危”整治等专项执法，PM2.5年均浓度下降13%，降幅为深圳市各区最高，各项生态要素指标持续改善中。打造“公园之区”的步伐加快，到2020年公园总数达到256座，人均公园绿地面积达到36平方米。此外，总投资300亿元、占地11.4平方千米的华侨城光明小镇项目加快建设，致力于打造成为集都市农业、休闲度假、文化体验和运动生活于一体的生态农业旅游小镇，是继东部华侨城、欢乐海岸之后，华侨城新的引领性标杆项目。

建设幸福新城。加快补齐基础设施短板，地铁6号线光明段建成通车，地铁6号线支线、赣深客运专线动工建设，广深港高铁全线开通，半小时可达香港；龙大、南光高速市政化改造方案通过市政府审议，加快推进大外环高速建设，新建、打通道路18条；光明城市候机楼建成启用，新增4个公交场站、14条公交线路，市民出行更加便捷；建设市政燃气管网16.1千米，完成97个天然气管道改造项目。着力拓展城市发展空间，整备入库土地923公顷，超额361%完成市交办任务；强化违法建筑消化，提前半年完成一级水源保护区违建整治任务，违建“减存量”237万平方米，提前3个月完成市下达任务；扎实推进城市更新，拆除用地18.21公顷，供应土地13.34公顷。着力提升城市品质，推进64个城中村综合治理和377个强基惠民项目建设，打造3条花卉景观大道，完成57条道路81.5公顷绿化提升；开展“厕所革命”，全面升级改造全区213座市政公厕和社会公厕。

2020年是“十三五”规划收官之年，光明区在以习近平总书记为核心的党中央坚强领导下，按照省委、市委部署要求，统筹推进疫情防控和经济社会发展，深入落实“营商环境提升年”“治理能力提升年”工作安排，加快推进世界一流科学城和深圳北部中心建设。“十四五”时期是我国开启全面建设社会主义现代化国家新征程、向第二个百年奋斗目标进军的第一个五年，也是光明区进入全面建设社会主义现代化新发展阶段，推进经济动能换挡、加速创新能力跃升和城市面貌蝶变，从而实现更高质量、更高颜值跨越式发展极为关键的五年。光明区围绕“1+2+3+2”总体部署，勇担做实大湾区综合性国家科学中心先行启动区、建设“不一样出彩”的深圳北部中心、打造科学与产业深度融合的新型科研经济增长极 3 大使命，紧紧围绕“一个总目标总定位”——以打造世界一流科学城和深圳北部中心为目标，突出科学集中度显示度、高质量高颜值，强化党建引领、改革破题，加快建设综合性国家科学中心先行启动区，推动大湾区创新引擎换代、发展动力换挡，争做代表深圳参与未来科技竞争的第一艘“冲锋舟”。

第四节 全面推进社会事业大发展

党的十八大以来，光明新区（区）从维护广大人民根本利益的高度，在大力发展经济、加强城市建设与管理的同时，全面推进教育、卫生、文化等社会事业发展，不断健全基本公共服务体系，为人民群众安居乐业创造公平、优质的公共服务，在“学有所教、病有所医、闲有所乐”上持续取得新进展；同时加大社区建设和发展力度，积极为居民群众解决生产生活中的实际问题，不断提高基层治理和社会建设水平。

一、创办人民满意的教育

经过数年的大投入、大建设，光明新区（区）教育事业快速发展。党的十八大以后，继续坚持优先发展教育战略，努力创办人民满意的教育，通过加大教育投资，加快校园建设，改善办学设施，提高教育质量，全区学校布局不均、优质学位不足等短板得到明显的补充，全区各校办学水平大幅提升，为光明人民享受优质教育提供了良好的条件。

教育格局得到持续优化。2013 年，新区实验学校初中部等 3 个项目建成投入使用，新增学位 2610 个。市第十高级中学、新区外国语学校建设加快推进。设立民办教育与学前教育发展专项资金，建成 21 所公办民办普惠性幼儿园。2014 年，完成教育系统 15 个新建设项目立项。2015 年，马田小学、光明中学高中部扩建工程等3个项目如期投入使用，全年净增中小学学位4781个。2016年，红花山小学、秋硕小学建成投入使用，新增学位2160个。市第十高级中学、新区外国语学校、长圳学校初中部开工建设。新建普惠性幼儿园6所。2017年，新区外国语学校等3所九年一贯制学校投入使用，新增学位4830个。市第十高级中学加快建设，马山头学校等5个新改扩建学校项目开工建设。此外，中山大学深圳校区自2015年落户光明新区后，于2016、2017年分别招收首批本科生和研究生。2018年，深圳实验学校光明部正式开学，新增优质高中学位3000个。光明区第二中学等2所新建学校建成投入使用，光明高级中学初中部等3所学校改扩建项目完工，新增义务教育学位4890个。白花、凤凰学校动工建设。全区普惠幼儿园达65所，占幼儿园总数的83%。

办学水平得到了显著提升。2013年，新区高级中学连续四年荣获“深圳市高考工作超越奖”，并晋升为广东省国家级示范性普通高中。2015年，新区16所公办学校通过广东省义务教育标准化学校评估，光明中学等8所公办中小学通过深圳市办学水平评估。10所民办学校全部晋升为市一级学校。2016年，新区公办学校中考成绩平均分高出全市17.8分，高考本科上线人数增长10.3%，创新区成立以来最好成绩。新区实验学校荣获2016年美国匹兹堡国际发明展3项金奖。是年，新区还通过了“全国义务教育发展基本均衡区”复检。2018年，光明区制定中小学校建设标准提升指引，全面提高学校建设品质，与华中师范大学签约共建附属光明勤诚达学校。全区高考本科上线1263人，同比增长39%。

二、促进医疗卫生事业再上新台阶

光明新区（区）坚持不断提高人民健康水平的服务方向，按照保基本、强基层、建机制要求，重点推进医疗保障、医疗服务、公共卫生事业的建设与发展，不断增强全区医疗综合实体，完善公共卫生突发事件应急处理和重大疾病防控机制，为群众提供安全、有效、便捷的公共卫生和基本医疗服务，不断满足居民健康需求，促进全区医疗卫生事业再上新台阶。

2013 年，市新明医院新建和新区人民医院、光明医院升级改造工程开工建设，新增病床 1580 张。新区人民医院获批“市第十人民医院”，通过二甲初评。光明医院更名为“光明新区中心医院”，纳入二级综合医院管理。新区中心医院（妇幼保健院）续建一期项目投入使用，新增床位 300 张。是年，新区全面防控 H7N9 禽流感、登革热、埃博拉疫情，公共卫生态势连续 8 年平稳可控。2016 年，中山大学附属第七医院一期、新区人民医院扩建工程主体竣工。市中医院光明院区、新区人民医院新院项目立项。实施“三名”工程，引进高端骨干人才 20 人。同年，在全市首创夜间门诊服务模式，累计服务 15. 7 万人次。率先探索家庭病床服务，累计建立家庭病床 1312 张。2017 年，组建光明新区医疗集团，中山大学附属第七医院（一期）建成投入使用，市中医院光明院区动工建设。2018 年，中山大学附属第七医院正式营业，引进国家临床重点专科团队 26 个，开业 8 个月开展疑难手术 1600 多台，诊疗技术进入全市最先进行列，实现光明群众能够在家门口享受一流医疗服务。医疗集团与中国科学院大学共建国科大深圳医院，社康中心实现中医中药服务全覆盖。

三、以保障和改善民生为重点推进社区建设

光明新区（区）在推进社会建设的过程中，以保障和改善民生为重点，以社区建设为推动，以民生工程为载体，切实解决好人民最关心、最直接、最现实的利益问题，让人民群众过上更好

中山大学附属第七医院（光明区委宣传部供图）

生活，促进基层社会更加和谐稳定。

加大力度扶持社区建设。2013 年，新区财政资金进一步向社区建设倾斜，全年投入 4.59 亿元实施社区建设工程。以社区需求导向、问题导向强化基层基础，大力开展“幸福社区”建设，光明、翠湖、白花社区通过省“宜居社区”验收。2014 年，“幸福社区”第一批 20 个项目投入使用，第二批 60 个项目全面开工。薯田埔等 6 个居委会被评为“广东省居务公开民主管理示范单位”，玉律成为“全国和谐社区建设示范单位”。2015 年，连续三年投资约 3 亿元，实施“幸福社区”工程 192 个，覆盖全区 28 个社区。2016 年，完成长圳等 3 个村级水厂整合，群众饮用水安全得到保障。2017 年，深入开展“强基惠民”行动，每个社区安排 2000 万元专项资金，实施 1022 个“强基惠民”项目，社区面貌焕然一新。2018 年，升级改造社区农贸市场 6 个，全区有 31 家社区党群服务中心，实现社区全覆盖。社区设施和公共服务系统不断健全，居民生活质量不断提高，社区居民幸福指数和安全意识持续提升。

全面启动集体经济改革。2013 年，新区出台《推进社区股份合作公司试点改革工作方案》，以翠湖、李松蓢等 4 个社区为试点，全面启动社区股份合作公司改革。2014 年，以薯田埔、李松蓢、翠湖和碧眼 4 个社区为试点，落实政企分开、政社分开，凤凰等 5 个社区基金会成为全国首批社区基金会试点。2015 年，财政投入 2 亿元，加快社区股份合作公司政企社企分开改革。2017 年，全面剥离社区股份公司社会管理和服务职能，社区集体经济负担大大减轻并开始转型发展，探索社区老旧工业区升级改造和产业置换，基本完成美林工业区改造，启动宝塘工业区改造，社区股份公司收入不断提高。碧眼、东周等 8 个社区参与光明云谷项目建设。根竹园社区与市农产品公司合作建设新一代公益性农产品市场，社区经济多元化发展走出新路。2018 年，光明区探索集体土地出让、租赁、入股等多种形式流转试点，引导社区盘活存量资源，腾挪发展空间。继续深化社区股份合作公司集体股同股同权改革、“三资”交易平台改革，促进经营模式转型，完善法人治理结构，激发集体经济内生动力和发展活力。

稳妥解决历史遗留问题。2013 年，光明办事处加快落实社区土地诉求历史遗留问题，首期 12 个地块 21.02 公顷土地完成分配。2014 年，原光明农场 5783 人返还用地出让诉求获市政府审批。2015 年，白花社区原住居民 5.2 公顷征地返还用地方案，公明办事处东坑、长圳社区光明南征地返还，东坑德源木器厂征收返还用地分别获得市政府常务会议、市政府办公会审议通过。完成光明集团土地确权 4 宗。2016 年，在市委市政府派驻光明新区工作组的指导下，瞄准历史遗留问题进行针对性攻坚，工作组移交的52个问题已完成35个。光明集团完成土地确权24宗，核发权属确定书9份。原光明农场54公顷发展用地已核发批文14.8公顷。2018年，光明区积极探索历史遗留违法建筑分类处置路径，继续推进合水口、薯田埔社区统建楼处置试点。

扎实高效办好民生实事。2013年，新区着力解决群众关心的热点、难点问题，年初确定的100件民生实事至年末完成97件，其余3件通过全力攻坚也于次年春节前收尾；此外，全年发放教育券6067张，折合资金1500多万元。2014年，年初确定的38项民生实事中，34项按时或提前完成，其余4项因电力迁改、设计变更等原因受到延缓，经加紧推进也于年前完成。2015年，开展惠民“一卡通”推广服务延伸工程，累计发卡20余万张。2016年，实施362个民生微实事项目，资金总额5523万元。2017年，全区教育、医疗等九大类民生支出共115亿元，增长60%。年初向社会公开承诺的60项民生实事，如期完成58项，未按期完成的公明汽车站选址等2项工作也在2018年初得到落实。2018年，全区开展“民生微实事”项目1100个，投入资金6584万元。其中：服务类项目1077个，投入资金6159万元；工程类项目17个，投入资金387万元；货物类项目6个，投入资金38万元。

四、推动社会主义文化发展繁荣

光明新区（区）大力推进文化事业和文化产业蓬勃发展，广泛开展群众性文化活动，为人民提供广阔文化舞台，推动社会主义文化大发展大繁荣，兴起新区文化建设新高潮。

2013年，新区开展了“关爱行动”、读书月、七彩年华、“十百千文化惠民工作计划”等一系列群众文体活动。举办新区第一届全民健身运动会，有86个竞赛项目，105支代表队4000多名运动员参赛。2014年，居家服饰创意谷新增为中国（深圳）国际文化产业博览交易会（简称“文博会”）分会场。2015 年，新区文化艺术中心、田寮文体中心等重大文体项目建设加速推进。第 11 届“文博会”交易额持续增长，新区两个分会场交易额达 17.1 亿元，同比增长 30%。举办 ITF 深圳国际元老网球巡回赛，开展“小钱看文明”“书香光明·绿色新城”读书月等活动，深受民众欢迎。2016 年，仅用 90 天在违建原址建成西田体育公园，全区铺设健身路径 15 条，建成各级文化体育设施 737 处（个），总面积 200 万平方米。光明烙画艺术基地正式开馆，新区文化艺术中心确定设计方案。举办第七届中国国际新媒体短片节，开设国内首个短片交易市场，交易额达 3.6 亿元。“文博会”新增 5 个专项活动点，两个分会场总成交额达 26 亿元，同比增长 53%。全年开展“书香光明”“光明梦想秀”等文化活动 4823 场，受惠群众逾 88 万人次。公共体育场馆免费开放逾 1.2 万小时，受益市民超过 17 万人次。2016 年 6 月 30 日，在全市 4 个功能区中，率先成立史志办，出版光明首部年鉴，填补光明史志工作空白，实现史志工作零的突破，以此为契机，全面开展党史、地方志、年鉴工作。2017 年，深圳市青少年足球训练基地落户光明，文化艺术中心动工建设，“光明大讲堂”“书香光明”等文化品牌影响力不断扩大，《寻找光明记忆·新城旧事》纳入《我们深圳》系列。第八届中国国际新媒体短片节入选“深圳城市文化菜单”。举办第十三届“文博会”光明分会场、第七届深港城市建筑双城双年展光明分展、ITF 深圳国际元老网球巡回赛等活动，社会反响热烈。

党的十九大以来，光明新区（区）深入践行社会主义核心价值观，积极推进文明城市创建，办好“市民文化大讲堂”，全面抓好新市民培训，扎实开展“寻找光明记忆，讲好光明故事”主题活动，不断增强群众家园意识。严格落实意识形态工作责任制，社会面宣传持续唱响“光明好声音”。大力实施“文化惠民”工程，光明文化艺术中心等文体场馆建成投入使用，深圳书城光明城项目加快建设，基本建成区、街道、社区、文化点四级公共文化设施基础网络，初步形成“十分钟文体圈”。举办第九届国际新媒体短片节，全球 116 个国家和地区提交 4898 部作品参赛，国际影响力进一步扩大。ITF 深圳国际元老网球巡回赛成为中国区唯一国际网球黄金二级联赛，第十四届“文博会”光明分会场吸引参观达 19.2 万人次，光明文化品牌越擦越亮。2021 年 6 月 24 日，在全国上下喜迎中国共产党成立 100 周年之际，在全党深入开展党史学习教育的重要时刻，光明区党史馆（方志馆）建成开馆并投入使用，标志着光明区党史和地方志工作进入新的发展阶段。

第五节 全面提升社会保障和民生质量

党的十八大以来，光明新区（区）在推动经济社会持续快速发展的进程中，始终把保障和改善民生放在更加突出的位置，坚持走共同富裕道路，不断发展社区集体经济，加大支持原住居民素质提升，扶持户籍人口劳动就业和创业发展，加强社会保险、社会救助等工作，健全完善社会保障体系，调整国民收入分配格局，促进人民生活水平稳步提升。党的十九大召开后，在推动经济持续健康发展的过程中，光明新区（区）始终把人民对美好生活的向往作为奋斗目标，在发展中强化保障和改善民生，大力提高创业就业质量，促进人民收入水平持续增长；完善社会保障体系，切实保障居民基本生活。新时代全区人民获得感、幸福感不断增强、更有保障，朝着共同富裕的美好生活不断迈进。

一、提升居民劳动就业水平

大力实施就业扶持战略和更加积极的就业政策，引导户籍居民转变就业观念，鼓励多渠道多形式就业，促进创业带动就业，做好以高校毕业生为重点的青年就业和困难人员、退役军人就业工作；加强职业技能培训，提升劳动者就业创业能力，增强就业稳定性。健全人力资源市场，完善就业服务体系；健全劳动关系协调机制，构建和谐劳动关系，不断提升居民劳动就业水平。

2013 年，新区“三业工程”扎实推进，举办“春风行动”

等系列活动26场，提供就业岗位4.2万余个，“零就业”家庭保持动态归零。2014年，新区创新就业创业机制，在全市率先搭建促进就业三方机制，举办“春风行动”“校企对接”“联残助企”、高校毕业生就业“一帮一”、职业技能培训、职业技能竞赛、创业系列活动等就业创业活动60余场次，新建7个“一站式”公共服务点，服务企业3224家，提供就业岗位5万余个，服务异地务工人员4346人次，促进690名户籍人员实现就业，其中应届户籍高校毕业生实现就业160人、灵活就业群体实现就业291人；职业培训5498人，其中培训户籍失业人员1487人次，发放灵活就业补贴946人次208.37万元。2015年，新区建成公共就业服务网站，开通网站微信公众号，举办就业创业活动70余场次，服务企业5900家次，介绍就业岗位逾11万个，服务异地务工人员4.6万人次，促进647名户籍人员实现就业，其中应届户籍高校毕业生实现就业259人、灵活就业群体实现就业244人；发放灵活就业补贴759人次128.69万元。2016年，新区举办就业创业活动80余场次，服务企业6000余家次，介绍就业岗位逾11万个，服务异地务工人员4万余人次，促进701名户籍人员实现就业，成功创业13人。培训户籍失业人员1610人次，培训和补贴异地务工人员6831人次。2017年，新区举办就业创业活动80余场次，服务企业1万余家次，介绍就业岗位约10万个，服务异地务工人员4万余人次，促进701名户籍人员实现就业，成功创业13人。培训户籍失业人员1600余人次，培训和补贴异地务工人员6800多人次。2014—2017年，全区户籍居民登记失业率分别为0.93%、1.34%、1.2%和1%，“零就业”家庭连续五年实现动态归零。2018年，光明区举办各类招聘会、就业指导、职业技能培训等专项活动100余场（次），促进户籍人员实现就业725人，服务异地务工人员5万余人次，服务企业9000余家次，提供就业岗位约8万个。受理失业登记5797人，其中户籍157人、非户籍5640人，城镇登记失业率维持在3%以内。受理就业困难人员认定31人，“零就业家庭”实现动态归零。培训户籍失业人员1669人，培训和补贴异地务工人员5831人。

二、大力实施社会救助与扶贫济困

党的十八大以来，光明新区（区）不断完善社会救助体系，健全社会福利制度，发展慈善事业，做好优抚安置，切实保障民生底线；建立市场配置和政府保障相结合的住房制度，加强保障性住房建设和管理，满足困难家庭基本需求。

大力实施社会救助。新区建立和完善以生活、教育、医疗、临时救助为主的社会救助体系，提高社会救助“兜底”保障标准和实施效力。2013年，面向户籍低保居民、来深建设者、民政救助对象等困难群体发放民生保障和福利资金2400余万元。2014年，全区低保总人数为517户1601人，较新区成立时下降65%，新区发放低保救助金938.2万元，向户籍低保居民和外来工发放临时救助金45.5万元。建立第二条保障线，将82户低保边缘困难群众纳入救助范围，发放养育扶助金17万元。发放扶侨资金近600万元。春节慰问1830名民政对象，发放春节慰问金376万元。2015年，全区低保户下降到490户1513人，发放低保救济金1275.89万元，向户籍低保居民和外来工发放临时救助金42.02万元。将80户273名低保边缘困难群众纳入救助范围，发放养育扶助金19.67万元。慰问1596名民政对象，发放春节慰问金388.6万元。2016年，全区低保户为475户1458人，发放低保救济金995.3万元，向户籍低保居民和外来工发放临时救助金68.06万元。向78户265名低保边缘困难群众发放养育扶助金209.82万元。春节慰问1623名民政对象，发放慰问金354.5万元。2017

年，全区低保户进一步下降到339户984人，发放低保救济金1025.02万元，向户籍低保居民和外来工发放临时救助金68.06万元，向38户122名低保边缘困难群众发放养育扶助金112.84万元，向1659名民政对象发放春节慰问金387.9万元。2018年，光明区将扶志就业、自我造血作为帮扶的核心，鼓励帮扶对象参与社会公益服务，走上合适就业岗位。全区低保困难群体降至154户448人，相关经验做法受到民政部及省、市领导充分肯定。

扎实开展慈善工作。新区慈善会遵循“安老、助学、助医、济困”的慈善宗旨，大力推进各项慈善工作。2013年，发放慈善资金481万元。2014年，组织募捐、慰问、探访活动11场次，资助慰问困难群众255人次，发放资助金207万元，募集善款1200.78万元、物品3064件。在全区建立经常性社会捐助点31个。2015年，组织募捐、慰问、探访活动13场次，资助慰问困难群众269人次，发放资助金258.9万元，募集善款605.38万元、物品9880件。在全区建立经常性社会捐助点31个。2016年，组织募捐、慰问、探访活动12场次，资助慰问困难群众309人次，发放资助金279.41万元，募集善款220万元、物品4053件，在全区建立经常性社会捐助点35个。2017年，扎实开展各项慈善工作。全年组织募捐、慰问、探访等活动13场次，资助慰问困难群众310人次，发放资助金311.75万元；募集善款312.09万元，募集衣物近4000件。2018年，光明区募集善款711万元、衣物1.86万件，救助支出412万元，救助和慰问困难群众482人次。

对标落实优抚安置。新区重视拥军优属优抚安置工作，按照分类优抚兑现抚恤补助自然增长标准，按时、足额发放各类抚恤定补金。2014年，发放残疾军人（警察）、在乡复员军人、参战涉核退役人员等优抚对象抚恤金、生活补助金21.57万元。发放重点优抚对象医疗保险专项补助经费 2. 2 万元，发放城镇义务兵家属优待金 27. 18 万元。春节、八一建军节期间走访慰问新区优抚对象、退役军人、现役军人家属，发放慰问金、慰问品 11. 25 万元。接收安置秋冬季退役士兵 19 名，发放上年度退役士兵一次性救济补助 219. 35 万元，自主就业率保持 100%。动员退役士兵参加免费职业技能培训，拨付专项经费 11 万元，10 名退役士兵分别被深圳职业技术学院、深圳技师学院录取。2015 年，发放残疾军人（警察）、在乡复员军人、参战涉核退役人员等优抚对象抚恤金、生活补助金 22. 79 万元。发放重点优抚对象医疗保险专项补助经费 1. 72 万元，发放城镇义务兵家属优待金 44. 07 万元。春节、八一建军节期间走访慰问新区优抚对象、退役军人、现役军人家属，发放慰问金、慰问品 13. 7 万元。接收安置秋冬季退役士兵 30 名，发放上年度退役士兵一次性救济补助 249. 15 万元，自主就业率保持 100%。动员退役士兵参加免费职业技能培训，拨付专项经费 18. 48 万元，10 名退役士兵分别被深圳职业技术学院、深圳技师学院录取。2016 年，发放残疾军人（警察）、在乡复员军人、参战涉核退役人员等优抚对象抚恤金、生活补助金 29. 34 万元。发放重点优抚对象医疗保险专项补助经费 1. 96 万元，发放城镇义务兵家属优待金 36. 63 万元。春节、八一建军节期间走访慰问新区优抚对象、退役军人、现役军人家属，发放慰问金、慰问品 12. 3 万元。接收安置秋冬季退役士兵 30 名，发放上年度退役士兵一次性救济补助 327. 42 万元，自主就业率保持 100%。动员退役士兵参加免费职业技能培训，拨付专项经费 25. 3 万元，16 名退役士兵分别被深圳职业技术学院、深圳技师学院录取。2017 年，发放残疾军人（警察）、在乡复员军人、参战涉核退役人员等优抚对象抚恤金、生活补助金 31. 88 万元。发放重点优抚对象医疗保险专项补助经费 2. 4 万元，发放城镇义务兵家属优待金 55.11 万元。春节、八一建军节期间走访慰问优抚对象、退役军人、现役军人家属，发放慰问金、慰问品 19.14 万元。接收安置秋冬季退役士兵，发放上年度退役士兵一次性救济补助 310.11 万元，自主就业率保持 100%。拨付专项经费 22.93 万元，动员退役士兵参加免费职业技能培训。2018 年，光明区按照优抚对象抚恤补助自然增长标准，按时、足额发放各类抚恤补助金。全年发放优抚对象抚恤金、生活补助金 41.56 万元；发放重点对象医疗保险专项补助 2.58 万元；发放重点优抚对象死亡丧葬费 1.31 万元；发放城镇义务兵家属优待金 42.48 万元。

健全社会福利制度。新区加强敬老助残工作，加快养老服务体系建设，不断推进养老事业发展。2013 年，光明社会福利院升级改造工程等项目加快推进，新区残疾人日间照料中心基本建成。2014 年，将高龄老人津贴受惠范围扩大至 70～79 岁，惠及 3200 余名老年人，发放高龄老人津贴 548.04 万元，比 2013 年增长 81.95%。2015 年，发放高龄老人津贴 569.18 万元，惠及老人 3255 名。拨付居家养老补助经费 246.1 万元，惠及老人 688 人。新羌社区被国务院侨办评为“‘暖侨敬老行动’模范社区”。楼村、新羌社区残疾人日间照料服务中心服务残疾人 6000 余人次。2016 年，发放 3366 名高龄老人津贴 590.62 万元，拨付 2019 名老人居家养老补助经费 223.72 万元。2017 年，高龄老人津贴发放金额稳步提升，共计发放 617.69 万元，惠及 3502 人。为 2689 名老人拨付居家养老补助经费 226.43 万元。5 月，光明社会福利院封顶，占地面积 4000 平方米，投入运营后计划提供老年人养老床位 280 个、残疾人托养床位 130 个，每千名户籍老人床位数由 6.7 张增至 46 张。新区社会保障综合服务中心项目申请立项，定位为具有养老、助残、儿童福利、流浪乞讨人员救助等多功能的区级综合性社会福利机构。2018 年，公明福利院环境设施升级改造后开业，院内养老床位数增加至107张。光明社会福利院通过验收。该福利院占地面积约4000平方米，建筑楼高15层、地下1层，可提供养老床位280张、助残托养床位130张。全区享受社区居家养老服务补助的老人有2768人。其中60岁以上非低保且不能自理2717人；60岁以上分散供养“三无”老人、低保老人、重点优抚老人51人。发放社区居家养老消费券2.49万张，核拨社区居家养老补助经费238.28万元。2018年，发放低保救济金410.76万元，受益低保及边缘困难群众1391人。社会福利覆盖广泛，全年发放社会救助费831.17万元，社会福利费682.74万元，优抚事业费46.70万元，安置费348.90万元。

三、全面建成覆盖城乡居民的社会保障体系

党的十八大以来，光明新区（区）全面建成覆盖城乡居民的社会保障体系，建立兼顾各类人员的社会保障机制，社会保险覆盖面不断扩大，社会保险基金征收额连年增长。2014年，全区征收各项社会保险费21.3亿元，同比增长20.59%。参保企业1.08万家，养老保险、医疗保险、工伤保险、失业保险、生育保险各险种参保人数215.85万人，分别增长19.96%和4.64%，各类人群均享有社会保险，居民基本生活得到有效保障。2015年，全区征收各项社会保险费27.01亿元，比上年增长26.8%。参保企业1.32万家，养老保险、医疗保险、工伤保险、失业保险、生育保险各险种参保人数237.23万人。各险种社保待遇累计支付7.6亿元。2016年，全区征收各项社会保险费28.49亿元，比上年增长5.5%。参保企业1.74万家，养老保险、医疗保险、工伤保险、失业保险、生育保险各险种参保人数249.56万人。2017年，全区征收各项社会保险费34.63亿元，比上年增长21.6%。参保企业2.2万家，养老保险、医疗保险、工伤保险、失业保险、生育

保险各险种参保人数262.58万人。2018年末，参加基本养老保险46.46万人，比上年增长8.0%；参加医疗保险人数63.69万人，增长8.4%，其中一档医疗保险人数10.80万人，增长17.8%；二档医疗保险人数10.91万人，增长17.0%；三档医疗保险人数34.04万人，下降3.5%。少儿医疗保险7.95万人，增长57.9%；参加生育保险人数55.43万人，增长3.7%；参加工伤保险人数53.69万人，增长1.6%；参加失业保险人数53.25万人，增长3.6%。

四、稳步上升的居民收入和幸福指数

党的十八大以来，光明新区（区）经济快速发展，居民收入和幸福指数稳步上升，群众满意度逐年提高。2013年，全区居民人均可支配收入为3.17万元，比上年增长10.1%；居民人均消费性支出2.21万元，比上年增长3.06%；恩格尔系数为41.80%。2014年，全区居民人均可支配收入为3.39万元，比上年增长6.9%；居民人均消费性支出2.4万元，比上年增长8.6%；恩格尔系数为40.40%。2015年，全区居民人均可支配收入为3.71万元，比上年增长9.4%；居民人均消费性支出2.59万元，比上年增长8.0%；恩格尔系数为38.5%。2016年，全区居民人均可支配收入为4.05万元，比上年增长9.2%；居民人均消费性支出2.78万元，比上年增长7.3%；恩格尔系数为37.2%。2017年，全区居民人均可支配收入为4.39万元，比上年增长8.4%；居民人均消费性支出2.83万元，比上年增长1.8%；恩格尔系数为37.0%。2018年，居民收入持续增加，全年全区居民人均可支配收入4.72万元，比上年增长7.6%；居民人均消费支出3.01万元，增长6.5%。恩格尔系数为35.3%。

第六节 革命老区村的建设与发展

党的十八大尤其是党的十九大以来，光明新区（区）坚持以习近平新时代中国特色社会主义思想为指导，牢牢抓住经济发展主线，大力扶持和推动股份合作公司转型升级，不断增强老区集体经济实力。加大财政投入力度，辅以集体经济，致力于老区建设，努力改善城市环境，全面提升老区城市品质。围绕老区发展，加快民生工程建设和民生实事落实，促进老区村人民生活环境显著改善。支持和帮助居民就业创业，完善社会福利保障，持续提高老区村人民生活水平。

一、集体经济焕发生机与活力

党的十八大以来，党中央高度重视集体经济发展。光明新区积极响应十八大号召，全面启动社区两级股份合作公司改革，推进社区集体经济转型发展，老区村所在的社区集体经济焕发新的生机和活力，经济实力不断增强，走上了持续快速健康的发展道路。

2013 年，光明新区出台《推进社区股份合作公司试点改革工作方案》，全面启动包括 11 个老区村所在的社区在内的股份合作公司改革。2014 年，落实政企分开、政社分开，在老区村所在的白花、圳美、新羌、玉律等 5 个社区试点成立全国首批社区基金会，募集原始资金 1470 万元，后续项目资金 1470 万元。2015 年，新区财政投入2亿元，加快辖区所有社区股份合作公司政企社企分开改革；在白花、圳美、新羌、玉律等5个社区试点基金会基础上，成立全国首个区级社区基金会和冠名基金，累计募集资金3000万元。2017年，全面剥离社区股份公司社会管理和服务职能，社区集体经济负担大大减轻并开始转型发展，探索社区老旧工业区升级改造和产业置换，启动宝塘工业区改造，社区股份公司收入不断提高。白花洞投资发展股份公司、白花洞股份合作公司成立运营后，与原光明农场迳口、新陂头牛场、新陂头果场、圳美牛场、圳美果场、北山牛场等老区村所在的8个社区共同参与光明云谷项目建设。新区白花洞、迳口、新陂头牛场、新陂头果场、圳美牛场、圳美果场、北山牛场、长圳、红星、玉律、永福围11个老区村所在的社区经济多元化发展走出新路。2018年，光明区推进社区集体经济组织党建标准化建设，利用集体资产交易、集体资产管理、财务实时监管等平台，强化对社区集体经济组织的监管，规范社区集体经济组织运行，促进社区集体经济持续健康发展。

二、加大财政资金扶持力度推动社区建设

党的十八大报告提出，坚持把基础设施建设和社会事业发展重点放在基层，全面改善生产生活条件。“采取多种形式，加大对革命老区扶持力度。”光明新区积极贯彻党的路线方针政策，加大财政资金扶持力度，大力推动包括老区村在内的社区基础设施、市政设施建设，努力为老区村人民创造安全、便捷、舒适、美好的居住条件和生活环境。2013年，新区财政资金进一步向社区建设倾斜，全年投入4.59亿元支持包括11个老区村在内的社区建设；以社区需求导向、问题导向强化基层基础，对包括11个老区村在内的社区大力开展“幸福社区”建设，老

区村白花洞村所在的白花社区通过省“宜居社区”验收。2014年，“幸福社区”第一批20个项目投入使用，第二批60个项目全面开工。老区村玉律村所在的玉律社区成为“全国和谐社区建设示范单位”，新区在2011年全市社会建设试点社区白花、玉律推动全区社会建设品牌项目邻里服务中心建设，玉律社区创建为“全国和谐社区建设示范社区”，红星、新羌社区分获“深圳市社区建设创新示范点”“深圳市社区侨务工作示范点”。2015年，连续三年投资约3亿元，实施“幸福社区”工程192个，覆盖包括11个老区村在内的全区28个社区。白花、玉律社区分获“深圳市社区建设示范点”“广东省村（居）务公开民主管理示范社区”。2016年，完成老区村长圳所在的长圳社区等3个村级水厂整合，群众饮用水安全得到保障。2017年，深入开展“强基惠民”行动，在包括老区村在内的每个社区安排2000万元专项资金，实施1022个“强基惠民”项目，老区村面貌焕然一新。其中，红星社区完成18个“强基惠民”项目，长圳社区完成52个“强基惠民”项目，白花社区实施“强基惠民”项目79个，投资5579.77万元，重点围绕白花综合市场整治提升、革命烈士纪念碑周边环境整治、排水管网改造、主干路交通划线、沿街商铺招牌提升、城中村立面刷新、巷道铺装及三线下地工程等方面，完善公共基础设施，社区面貌焕然一新。2018年，光明区大力推进“宜居社区”创建。印发《宜居社区创建工作方案》，实地调研5个申报创建社区，了解社区现状，根据《宜居社区建设评价》标准、指标对社区进行评估并提出整改建议。按照《广东省宜居社区建设评价》要求及评分细则，对辖区24个已获评“广东省宜居社区”称号社区开展回访复查，形成回访报告印发各街道整改落实。塘家、马山头、石家和新庄4个社区获评“广东省四星级宜居社区”，公明社区获评“广东省五星级宜居社区”。全区累计创建“宜居社区”28 个，创建比例达 90%；“宜居社区”回访复查达标率 100%。

三、落实老区村民生实事

党的十八大以来，光明新区（区）积极贯彻党的十八大精神，坚持实干富民，多干让人民满意的好事实事，大力推进民生工程建设和民生实事落实，以历史遗留问题为重点，想方设法解决人民最关心最直接最现实的利益问题，破解了老区村发展制约，促进了老区村社会更加稳定和谐。

2013 年，新区党工委、管委会和各部门深入开展党的群众路线教育实践活动，着力解决 11 个老区村在内的居民关心的热点、难点问题，年初确定的 100 件民生实事如期完成，并为包括老区村在内的社区居民发放教育券 6067 张，折合资金 1500 多万元。2014 年，又为老区村等社区推进落实年初确定的 38 项民生实事。2015 年，开展惠民“一卡通”推广服务延伸工程，在老区村等社区发卡 20 余万张。2016 年，在 11 个老区村所在的全区社区实施 362 个民生微实事项目，资金总额 5523 万元。其中长圳社区开展 39 项民生微实事项目，红星社区开展 51 项民生微实事项目，服务群体涵盖老人、儿童、青少年、妇女，内容涉及民生福祉等各个方面，2017 年，新区为老区村等社区九大类民生建设支出共 115 亿元；年初向社会公开承诺的 60 项民生实事，如期完成 58 项。2018 年，全区开展“民生微实事”项目 1100 个，投入资金 6584 万元。

为进一步给老区村发展破解掣肘，新区加大以 11 个老区村为重点的社区历史遗留问题解决力度，稳妥解决了诸多历史遗留难题。2013 年，光明办事处加快落实原光明农场白花洞、迳口、新陂头牛场、新陂头果场、圳美牛场、圳美果场、北山牛场等老区村所在的社区土地诉求历史遗留问题，首期 12 个地块 21.02 公顷土地完成分配。2014 年，包括 7 个老区村在内的原光明农场 5783 人返还用地出让诉求获市政府审批。2015 年，老区村白花洞村所在的白花社区原住居民 5.2 公顷征地返还用地方案以及公明办事处老区村长圳村所在的社区光明南征地返还用地分别获得市政府常务会议、市政府办公会审议通过；完成含原光明农场 7 个老区村在内的光明集团土地确权 4 宗。2016 年，在市委市政府派驻光明新区工作组的指导下，瞄准历史遗留问题进行针对性攻坚，工作组移交的 52 个问题已完成 35 个；光明集团完成包括原光明农场 7 个老区村在内的社区土地确权 24 宗，核发权属确定书 9 份；原光明农场含 7 个老区村的 54 公顷发展用地已核发批文 14.8 公顷。2018 年，光明区推进解决区征地返还用地问题。辖区七类土地历史遗留和返还（发展）用地共涉及 19 个社区，总用地面积 98.28 公顷。在原光明农场职工二期发展用地 34.6 公顷经市政府审定后，光明区历史遗留返还（发展）用地均已完成用地报批手续。加快促进社区集体经济转型发展，向 8 个社区发出督促办理手续通知书，召开专项协调会推进规划用地手续办理。已签订土地使用权出让合同 4.6 公顷，核发用地规划许可 2.74 公顷、建设用地方案图 17.78 公顷。

四、健全老区村基本公共服务体系

党的十八大以来，光明新区（区）从维护人民根本利益的高度，加快健全老区村基本公共服务体系，为老区人民创造公平和优质的教育、卫生、文化服务，使老区居民在“学有所教、病有所医、闲有所乐”的基础上实现安居乐业。

随着城市化水平进程加快，老区村及其所在的社区股份合作公司凭借不断增强的集体经济实力，大力发展社区教育、卫生、文化、生活等公共设施，如长圳村建有小学、幼儿园、文体公园、大雁山公园、儿童公园、阶梯广场、社区健康服务中心、社区党群服务中心、文化娱乐活动中心、深圳农村商业银行、中国邮政储蓄银行、中国移动营业厅、长圳网格站、长圳综合市场，以及佳联华、德兴、万家等大型综合商场和以中高档为定位的商业街等。玉律社区建有小学、幼儿园、文体公园、二区三区老年活动中心、玉律广场、社区健康服务中心、社区党群服务中心、深圳农村商业银行、中国移动营业厅、玉律网格站、玉律综合市场及南海百货、中博美食广场等大型综合商场、以中高档为定位的商业街等。红星社区建成文化服务场地 564 平方米，包括图书室、健身室、四点半课堂、多功能室，体育场地 1438 平方米，文体广场 6300 平方米，社区内各类生活娱乐基础设施齐全，有幼儿园、社康中心，篮球场等。白花社区建有社区党群服务中心，中心设综合服务大厅、四点半课堂、妇儿之家、多功能远程功能室、瑜伽室、烘焙室、婚育学校、亲子活动室、谈心室等功能室，总面积约 2500 平方米，同时建有篮球场 2 个、公园 2 座、文化广场 1 个、健身路径 4 个、社区图书室 1 个、老年人活动中心等，上述公共设施均免费向群众开放。各老区村成为设施齐全、生活便捷的宜居社区。

五、老区村居民收入和生活水平

党的十八大以来，光明区在全面推进老区村经济社会快速发展的同时，千方百计增加老区村居民收入，老区村居民收入和幸福指数稳步上升，人民生活水平显著提升。2017 年，老区村居民人均可支配收入为 4.39 万元，居民人均消费性支出 2.83 万元，恩格尔系数为 37.0%。如长圳社区股份合作公司实现总收入 6126 万元，总资产近 4.6 亿元，在册股东 568 人；玉律社区股份合作公司实现总收入5832.5万元，在册股东823人；红星社区股份合作公司实现总收入3095万元，总利润达1897万元，在册股东168人，人均分红4.2万元。2018年，全区居民人均可支配收入4.72万元，比上年增长7.6%；居民人均消费支出3.01万元，增长6.4%。

附　录

附录一 重大革命遗址和主要纪念设施

光明区作为革命老区，历经烽火岁月，留下了宝贵的红色文化资源，主要是革命遗址和纪念设施。这些革命遗址和纪念设施，真实地记录和见证了大革命时期、土地革命时期、抗日战争时期、解放战争时期老区人民武装起来与敌人斗争的一系列故事，展现了光明人民坚韧顽强、不畏强暴、不怕牺牲的革命精神和爱国情怀。光明区革命遗址和纪念设施，是光明人民宝贵的精神财富，已经成为光明区人文历史中不可分割的重要组成部分。

一、琬璧公家塾——深圳第一个党小组旧址

琬璧公家塾位于光明区新湖街道楼村旧村南片面前笼旁。

辛亥革命期间，著名革命党人廖仲恺到楼村从事革命活动，在琬璧公家塾召开秘密会议，在宝安大地点燃民主革命之火。1924 年，中共宝安县党组织创建人黄学增、龙乃武等在楼村琬璧公家塾建立了党小组，也是宝安县第一个党小组，成员多数是琬璧公家塾毕业的知识分子，并以琬璧公家塾为活动中心。党小组组长陈义妹在琬璧公家塾整训农民起义队伍，改编农民自卫队，组织武装暴动。1927 年 4 月 12 日，蒋介石叛变革命，国共合作不久破裂。12 月，国民党军进占楼村，将琬璧公家塾烧毁。

琬璧公家塾建于清代，由两座青砖砌成的联体建筑组成，是典型的广府式建筑。整个建筑坐西北朝东南，砖木石结构，外有

白石灰抹面，水泥铺地，三间二进一天井，通面宽 10.12 米，通进深 11.78 米，占地面积 119 平方米。门厅凹肚式，明、次间有半架梁，硬山顶，船形脊；一进为门厅，正门两侧为耳房，二进为正厅，面阔三间，两侧有耳房，正厅明、次间有木构架梁，硬山顶，船形脊，棚顶廊房；屋檐瓦为老筒瓦，屋脊为青瓦，上有砂浆抹灰。建筑整体砖石结构保存完好，外墙灰塑是栩栩如生的飞禽走兽，雕梁画栋和壁绘可辨，其色彩非常鲜艳。左侧外墙红色的浮雕仍清晰可见，中间还有蝙蝠衔五枚铜钱合成的白色精美图案，右侧外墙则有“平安富贵”四字。门楣上“琬璧公家塾”五个石雕大字十分醒目。琬璧公家塾牌匾的材质是麻石。这座家塾是陈琬璧家族的家塾，后来开放给村民使用。琬璧公家塾代表着楼村古代建筑和文化风格，是深圳并不多见的古代建筑和楼村当地文化的发祥地。

琬璧公家塾于 2012 年 7 月被光明新区管理委员会公布为未定级不可移动文物。2021 年 3 月，被深圳市委党史研究室列为全市第三批党史教育基地。

二、延养二公祠——中共宝安县委旧址

延养二公祠——中共宝安县委旧址位于光明区新湖街道楼村旧村内。

楼村是大革命时期宝安县农民运动的腹地，是宝安县最早成立中共党小组、最早开展农民运动的红色村落。1924 年下半年，上级党组织派黄学增、龙乃武以特派员的身份到宝安县开展农民运动和建党工作。1924 年第五区建立楼村党小组，陈义妹任组长。1927 年“四一二”反革命政变后，国民党在宝安县开始了对共产党员的迫害。土豪劣绅卷土重来，反动民团死灰复燃。宝安县的共产党员和农会骨干或被杀害，或被迫避走香港等地，党部

遭受破坏，农会被解散。为保持和巩固党组织的力量，中共宝安县党部决定把县级机关秘密转移到公明楼村陈氏祠堂（廷养二公祠）。同年6月，根据中共广东特委指示，撤销中共宝安县党部，产生了中共宝安县第二届委员会，委员有郑奭南（书记）、麦福荣、陈义妹、张丽川、陈细珍，驻地在第五区楼村陈氏祠堂，隶属中共广东特委领导。当时，县委的主要任务是贯彻执行中共“八七”会议精神和广东特委的指示，整顿恢复农会和农民自卫军，部署潜伏活动，反对国民党反动派的屠杀政策，进行武装斗争的准备。同年12月，为配合广州起义，中共宝安县委进行调整，产生第三届委员会，委员有刘伯刚（书记）、麦福荣、陈义妹、张丽川、陈细珍，县委机关仍设在楼村的陈氏祠堂，隶属中共广东省委领导。考虑到离广州路途较远等原因，经商议决定攻打反动势力较为薄弱的深圳墟和南头县城，就地发起宝安武装暴动，策应广州起义。第一次宝安武装暴动打击了国民党的统治，但也遭到反动派疯狂反扑。国民党军队“围剿”工农革命军，因敌强我弱，工农革命军且战且退，被迫离开宝安，转移至东莞梅塘东山庙屯扎，县委驻地楼村陈氏祠堂（廷养二公祠）也被大火烧毁。

廷养二公祠又名陈氏祠堂，建于清代，占地面积250平方米，坐东南向西北，原为楼南十四祖廷逸和楼东的养平两兄弟所建。原有两层楼房，房屋以麻石作基底，大门和牌匾为红砂岩，主要呈红色粒状碎屑结构，风化程度较轻。正门外两边曾立有两根白色的圆柱子，三间二进一天井，二进厅还有一层阁楼，一楼和二楼原有楼梯连接，房外两侧贴墙处附加建起一根砖柱，用来保护房屋，起到防止变形作用。两侧外墙屋檐下的浮雕因年代久远而失真，但依稀能分辨形状。

三、东宝中学旧址

东宝中学旧址位于光明区公明街道下村小学内。

1944 年冬，东江纵队政治部为培养抗日干部，决定由东宝行政督导处主办，创办东宝中学，校址位于公明下村三座清代祠堂。1945 年 2 月，东宝中学正式开办，开始有两个班，后增为四个班，学生 100 多人。东宝中学是抗日战争时期由中共地方组织根据革命需要建立起来的一所新型的、特殊的革命学校，类似于延安的“陕北公学”，中间一座命名为“高尔基室”，左边是“鲁迅室”，右边是“韬奋室”。其显著特点有五：一是有明确的办学宗旨——东宝中学实质上是一所培养革命干部和师资力量的学校；二是有明确的办学方针，实施新民主主义教育，着重培养人的政治思想、道德品质，树立革命人生观，同时使学生掌握科学文化知识，学用结合，使之成为为人民服务的干部，为党和抗日民主政府输送新生力量；三是在教学方面，始终贯彻“因材施教、教学相长”的原则；四是在校风方面，以延安抗大的“团结、紧张、严肃、活泼”的优良传统为榜样；五是学校建立了党团支部，成为学校的核心组织，并在办学中吸收发展了一批党团员骨干。东宝中学创办后存在的时间虽然不长（前后仅八个月时间），规模虽然不大（学员 100 多人），但影响深远，意义重大。它为有志青年提供了接受革命教育的机会，为革命培养了一批党政干部和人才。1945 年 10 月，因广东国民党当局挑起内战，学校被迫停办。在校师生或参加革命队伍，或转入地下进行革命斗争。

东宝中学旧址原由三座祠堂朴园陈公祠、泰宇陈公祠和思梅陈公祠组成，均建于清朝时期，总面积 1300 平方米。现存两座祠堂，其中，朴园陈公祠为三间三进两天井，砖木石结构建筑，由门厅、中厅、后厅及一进左右廊房、二进左右廊房组成，占地面积445.28平方米；泰宇陈公祠为三间二进一天井，砖木石结构建筑，由门厅、后厅及左右廊房组成，占地面积297.87平方米。东宝中学旧址因年久失修，建筑屋面部分存在安全隐患。2014年，光明新区启动了东宝中学旧址修复前期工作，2018年2月正式立项，6月启动修复工程。修复完成后，东宝中学作为学生革命传统教育基地和爱国主义教育基地使用。

东宝中学旧址于2004年8月被宝安区文物管理委员会公布为宝安区第一批不可移动文物保护点。2012年7月被光明新区管理委员会公布为深圳市光明新区不可移动文物。2021年3月，被深圳市委党史研究室列为全市第三批党史教育基地。

四、大马山革命烈士纪念碑

大马山革命烈士纪念碑位于光明区新湖街道圳美社区大马山脚。

抗日战争时期，光明地域东面的崇山峻岭是东江纵队活动的主要区域，在其他地方武装部队的配合下，共同展开对敌斗争。解放战争时期，人民解放军和地方游击队在白花洞、吊神山、大马山和长山口一带与国民党军队多次发生激烈战斗。在圳美大马山一次战斗中，游击队一名女卫生员冒着枪林弹雨掩护伤员转移，战斗中她身负重伤，被敌人抓捕并遭严刑拷打，然而她宁死也不说出游击队伤员的藏身之处，最后被敌人杀害。敌军撤退后，村民在大马山上发现她的遗体，并在山坡上挖了个土坑将其安葬。当地乡亲们对这位女卫生员很熟悉，游击队在这里驻扎时她经常给村民看病。乡亲们只知道她姓关，连名字都不知道。

1965年4月，光明农场新美学校师生收集部分战士遗骸，迁葬于圳美村大马山脚下，并立碑纪念。2007年初，光明办事处的新羌、圳美、迳口社区居民成立革命烈士纪念碑维修小组，捐资对该纪念碑进行重新修缮。2007 年 11 月 2 日，革命烈士纪念碑在原址重修扩建完成。纪念碑及广场占地约 560 平方米，大理石地面，碑座刻有《碑志》《八荣八耻》《荣观格言》《辱观格言》和捐助者个人及单位名录。大马山驻军代表、原东江纵队的十几位老战士等参加了落成典礼。纪念碑成为了光明区进行爱国主义教育和革命传统教育的基地。

五、白花洞革命烈士纪念碑

白花洞革命烈士纪念碑位于光明区光明街道白花洞村伯公坳山脚。

白花洞村具有光荣革命传统。在第一次国内革命战争时期，该村就发起组织由中国共产党领导的农民协会。1937 年，卢沟桥事变之后，日军全面入侵中国，全民族抗日战争爆发。1941 年春，在抗日游击队做民运工作的曾汉、沈浮等人，先后到白花洞村宣传抗日救国，发动组织群众配合游击队进行抗日斗争，建立自卫队、抗日青年会等群众组织。抗日战争和解放战争时期，白花洞村曾经是羊台山革命根据地的后勤基地，东江纵队、广东抗日游击队、护乡团等人民武装，都曾在此同日军和国民党军队进行过激烈战斗。先后有周来友、徐马连、谢马春、刘新友、周金和、肖金、黄锡良、叶强、关汉芝等英雄儿女在此为国捐躯，其中周来友、刘新友、周金和、徐马连、谢马春等为本地革命英烈。在抗日战争和解放战争中，他们带领本乡本村人民坚持战斗到底，最终不幸壮烈牺牲。

1992 年，白花洞村民倡议捐资，在烈士牺牲之地修建白花洞革命烈士纪念碑，同年 12 月落成。纪念碑为一正方形平台，四周有矮墙相护，碑高 6 米，四方体水泥结构，底部有汉白玉碑文，记载着包括周来友、周金和、谢马春、刘新友和吴汉生等 10 名烈士的姓名、年龄、籍贯、入伍时间和牺牲时间等。白花洞革命烈士纪念碑每年吸引各地党员、干部、军人、群众和中小学生前来缅怀革命先烈，是进行爱国主义传统教育和缅怀先烈的重要场所。2017 年，白花社区投入 100 万元对白花洞革命烈士纪念碑实施修缮亮化工程。2019 年 10 月，光明街道投入 362 万元建设白花洞革命烈士纪念园，总面积 2.6 万平方米。

附录二 革命人物

近代以来，英勇的光明人民敢于抗击外来侵略，保家卫国。尤其是在大革命和土地革命、抗日战争和解放战争时期，光明人民为了民族的独立、国家的强盛更是前赴后继，不畏牺牲，涌现出很多革命志士。他们中的许多人为了中国人民的解放事业献出了生命；还有许多人经过革命战争的洗礼成长为革命干部，在新中国建设事业中继续贡献力量。他们是光明人民的骄傲，是光明人民的杰出代表。

一、光明重要革命人物（排名不分先后）

麦福荣（1876—1928），公明周家村人。1924 年底加入中国共产党，为深圳地区第一批共产党员之一。1925 年组建深圳地区最早的党小组之一宝安第五区周家村党小组，并担任组长。1927 年任中共宝安县委委员、东宝工农革命军第三大队大队长，参与指挥宝安第一次工农武装暴动。1928 年 2 月任中共宝安县委委员，4 月为宝安县委三位负责人之一，参与指挥 1928 年 4 月下旬到 5 月初举行的宝安第二、三次工农武装暴动，在第三次暴动时被国民党反动派围捕，就义于广州。[①]

① 深圳市宝安区史志办公室编：《中共宝安人物传》，中国文联出版社 2004 年版，第 115 页。

陈义妹（1887—1948），公明楼村人。1924 年组建深圳地区最早的党小组宝安第五区楼村党小组并任组长，担任宝安县第五区农民协会常务委员。1925 年 3 月 22 日组建楼村乡农民协会，并整训农民起义队伍，改编农民自卫队，组织武装暴动，攻打土豪劣绅、反动民团。1927 年任中共宝安县委委员，东宝工农革命军第四大队大队长，参与指挥宝安第一次工农武装暴动。1928 年 2 月，任中共宝安县委委员，4 月为宝安县委三位负责人之一，参与指挥 1928 年 4 月下旬到 5 月初举行的宝安第二、三次工农武装暴动。后回家务农。1948 年病逝。①

周来友（1921—1945），宝安县观澜白花洞村人。早在抗日战争时期就领导建立中共观澜地方党组织和游击队，同日、伪军进行坚决的斗争。日本投降后，国民党反动派准备发动内战，于 1945 年 11 月派重兵在东宝地区展开“穿梭式”“填空格式”的“扫荡”，国民党杂牌军周义心部先后三次包围白花洞村，威胁要东江纵队复员人员和包括周来友等地下党员“投降自新”。在此之前，上级党组织领导梁忠曾找周来友谈过两次话，要求他到香港“新界”元朗暂避，但周来友坚决要求留下来战斗，他说：“我是观澜党组织领导人，我要留下来坚持斗争，纵然牺牲，也要把鲜血洒在家乡的土地上。”梁忠看他如此坚决，就答应了他的请求，并发给他一支左轮手枪，以为作战时之需。12 月 25 日，周义心部包围了白花洞昂掌坪大山沟，周来友和慰问革命老区演出的东流剧团副团长肖英正隐蔽其中。周义心使出劝降奸计：“来友，我周某与你养父是同姓结拜兄弟，只要你出来，我保你平安无事，享荣华富贵……”面对骑在马上耀武扬威的周义心，

① 《公明镇志》编纂委员会编：《公明镇志》，广东省非营利性出版物准印证〔2005〕粤印准字第 0317 号，2005 年版，第 286 页。

被敌人发现的周来友毅然举起手中的左轮手枪，“砰”的一声打中马蹄，周义心滚落马下，双方发生枪战。在激战中，由于寡不敌众，周来友身中数弹，壮烈牺牲，年仅 24 岁。①

徐马连（1920—1948），宝安县观澜白花洞村人。1942 年 2 月与周来友同时入伍，在护乡团三团一大队平湖武工队任武工队员。在六年中，经历大小战斗十余次，是一名不可多得的神枪手。1948 年 2 月底，在岗头仔战斗中不幸中弹牺牲，年仅 28 岁。

周来发（1925—1946），宝安县观澜白花洞村人。1942 年参加抗日游击队，在东江纵队情报站任情报员，1946 年 12 月在惠阳县白花钓鱼山被捕就义。

谢马春（1931—1948），宝安县观澜白花洞村人。1943 年参加抗日游击队，1948 年在沙鱼涌被捕就义，时为护乡团三团战士。

周金和（1931—1950），宝安县观澜白花洞村人。1948 年参加护乡团三团，1950 年春因战伤牺牲，时为边纵三团战士。

刘新友（1920—1955），宝安县观澜白花洞村老围人。1944 年 1 月参加抗日游击队。1950 年于广东军区珠江军分区独立十四团任股长。1955 年在广东徐闻县军中因战伤牺牲，年仅 35 岁。

曾宝有（1915—1949），公明长圳村人。1949 年 3 月参加武工队，担任武工队情报站副站长，同年 7 月 7 日在麻布村被捕就义。

陈善宝（1915—1948），公明楼村人。1946 年参加地下工作，担任护乡团三团情报员，1948 年 5 月 8 日在公明红花岭山被国民

---

① 深圳市宝安区史志办公室编：《中共宝安人物传》，中国文联出版社 2004 年版，第 193—194 页；《百年观澜文化丛书》编委会编：《烽火观澜》，深圳报业集团出版社 2014 年版，第 45—47 页。

党反动派杀害。[①]

陈仲轩（1916—1960），公明上村人。曾任南头中学校长，抗日战争胜利后，带领全校师生在残垣废墟上开展艰苦的复校工作。新中国成立初期，多次远赴海外，积极号召海外华人为学校的重建募捐筹款，甚至变卖自己的家产以及妻子的金银首饰用来重建校园，为南头中学的重建工作做出重要贡献。

陈树妹（1916—1944），公明上村人。1938 年参加东宝边区游击队，担任东江纵队东莞大队小队长，1944 年 5 月 8 日在东莞县石龙战斗中牺牲，1983 年被民政部追认为烈士。

曾灿辉（1918—1942），公明玉律村人。1942 年 6 月参加抗日游击队，同年冬在福永三围战斗中牺牲。[②]

梁汝林（1920—1946），公明李松蓢村人。1939 年参加惠东宝人民抗日游击大队，抗战胜利后，继续留在部队坚持游击战争，任东江游击队东莞犀牛陂税站税收员。1946 年 2 月不幸被国民党反动派抓捕，牺牲于监狱中。

周　秀（1922—1945），公明长圳村人。1943 年参加东江纵队，1945 年在东莞县霄边战斗中牺牲。[③]

钟镜明（1922—1943），曾用名钟镜铭、钟玉薄。公明东坑村人。1941 年参加抗日游击队，担任大队侦察员。1943 年 4 月在东莞县长山口战斗中负重伤，转移到红面田牺牲。

曾兆明（1923—1943），曾用名大爷。公明玉律村人。1941 年 8 月参加抗日游击队，担任抗日游击队税收员。1943 年 11 月

---

① 《公明街道志》，方志出版社，第 236 页。

② 《公明镇志》编纂委员会编：《公明镇志》，广东省非营利性出版物准印证〔2005〕粤印准字第 0317 号，2005 年版，第 287 页。

③ 《公明街道志》，方志出版社，第 237 页。

在新桥收税时被捕，于石岩就义。

麦　祥（1923—1942），公明东周村人。1940 年参加广东人民抗日游击队第五大队，1942 年春在羊台山战斗中牺牲。

陈灿辉（1924—1947），曾用名陈和。公明楼村人。1945 年参加东江纵队，担任惠东宝护乡团三团一大队铁鸟队战士。1947 年 3 月在东莞县古村被围捕牺牲。

梁汉球（1929—1946），公明田寮村人。1945 年 4 月参加东江纵队第三支队，次年攻打沙井受伤，在惠阳牺牲。

陈裕林（1929—1949），曾用名陈启林。公明楼村人。1948 年 3 月参加惠东宝人民护乡团三团平西队，后为边纵东一支三团平西队战士。次年 3 月在樟阁马迹径战斗中牺牲。

麦志坚（1932—1948），公明塘尾村人。1947 年 12 月参加惠东宝护乡团，担任小队长，次年在花县石岭墟林边战斗中牺牲。

曾　东（1932—1948），公明长圳村人。参加东江纵队担任护乡团三团情报员，1948 年 6 月被围捕，突围时不幸牺牲。

麦　太（1932—1949），公明塘尾村人。1948 年参加江南支队三团，担任边纵三团金虎队事务员，次年 8 月在龙华大坎窝战斗中牺牲。①

陈金辉（生卒年月不详），公明楼村人。抗日战争时期参加地方游击队，在东莞的常平、大朗一带活动，在炸敌人碉堡时不幸牺牲，时年 20 岁。②

沈国香（1930—?），原观澜人，因年幼时父亲病逝，母亲无法照顾，9 岁到 14 岁被寄居在白花洞村外婆家生活，深受周来友的教育和影响；其姨母是游击队队长，经常出入外婆家，在这种

---

① 《公明街道志》，方志出版社，第 237 页。

② 《楼村志》，方志出版社，第 213 页。

革命氛围的熏陶下，12 岁即成为周来友最信任的情报通讯员之一。在 1942 年至 1944 年的两年多里，他机智灵活地完成 28 份情报的递送工作。1942 年 5 月，情报站获悉国民党杂牌军黄文光大队袭击布吉游击根据地，派遣他连夜送情报到布吉南坑尾的游击队部。由于情报准确及时，布吉南坑尾游击队总部医务所伤病员和从香港救回的文化名人均得到及时转移脱险，部队派出小分队在牛枝峡山坳伏击敌人，毙敌 40 多人，缴获枪支、物资一大批。1944 年 6 月，他送情报到观澜墟卖布街“永源车衣店”，为了逃避敌人的搜查，他将情报藏在竹帽的帽围里，国民党哨兵搜遍他的全身也查不出什么，就把他的帽子撕烂了。他捡回撕烂的帽子，经过大布巷桥来到鸭仔铺，到店后面换了身衣服，从后门到了观澜大街，顺利把情报传递给联络员郑时恩。他判断后面有便衣跟踪，便从东门返回岗头村自己家里。由于情报工作繁重危险，多次被敌人跟踪，后来组织上为了避免革命力量损失，同时考虑到其安全，1945 年初安排他转移。后来，他在深圳和香港之间继续为抗日战争和解放战争做出了贡献。①

周肇仁（1930—?），宝安县观澜白花洞村人。其祖、父辈均为华侨。因原就读的东宝中学被迫关闭，1946 年到观澜振能学校就读。因该校地理位置特殊，有部分学生住在国民党军队里，他们能了解到国民党军队的最新动向，在观澜组工队长兼武工队长周展伦鼓励下，周肇仁成为一名地下工作者，其任务有两项：一是将了解到的国民党军队情况报告给地下党员、学校英语教师陈虹；二是秘密发展、动员身边的同学奔赴解放战争前线。了解到学校不少师生都对国民党独裁统治不满，他在陈虹老师的指导下

① 《百年观澜文化丛书》编委会编：《烽火观澜》，深圳报业集团出版社 2014 年版，第 76—78 页。

成立了读书会。通过读书会与同学交流文学，团结更多学生为解放战争出力。读书会活动后，有几十名同学下定决心，参军上前线。1948 年他作为地下情报人员，为游击队传送情报。1949 年 7 月中旬，经观澜组工队队长周展伦培养，由三区区委书记何伯琴主持仪式，周肇仁光荣地加入中国共产党。之后，先后被分配到龙华、观澜组工队，主要负责挺进国民党占领区及发展新区的工作。1949 年 10 月 16 日，赶往晒布岭参加对在观澜解放战争中牺牲的烈士们的拜祭活动，并在观澜中心小学参加观澜解放庆祝大会，会后参加了盛大的游行活动。新中国成立后担任观澜党总支组织委员、宝安三区团工委书记、宝安县委统战部长，后在原佛山地委统战部、原惠阳地委统战部、深圳市委统战部和原宝安县政协任职，系原宝安县政协副主席。1991 年离休。①

陈昌盛（1895—?），公明楼村人。1923 年参加革命，1924 年入党，宝安县党员代表，曾任中共宝安县委第三届委员。1928 年任宝安县第五区党委干事，跟随书记文展朝、党员陈义妹等联络茅洲河北一带农村区域的党组织工作。土改时被人陷害。改革开放后，深圳民政部门给予平反。②

陈东海（1913—1994），公明楼村人。1937 年入党，开始秘密从事地下工作，1944 年转入东江纵队，任楼村地下情报站站长，同时带领一个班的游击队小鬼队回到家乡，负责搜集和转送情报。中华人民共和国成立后，陈东海先后担任宝安县四区和七区粮管所主任。

张吉兆（1923—1996），公明楼村人。20 世纪 60 年代任楼村

---

① 《百年观澜文化丛书》编委会编：《烽火观澜》，深圳报业集团出版社 2014 年版，第 81—83 页。

② 《楼村志》，方志出版社，第 213 页。

大队财务主管、公明公社革命委员会委员、代武装部部长、代供销社主任；70 年代任楼村支委、办公室主任、兼管企业及楼村生产队理财顾问。后调任公明知青场干部。①

二、光明籍革命烈士名单

姓　名	性别	出生年份	籍　贯	参加革命时间及牺牲时间、地点、原因	牺牲前单位、职务	资料来源
麦　祥（麦胜）	男	1923	公明东周村	1940 年参加广东人民抗日游击队，1942 年春在羊台山战斗中牺牲	抗日游击总队第五大队战士	《宝安县志》
曾灿辉	男	1918	公明玉律村	1942 年 6 月参加抗日游击队，同年冬在福永三围战斗中牺牲	抗日游击队战士	《宝安县志》
钟镜明（钟镜铭、钟玉簿）	男	1922	公明东坑村	1941 年参加抗日游击队，1943 年 4 月在东莞县长山口战斗中负重伤，转移到红面田牺牲	抗日游击队大队侦察员	《宝安县志》

① 《楼村志》，方志出版社，第 213—214 页。

（续表）

姓　名	性别	出生年份	籍　贯	参加革命时间及牺牲时间、地点、原因	牺牲前单位、职务	资料来源
曾兆明（大爷）	男	1923	公明玉律村	1941年8月参加抗日游击队，1943年11月在新桥收税时被捕，于石岩就义	抗日游击总队税收员	《宝安县志》
陈树妹	男	1916	公明上村	1938年参加东宝人民抗日游击队，1944年8月在东莞县石龙战斗中牺牲	东江纵队东莞大队小队长	《宝安县志》
周　秀	男	1922	公明长圳村	1943年参加东江纵队，1945年在东莞县肖边战斗中牺牲	东江纵队战士	《宝安县志》
黄贺安	男	1918	光明木墩	1945年参加东江纵队，10月9日在公明石岗战斗中牺牲	东江纵队战士	《宝安县志》
梁汝林	男	1920	公明李松蓢村	1939年参加东宝惠人民抗日游击大队，1946年2月被捕，在狱中牺牲	东莞县新留坡税站税收员	《宝安县志》

（续表）

姓　名	性别	出生年份	籍　贯	参加革命时间及牺牲时间、地点、原因	牺牲前单位、职务	资料来源
梁汉球	男	1929	公明田寮村	1945年4月参加东江纵队，次年攻打沙井受伤，在惠阳牺牲	东江纵队第三支队战士	《宝安县志》
陈灿辉（陈和）	男	1924	公明楼村	1945年参加东江纵队，1947年3月在东莞县古村被围牺牲	护乡团三团一大队铁鸟队战士	《宝安县志》
徐马连	男	1920	光明白花洞村	1942年2月参加广东人民抗日游击总队，1948年2月在岗头仔战斗中牺牲	护乡团三团一大队平湖武工队战士	《宝安县志》
陈善宝	男	1905	公明楼村	1946年参加地下工作，1948年5月8日在公明红花岭被杀害	护乡团三团情报员	《宝安县志》
曾　东	男	1915	公明长圳村	1948年6月牺牲	江南支队三团情报员	《宝安县志》

（续表）

姓　名	性别	出生年份	籍　贯	参加革命时间及牺牲时间、地点、原因	牺牲前单位、职务	资料来源
谢马春	男	1931	光明白花洞村	1943年参加抗日游击队，1948年在沙鱼涌被捕就义	护乡团三团战士	《宝安县志》
麦志坚	男	1932	公明塘尾村	1947年2月参加人民护乡团，次年在花县石岭圩林边战斗中牺牲	小队长	《宝安县志》
陈裕林	男	1929	公明楼村	1948年3月参加东宝人民护乡团三团平西队，次年3月在樟阁马迹径战斗中牺牲	边纵东一支三团平西队战士	《宝安县志》
曾宝有	男	1915	公明长圳村	1949年3月参加武工队，7月7日在黄麻布村被捕就义	武工队情报站副站长	《宝安县志》
麦　太（麦泰）	男	1932	公明塘尾村	1948年4月参加江南支队三团，次年8年在龙华大坎窝战斗中牺牲	边纵三团金虎队事务员	《宝安县志》

（续表）

姓　名	性别	出生年份	籍　贯	参加革命时间及牺牲时间、地点、原因	牺牲前单位、职务	资料来源
周金和	男	1931	光明白花洞村	1938 年参加护乡团三团，1950 年因战伤牺牲	边纵三团战士	《宝安县志》

附录三

大事记（1924—1949）

1924 年

8 月　广州农民运动讲习所第一期学员、共产党员黄学增，第二期学员、共产党员龙乃武和何友逖受广东党组织派遣来到宝安县，首先在第四区、五区一带农村开展农民运动和建党工作。其中，黄学增驻五区（公明、松岗）。同月共产党员蔡如平在东莞县霄边乡发起组织东莞农民协会，宝安公明楼村、水贝等乡农民踊跃参加，纷纷入会。

9 月　东莞农民协会宝安公明楼村、水贝等邻乡入会农民被划归东莞特别区农会。

年底　黄学增、龙乃武在四、五区发展了宝安第一批共产党员麦福荣、麦金水、陈细珍、麦牛、潘延寿、潘国华、潘满容等。其中，麦福荣、麦金水为公明周家村人。

同年　深圳地区最早的党小组——楼村党小组成立，组长陈义妹。

1925 年

3 月 22 日　楼村乡农民协会成立，入会农民约 500 人，农民部代表黄学增、东莞一区农会代表蔡日新出席成立大会。

同年　楼村党小组长陈义妹在琬璧公家塾整训农民起义队伍，

改编农民自卫队，组织武装暴动，成为宝安县农民运动蓬勃开展的主要地区。

8 月　宝安县一至五区先后成立区农民协会。其中农民运动工作开展得较好的是三、四、五区，80% 以上乡村建立了农民协会。第五区设在黄松岗墟，常委有陈义妹（公明楼村人）、麦金水（公明周家村人）、陈细珍。各区农会还分别组织了 30 至 50 人的农民自卫军。至年底，包括第五区楼村党小组、周家村党小组在内，宝安县 5 个区建立 11 个党小组，其中第四区新桥党小组含公明玉律村党员。

1927 年

6 月　中共宝安县党部召集四、五区农会领导人联席会议，要求各区农军实现武器戒严。约一星期后，陈郁代表广东特委指示，由郑奭南任县委书记，县党部改组，产生中共宝安县第一届委员会，委员郑奭南、麦福荣、陈义妹、张丽川、陈细珍。县委设在五区楼村陈氏宗祠，隶属中共广东特委领导。根据特委指示，县委研究决定分派党员潜驻各区，同时重新整顿农民自卫军，准备武装斗争。其中陈细珍被派到五区周家村等地重新改编农民自卫军，继续进行公开活动；麦福荣（公明周家村人）被派到四、二、一区与农军联系，进行秘密活动；张国勋被派到楼村等地开办 2 所私塾式学校，作为活动据点。

11 月　为了贯彻中共中央“八七”会议精神，实行革命的武装反对反革命的武装，中共广东省委派候补委员赵自选到东莞召集东莞、宝安两县领导人联席会议。会议要求东、宝两县共同组织工农革命军，并成立“东宝工农革命军总指挥部”，下设 4 个大队，第一、二大队属东莞，第三、四大队属宝安，第三、四大队长分别由麦福荣（公明周家村人）、陈义妹（公明楼村人）担任。会后，宝安县委书记、东宝工农革命军副总指挥郑奭南在楼村召集会议，研究决定改编农民自卫军作为工农革命军基本队伍，并原地整训，随时准备起义。

12 月　中共广东省委派傅大庆到公明楼村，向宝安县委传达指示，限 13 日前进军深圳，会同铁路工人夺取火车直趋广州接应广州起义。县委从工农革命军宝安三、四大队中抽调 200 多人于 12 日集中于楼村，将原来的三、四两个大队混合编为一、二两个大队。第一大队由郑奭南、麦福荣（公明周家村人）、陈义妹（公明楼村人）带领。13 日抵梅林时，得知广州起义已提前举行。第一大队将原计划临时改为攻打深圳和宝安县城南头。14 日，与广州起义相呼应，工农革命军分四路突破深圳东西南北墟门，包围国民党军政机关，击毙警局巡官江秀词，俘虏区长兼警察局长陈杰彬和 2 名局员，缴获长枪 10 余支，下午部队转移到乌石岩集中。第二大队未攻下宝安县城，亦退到乌石岩集中。国民党县长邓杰督率 3 倍于革命武装的兵力包围乌石岩。因敌强我弱，工农革命军且战且退。随后，反动派又攻打楼村，烧毁县委驻址陈氏宗祠。

1928 年

2 月 23 日　根据中共广东省委指示，宝安县委决定在公明周家村召开全县党代表大会，后因该村豪绅地主势力猖獗，临时改在燕川村召开。会期 1 天，到会代表 19 人，大会主席团成员有麦福荣（公明周家村人）等 3 人。大会选举产生中共宝安县第三届委员会，麦福荣、陈义妹（公明楼村人）等 9 人为县委委员，决定陈义妹等 4 人为县委常委，县委书记由省委指派，指派前由郑奭南代理。

3 月底　宝安县有党员 197 名，其中五区（公明、松岗）党员110名。4月12日，宝安县委在公明楼村召开全县农民代表大会宣布暴动，暴动时以五区（公明、松岗）为中心首先暴动，向附近几个区发展，然后进攻县城，形成全县总暴动局面。

4月19日　中共广东省委派黄学增到宝安指挥暴动，四区公明长圳、唐家村，五区公明周家村、塘尾围的豪绅恶霸因而搬迁逃走。

4月26日　四区公明长圳、玉律等地反动派勾结县兵包围六区迳背，抢走农民财物。

4月28—30日　宝安县农会根据省委指示，将公明田寮与玉律两村之间的械斗转变为农民对豪绅地主开展针锋相对的阶级斗争，在丰和墟召开农民大会，震动了豪绅地主。

4月底　宝安县党员发展到280名，比3月份增加83名，三区、四区（公明、松岗）、五区均重新建立区委，一区、六区成立独立支部。

4月　宝安县委负责人郑奭南调离宝安，县委工作交由麦福荣（公明周家村人）、陈义妹（公明楼村人）等3人负责。

5月2日　中共广东省委派到宝安主持暴动的黄学增，以宝安县委名义致信省委汇报暴动计划不能完成的原因：本来县委决定把武装完全集中起来，连续攻击公明长圳、唐家村、塘尾围等地，趁豪绅地主惊恐之际，一举攻占县城南头，但由于各乡党员、尤其是负责人因害怕敌人烧屋以及与豪绅地主存在封建关系而多数动摇，以致影响群众，四区（公明、松岗）、五区农会武装2000余人，仅有不足200人参加暴动。黄学增同时报告省委，5月3日即可按原计划继续进攻福永。

5月中旬　因公明周家村、楼村遭反动军队洗劫，四区党组织被破坏。

5月22日　宝安县委决定集中力量，继续进行武装斗争。当时可集中的武装有公明周家村、楼村、圳美等乡村常备力量约100人，东莞五区180人，准备进攻公明东坑、木墩、塘尾、长圳、玉律等反动乡村。

1937年

11月　中共广州市工作委员会派党员王启光以救亡呼声社国防前线工作队的名义，带领10多人到宝安县开展统战工作和抗日宣传活动，后转移观澜白花洞（今光明街道白花社区）一带。

12月　中共广州外县工作委员会派共产党员刘向东、黄木芬分别担任正、副团长，以抗战教育实践社流动工作团的名义，带领10多人到东莞、宝安交界的观澜等地开展抗日救亡。年底，工作团转移中山，黄木芬则留在观澜白花洞一带开展工作，发动组建党的抗日武装；工作团团员欧运联等人先后在白花洞等乡村举办民众夜校。在抗战教育实践社流动工作团影响下，白花洞青年周来友积极参加抗日救亡文化教育和农民运动，并成为农民夜校和群众组织的主要领导人。

1938年

10月12日　日军在大亚湾登陆，宝安形势十分严峻。中共东宝边区工作委员会书记张广业、救亡呼声社国防前线工作队队长兼支部书记王启光等撤到观澜章阁、白花洞一带，东宝边区工委委员黄高阳带领东莞清塘地区自卫军到白花洞与张广业会合。

11月23日　日军向广九铁路沿线疯狂“扫荡”，国民党军一五三师九一三团被日军击败，200多人退到观澜白花洞，与师部失去联系，处境困难，军心动摇。东宝边区工委立即派王启光对该团做工作，使他们留下来坚持抗战，并同意在该团设立临时政治部，由工委派20多人到该团做政治工作。政治部主任由王启光担任，副主任蔡子培。

12 月下旬　东莞中心县委在观澜白花洞召开县委扩大会议。县委书记张广业在会上传达上级决定：将中共东莞中心县委改为中共东宝县委，辖东莞、宝安和增城县部分地区党的工作。会议调整了县委领导成员，并研究了整顿党组织和重建抗日武装等问题。

1940 年

5 月下旬　公明土匪、汉奸吴东权手下的一个土匪头与 10 余名匪徒到公明圩一家茶楼“饮茶”。广东人民抗日游击队第五大队短枪队队长陈前指挥 3 名队员包围匪徒，被楼下埋伏的 10 余名匪徒持枪袭击。陈前抬手撂倒冲在最前面的两名匪徒，机警指挥几名战友边打边撤。危急之际，陈前把敌人火力引向自己，3 名战友安然脱险，陈前终因寡不敌众，壮烈牺牲。

1941 年

年初　王作尧领导的广东人民抗日游击队第五大队派出一批民运工作队员到白花洞及观澜各村发动群众，建立各种抗日群众团体。

初春　国民党顽固派军队千余众扑向羊台山抗日根据地，被广东人民抗日游击队第五大队击退。顽固派军队不甘心失败，不到半月再次进攻游击队。王作尧指挥部队在白花洞一带重创顽固派军队后续部队，迫使顽固派军队撤离根据地。

春夏之交　日军从公明向观澜方向进犯，在章阁村与白花洞之间的山上，遭到广东人民抗日游击队第三大队打击。短枪队队长林文虎在冲杀中与敌人展开近距离肉搏战，连续击毙 3 个日本兵，被称为“老虎仔”。

5、6 月间　广东人民抗日游击队第五大队派民运队员曾文、赖子行、杨彩萍到观澜白花洞等地活动，曾安、黄瑞弊、周来友等人被发展入党，成立观澜乡抗战时期第一个党小组，组长周来友。

8 月 15 日晨　驻南头日军 300 人分两路向乌石岩地区“扫荡”，其中一路从西北面经公明玉律、长圳实施迂回。两路日军在乌石岩会合后沿乌龙公路推进。广东人民抗日游击队第五大队副队长周伯明率领第二中队进行截击，进犯乌石岩之敌中佐指挥官中弹毙命。

1942 年

夏　国民党部队约 1000 人由东莞霄边村路经白花洞村，到达附近 600 米高的栋旗山后山，企图摧毁曾生的广东人民抗日游击队指挥部。王作尧率部 600 多人，与占据有利地势的国民党部队展开一天一夜的阵地战，双方伤亡惨重。第二天游击队撤出战斗，有 13 人壮烈牺牲。

1943 年

6 月 20 日　广东人民抗日游击总队宝安大队袭击公明圩伪军，全歼。

7 月 19 日　广东人民抗日游击总队宝安大队一个小队配合珠江纵队一部夜袭公明圩伪军吴东权大队部和一个中队，毙伤敌 6 名，缴获长短枪 6 支，子弹 2000 发，迫使吴东权部撤走，光复了公明圩。水贝村妇女陈瑞琼为保护东江纵队战士，多次冒险掩护东江纵队战士脱离险境，至今仍流传着一段可歌可泣的故事。

10 月　白花洞青抗会徐马连、谢松龄、周伟华、周明安、周进洪、周马青等人组成锄奸团，配合部队破获国民党特务组织，将其一网打尽。该特务组织有 11 人，经上级批准，为首者杨森仔、杨界眉被处决。

12 月 4 日　日军再次调集兵力几路出动围攻羊台山根据地。上午 8 时许，日军由天堂围经白花洞向乌石岩挺进，遭广东人民抗日游击总队珠江队和宝安大队伏击。日军被大量杀伤后，从白花洞溃逃，日、伪军主力撤出东莞、宝安抗日根据地，退守广九铁路线。日军的所谓“万人扫荡”被彻底粉碎。

1944 年

3 月 13 日　广东人民抗日游击总队东江纵队独立第三中队在观澜白花洞迎击敌伪军，毙伤伪三十师副团长以下数十人。

3 月　宝安县第一、二区抗日民主政府成立。在区政府统一领导下，分为两个区，其中宝二区由黄达三负责，辖周家村、楼村、水贝、合水口等 12 个乡和公明等 3 个墟镇。

6 月　日军驻守宝太线中段 1 个联队不断向沿线抗日军民进攻。广东人民抗日游击总队珠江纵队解放大队与东江纵队第一支队一部在公明圩至黄松岗一线反击日军，歼灭日军 1 个小分队，缴获轻机枪 1 挺，将日军逐回沙井一线。

7 月 1 日　路西根据地第一个县级抗日民主政权——东宝行政督导处成立，督导处所在地先后设在楼村、水贝村、燕川村。同时颁布施政纲领，公布 43 个抗日民主政权成立，下辖 10 个行政区，先后成立 9 个区政府，其中东莞县 5 个区，宝安县 4 个区。第二区政府所在地设在公明圩，辖沙井、松岗、燕川、楼村、水贝村、周家村、公明一带地区。

11 月　根据中共广东省临时委员会指示，建立中共路西县委，辖广九铁路以西宝安、东莞等县地方党组织，县委所在地先后设在松岗燕川村和公明水贝村，隶属中共东江前线临时工作委员会领导。

1945 年

2 月　东宝行政督导处在宝安公明圩水贝村创办的第一所新型战时中学东宝中学开学。

4 月 10 日至 13 日　东宝行政督导处在宝安公明水贝村召开路西国事座谈会。

5 月　中共路西县委实行党政军一元化领导，原路西县委撤销，公明圩、楼村、水贝村为党政军一元化领导的中共路西县委宝二区委所辖。

6 月　驻扎在宝安南头的日、伪军预谋去路西各地抢粮。观澜地区地下党领导人周来友指挥观澜地下党员发动各村群众 2000 多人，连夜奔走公明、燕川等地，抢收粮食 2000 多担，运往白花洞等村隐蔽，打破了敌人的抢粮阴谋，取得了反抢粮斗争的胜利。

7 月　广东人民抗日游击总队东江纵队一、二支队在公明圩至黄松岗一线反击宝太线移动布防的日军，消灭其一个大队，全歼沙井伪军。8 月惠东宝人民护乡团第三大队在观澜地区建立宝安路西情报和交通总站观澜分站（设在白花洞村新围），重点活动在观澜地区。

1948 年

7 月　国民党观澜税警团先后派出两个连约 100 人的兵力，围困白花洞村。为牵制敌人对主力部队的进攻，宝安路西情报总站观澜分站派搜索队和武工队在大坑龙伏击敌人，税警团领队、营级书记官被击毙，4 名税警士兵被击伤，其余敌兵惊惶逃窜，丢下被击毙的领队和枪支弹药，武工队缴获步枪 6 支、子弹 600 多发，箱装公文一担。

8 ~9 月间　宝安各地人民武装在斗争中不断发展壮大，全县建立15支武工队，包括公明武工队（队长陈琴）、白花洞所在的观澜队（队长万启源）。其间，由于地方党和武工队的努力，全县先后在公明、观澜等10个乡建立了乡人民政权。

9月底至10月初　深圳地区各乡党的基层组织逐步建立，观澜等9个乡建立了总支，下辖70个支部，共有党员582名。其中，观澜乡总支书记为周展伦（白花洞人），组织委员周肇仁（白花洞人），宣传委员万启源，下辖9个支部，共有党员83人。包括白花洞支部，支部书记周展，组织干事周伟华，宣传干事周立明，有党员20人。

10月　宝安路西情报站4名情报员打入国民党观澜联防大队内部开展策反工作，但因情报不慎落在敌人手里，起义计划泄露，4名情报员及从中发展的1名情报人员被捕。由于敌人看守严密，人民武装队两次救援均未成功，他们在观澜墟内成昌楼楼顶坚持数日，无从逃脱，后1人跳楼牺牲，其他4人因体力不支被害。

1949年

9月上旬　公明乡、白花洞村所在的观澜乡设立支前指挥所，各村设立支前指挥员，各界群众掀起迎军支前的高潮。

10月16日　中国人民解放军粤赣湘边纵队东江第一支队第三团新二营，从白花洞革命根据地胜利进入观澜墟，宣布观澜乡解放。次日上午，数千群众在观澜中心小学参加庆祝解放的大集会。

10月19日　公明乡宣告解放，公明乡党小组和公明乡人民政府同时成立，陈琴任乡党小组组长兼乡长。至此，光明全境解放。

后记

《深圳市光明区革命老区发展史》系根据中国老区建设促进会、广东省老区建设促进会及中共深圳市委的指示精神，按照中共深圳市委党史文献研究室、中共深圳市光明区委的部署，由光明区史志办组织编写，并经中共深圳市委党史文献研究室、中共深圳市光明区委审定出版。本书的出版，是集体智慧的结晶。广东省老区建设促进会、中共深圳市委党史文献研究室及光明区有关领导和专家，多次就编写工作给予指导。深圳市委党史文献研究室（市地方志办）及光明区有关领导和专家对书稿进行了认真审阅，并对书稿的观点、结构、史实、文字等方面提出了许多宝贵意见。光明区 6 个街道、6 个革命老区村（社区）及 11 个革命老区村（自然村）的有关负责同志，为本书的编纂工作提供了许多有价值的历史资料。所有这些，都对编写工作提供了极大帮助。此外，该书还吸纳了广东、深圳党史学界及相关学科的诸多研究成果。在此，谨向所有为本书提供过支持帮助的领导、专家和有关单位致以诚挚的敬意！由于我们水平有限，以及所得资料受限，本书难免存有错漏之处，恳请广大读者批评指正。

编者

2021 年 11 月